《白虎通》名物词研究

李 元 ◎ 著

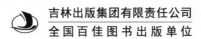

吉林出版集团有限责任公司

全国百佳图书出版单位

图书在版编目（CIP）数据

《白虎通》名物词研究 / 李元著 . -- 长春：吉林
出版集团股份有限公司 , 2024. 11. -- ISBN 978-7-5731-
6023-2

Ⅰ . H131

中国国家版本馆 CIP 数据核字第 2024K4A560 号

BAIHUTONG MINGWUCI YANJIU
《白虎通》名物词研究

著　者	李 元
责任编辑	王丽媛
助理编辑	张碧芮
装帧设计	栗嘉忻

出　版	吉林出版集团股份有限公司
发　行	吉林出版集团社科图书有限公司
地　址	吉林省长春市南关区福祉大路 5788 号 邮编：130118
印　刷	长春新华印刷集团有限公司
电　话	0431-81629711（总编办）
抖音号	吉林出版集团社科图书有限公司 37009026326

开　本	787 mm×1092 mm 1/16
印　张	19.5
字　数	300 千字
版　次	2024 年 11 月第 1 版
印　次	2024 年 11 月第 1 次印刷

书　号	ISBN 978-7-5731-6023-2
定　价	68.00 元

如有印装质量问题，请与市场营销中心联系调换。0431-81629729

前　言

本书研究对象为《白虎通》中的名物词，包括天象、山川、品物、封国、宗教、军旅和刑罚、器具、饮食、服饰、居室、身体11类，属于专书专项词汇研究。本书以传统训诂学研究成果为基础，综合训诂学和现代词义学研究手段，借鉴认知语言学理论，重点探索《白虎通》中名物词所指义及双音节名物词的组合方式、内部构成特征、词义变化之动因、过程、结果，并力求揭示部分名物词命名理据。

第一，根据整理与测查《白虎通》中654个名物词，以传统训诂学分类标准将其划分为11大类，静态描写名物词在《白虎通》中具体所指，结合其前期的文献资料列出所指义在东汉之前古籍中的具体使用情况。

第二，双音词在《白虎通》名物词中大量存在，通过对双音节名物词的确定以及从义素角度分析其结构类型，总结名物词常用合成方式产生新词，探析在东汉时期复音词产生之重要原因及规律。

第三，从纵向角度对《白虎通》所涉及名物词进行词义演变情况分析，考察11类名物词在东汉以前之词义变化情况，重点梳理部分词汇之引申路径、词义引申类型以及引申过程中上下义位之间词义范围变化。从横向角度爬梳出几组同源词，探寻词源义，获悉部分名物词之命名理据。经过分析，我们可以较全面地把握《白虎通》名物词词义变化过程及特征。

第四，在对《白虎通》名物词词义发展演变分析基础上，以西方语言学转喻、隐喻理论为抓手，分析其对名物词词义引申之影响，探源名物词词义变化之动因。

作为《白虎通》专书专项词汇研究，本书本着定量测查与定性分析相结合之原则，对《白虎通》中名物词进行穷尽式测查，将统计数据与分类描写相结合进行研究。为全面了解名物词的系统构成与词义演变情况，本书一方面对《白虎通》中名物词进行共时层面的静态描写，以求得名物词使用义基本面貌；另一方面对《白虎通》名物词进行历时动态过程追索，即对名物词词义变化之动因、过程、结果和部分名物词之命名理据等进行多角度全方位探究。名物词属于文化词汇，是物质生活、社会生活之缩影，研究中秉承历史典籍与礼俗文化相参照原则，力争对《白虎通》名物词进行全面分析和梳理，通过名物词追踪东汉时期之语言变化。

目 录

第一章 绪 论

　　《白虎通》是东汉史学家班固根据白虎观经学会议内容编撰而成。此书内容涉及汉代社会生活、政治制度、文化礼俗、伦理道德等多个方面。在传统训诂学中名物与制度紧密相连，名物词也曾作为训诂学研究对象受到小学家的重视。名物词考释不仅可以透视古代文化之本真，还能以小见大折射出人类精神世界的异动。《白虎通》名物词研究为汉语断代词汇研究提供横向比对，也为历时的汉语词汇史研究提供纵向补充。故《白虎通》名物词的研究是两汉词汇研究的重要课题。

第一节 《白虎通》研究综述

　　本节从《白虎通》成书与版本流传、《白虎通》性质及经学价值、语言学研究成果及价值等几个方面进行综合评述。

一、《白虎通》流传与版本概述

　　《白虎通》又名《白虎通义》，班固于建初四年（公元 79 年），参与汉章帝召集的白虎观会议，并编纂白虎观经学会议成果——《白虎通》。《白虎通》乃当时今古文经学碰撞的结果，并使谶纬神学理论化、法典化。全书共有 11 卷，每卷下设若干主题。卷一为爵。卷二分别为号、谥、五祀。卷三分别为社稷、礼乐。卷四分别为封公侯、京师、五行。卷五分别为三军、诛伐、谏诤、乡射。卷六分别为致仕、辟雍、灾变、耕桑、封禅、巡狩。卷七分别为考黜、王者不臣、蓍龟、圣人、八风、商贾。卷八分别为瑞贽、三正、三教、三纲六纪、情性、寿命、宗族。卷九分别为姓名、天地、日月、四时、衣裳、五刑、五经。卷十分别为嫁娶、绂冕。卷十一分别为丧服、崩薨。书中后四卷用力较多。

（一）《白虎通》成书背景

《白虎通》作为东汉白虎观会议的成果之一，它的出现与汉代政治生活紧密相关。儒家思想在汉武帝时期成为显学，研究儒家经典之学问被称为经学。在汉代经学大家辈出，早期学者研习今文经学。据《汉书·艺文志》记载："《古文尚书》者，出孔子壁中。武帝末，鲁共王坏孔子宅，欲以广其宫，而得《古文尚书》及《礼记》《论语》《孝经》凡数十篇，皆古字也。……孔安国者，孔子后也，悉得其书，以考二十九篇，得多十六篇。安国献之。遭巫蛊事，未列于学官。"[1]从此以后，古文经学开始萌芽。今文经学著名经师被朝廷任用为博士官成为强大的政治集团，古文经学被称为私学，不登大雅之堂。今古文经学之争端由此开始蔓延百年，对两汉政治生活影响甚大。自西汉末年至东汉末年，先后掀起三次今古文经学斗争高潮。白虎观会议实为汉代历史上最后一次今古文经学大论证。此次会议之后，双方分歧渐消，开始融合。

今文经学在思想上鼓吹天人感应的唯心论，以"符瑞"来说明皇权天授。哀平之世，谶纬之学开始泛滥，东汉初年光武帝推崇备至，在反抗王莽的斗争中士族阶层已凸显其巨大的政治力量，使得汉光武帝在维护其统治时首先要争取这个新兴阶层的支持。一边是根深叶茂的今文经学集团，一边是扶持新王朝的思想新贵。他们学理上互相轻视，实践中矛盾不断，不利于王权的政治统治。为正本清源，故汉章帝建初初年，校书郎杨终建议："宣帝博征群儒，论定《五经》于石渠阁。方今天下少事，学者得成其业，而章句之徒，破坏大体。宜如石渠故事，永为后世则。"[2]后来汉章帝（肃宗）采纳其建议，下诏曰："盖三代导人，教学为本。汉承暴秦，褒显儒术，

1（汉）班固，（唐）颜师古注 . 汉书 [M]. 北京：中华书局，1964:1706.

2（南朝宋）范晔，（唐）李贤注 . 后汉书 [M]. 长沙：岳麓书社，1994:685.

建立五经，为置博士。其后学者精进，虽曰承师，亦别名家。孝宣皇帝以为去圣久远，学不厌博，故遂立大、小夏侯尚书，后又立京氏易。至建武中，复置颜氏、严氏春秋，大、小戴礼博士。此皆所以扶近微学，尊广道义也。中元元年诏书：'五经章句繁多，议欲减省。'至永平元年，长水校尉鯈奏言：'先帝大业，当以时施行。'欲使诸儒共正经义，颇令学者得以自助。"[1]

白虎观会议便在这样的背景下召开，《后汉书》中对于白虎观会议有详细记载：

于是下太常，将、大夫、博士、议郎、郎官及诸生、诸儒会白虎观，讲议五经同异，使五官中郎将魏应承制问，侍中淳于恭奏，帝亲称制临决，如孝宣甘露石渠故事，作白虎议奏。[2]

可见，白虎观会议是汉代 200 多年今古文之争一次全面总结。章帝召开会议主要有两个目的：一是统一学术思想，"令学者得以自助"；二是政治统治的需要并完成两朝先帝未竟之事。因此才有了由皇帝下诏统一经义的白虎观会议。

（二）《白虎通》之流传

《白虎通》自撰集之日起便藏于秘府，自《隋书·经籍志》著《白虎通》篇章以来，各史记载稍有出入。《旧唐书·经籍志》中《白虎通》六卷，为汉章帝所撰。《新唐书·艺文志》中载：《白虎通义》六卷，班固等撰。崇文总目：《白虎通德论》十卷，班固撰，四十篇。《通志·艺文略》载：《白虎通》六卷，为班固撰。《三荣郡斋读书志》中载：《白虎通德论》十卷，班固撰。陈振孙《直斋书录解题》：《白虎通》十卷，班固撰。中兴书目：《白虎通》十卷，凡四十篇。《宋史·艺文志》：《白虎通》十卷，班固撰。由此可见各家分歧有三：《白虎通》作者为谁；《白虎通》与《白虎议奏》《白虎通德论》之关系；《白虎通》篇章卷数。

---

1 （南朝宋）范晔，（唐）李贤注. 后汉书 [M]. 长沙：岳麓书社，1994:52.

2 （南朝宋）范晔，（唐）李贤注. 后汉书 [M]. 长沙：岳麓书社，1994:52.

1.关于《白虎通》作者问题

关于《白虎通》的作者问题，历来有两种说法：汉章帝和班固。《旧唐书》认为《白虎通》作者为汉章帝，《新唐书》则认为《白虎通》作者是班固。从史书中可以看出班固与白虎观会议成果即《白虎通》的关系更为紧密。《后汉书·章帝纪》载："欲使诸儒共正经义，颇令学者得以自助。……于是下太常，将、大夫、博士、议郎、郎官及诸生、诸儒会白虎观，讲议五经同异，使五官中郎将魏应承制问，侍中淳于恭奏，帝亲称制临决，如孝宣甘露石渠故事，作白虎议奏。"[1] 汉章帝作为皇帝，确有"称制临决"。这也成为《白虎通》作者为汉章帝之源起。然我们认为所谓汉章帝"称制临决"只是一些争论不定的问题由章帝给予明确判断，如若认为其会撰《白虎通》确实有悖常理。从传世文献来看，更多学者认为《白虎通》应为班固所撰，一则班固参与白虎观会议，《后汉书·班固传》曰："天子会诸儒讲论五经，作《白虎通德论》，令固撰集其事。"二则符合班固身份。《后汉书·儒林传》云："顾命史臣，著为《通义》"。班固曾任兰台令史、校书郎，曾陪伴章帝读书，经常参与研讨国家大事，而在白虎观会议召开之时，班固以史官身份出席，并兼记录。此事顺理成章、合情合理。三则我们对《白虎通》名物词进行考释发现，符信、亲庙、滋液等这些首例词条出自《白虎通》的有一些也同时出现在班固所著《汉书》中[2]，这些许能证明《汉书》与《白虎通》的作者在认知和用语习惯有相似之处。由以上三点推断《白虎通》的作者应为班固。

2.《白虎通》书名问题

《后汉书》中记载白虎观会议成果有三：《后汉书·章帝纪》载："如孝宣石渠故事，作《白虎议奏》"；《后汉书·儒林传》云："顾命史臣，著为《通义》"；《后汉书·班固传》曰："天子会诸儒讲论五经，作《白虎通德论》，令固撰集其事。"[3] 正是这样记录造成后人对《白虎通义》《白

---

1 （南朝宋）范晔，（唐）李贤注. 后汉书 [M]. 长沙：岳麓书社，1994:52、1105、83.
2 首例出自《白虎通》的名物词统计结果来源于《汉语大词典》。
3 （南朝宋）范晔，（唐）李贤注. 后汉书 [M]. 长沙：岳麓书社，1994:52.

虎通》《白虎通德论》《白虎议奏》含混不清。然它们之间究竟是什么关系，长期以来诉讼不一。唐李贤注《后汉书》，于《白虎议奏》下云："今《白虎通》。"他认为《白虎议奏》即是《白虎通》。宋崇文总目著录《白虎通》而称之为《白虎通德论》，认为《白虎通德论》和《白虎通》为同一部书。《白虎通》歧名颇多，从清代开始就有学者关注这一问题。庄述祖在《白虎通义考》[1]中认为"《儒林传》云命史臣著为《通义》，即今《白虎通》也。《议奏》隋唐时已亡，注以为今《白虎通》，非是。""夫《通义》固《议奏》之略也。"肯定《通义》非《议奏》。近人刘师培[2]观点影响甚大。其观点总结如下：《通义》是在《议奏》的基础上"撰集"而成的，"嗣则《议奏》泯湮，唯存通义，而歧名孳生"。而《白虎通义》则为《白虎通》"文从省约"，去"义"而存"通"。嘉定钱氏辑《崇文总目》首次以《通德论》为《通义》名，纷乱既张。而《通德论》之名仅见于《后汉书·班固传》，故海宁周氏认为《白虎通》和《功德论》是二书，"德论"之上脱"功"字。《白虎通》与《功德论》是两种不同的著作，《功德论》的内容不是谈经义，而是歌颂汉章帝召集白虎观会议统一经义的功德。

今人雷戈有论文：《白虎观会议和〈白虎议奏〉、〈白虎通义〉之关系考》[3]《班固与〈白虎通德论〉之关系考》[4]《今本〈白虎通义〉真伪考》[5]。通过对有关史料仔细辨析，他认为白虎观会议不止一次，在明帝永平元年和章帝建初四年均召开过，永平元年会后诸儒根据《谷梁传》撰写《白虎通》，建初四年会后编写《白虎议奏》。而《白虎通德论》应为章帝御撰，但作为一个皇帝，未必会亲自编撰，这样章帝就命令班固按照他的想法编写一部经学著作，然班固却写成了《功德论》，目的在于歌功颂德。因此，

1 （清）庄述祖.白虎通义考 [A].白虎通疏证.附录 [M].北京：中华书局，1994：604.

2 刘师培.白虎通义源流考 [A].白虎通疏证·附录 [M].北京：中华书局，1994：785.

3 雷戈.白虎观会议和《白虎议奏》、《白虎通义》之关系考 [J].首都师范大学学报（社会科学版），1997(6)：105-110.

4 雷戈.班固与《白虎通德论》之关系考 [J].古籍整理学刊，1996(5)：6-9.

5 雷戈.今本《白虎通义》真伪考 [J].古籍整理学刊，1996(2)：36-43.

雷戈认为《白虎通》《白虎议奏》《白虎通德论》为三本书。章权才[1]先生注意到《白虎通》《白虎通义》《白虎通德论》三者皆有"通"字，于是他从三个角度来阐释"通"字。一从内容上看，它"考详同异"，找到今古文经学之共同点，此所谓"通义"或"通德"；二从地位上看，《白虎通》乃由皇帝钦定、阐发圣人之道的书；三从作用上看，《白虎通》不仅具有经纬政治之需要，且对国家未来发展有长远指导，这就是时人所称"唐哉皇哉，永垂世则"。钟肇鹏（1990）[2]在文中指出《白虎通义》为正式名称，《白虎通》为简称，《白虎通德论》或许是《白虎功德论》之误，《功德论》乃为班固所撰称颂白虎观会议之颂词，《白虎功德论》应称《白虎功德赞》。

我们认为当时章帝下诏统一经义，命诸儒于白虎观"讲议五经同异"，应是让诸儒讨论经义是非，以求得思想统一。会议期间由魏应负责传达皇帝的命题，然后由淳于恭将诸家看法、讨论情况、结论等上奏皇帝，有些有争议的问题，则由皇帝做出裁定，"议奏"更契合所谓的"使五官中郎将魏应承制问，侍中淳于恭奏，帝称制临决"。《白虎议奏》应是白虎观会议讨论问题及结果上奏于章帝。通常情况下奏章不能外传，虽提到《白虎议奏》也只是一个名字，估计内容早已失传，李贤注《后汉书》时误以为《议奏》便是《通义》。据《白虎通》内容而言，并未有奏折的痕迹。《后汉书·班固传》云："天子会诸儒讲论五经，作《白虎通德论》，令固撰集其事。"从语法关系判断，"天子"是《白虎通德论》的主语。《通德论》旨在赞扬白虎观会议中君臣上下同心同德。如若作《白虎通义》的序跋，流传下来的概率较大，或许是单独成篇后失传，故仅留下名字。天子"令固"依据《议奏》"撰集"（编撰汇总）诸儒观点，结合章帝的裁断，形成《通义》，即贯通今古文经学之大义。由此可见，《白虎议奏》《白虎通》《白虎通德论》应为不同。

1 章权才．两汉经学史［M］．广州：广东人民出版社，1990：213-215.

2 钟肇鹏．《白虎通义》的哲学和神学思想［J］．中国史研究，1990（4）：28-32.

3. 传本及注疏

关于《白虎通》之传本，历来少有。有内、外两个原因。内因一，《白虎通》自撰集之日起，便作为国家绝密文件，藏于秘府；内因二，书中内容多涉及谶纬之学，定受魏晋以后各朝禁绝谶纬图书所殃及。外因则主要是东汉以后战火不断，很多珍贵典籍惨遭焚毁遗失，《白虎通》也受此影响甚大，直至元大德九年（公元1305年），东平张楷方获得刘世常家藏《白虎通德论》，便盛称它"世所罕见"，慨叹"平生欲见其完书未之得也"，遂"镂板以广其传"。[1] 这便是当下所说元大德本。明、清以后刻印的《白虎通》，大致都是出于这一版本。当下常见的《白虎通》有两个版本：一为1990年上海古籍出版社影印出版的江安傅氏双鉴楼藏元刊本《白虎通德论》；二为1994年中华书局出版的陈立撰、吴则虞点校的《白虎通疏证》。前者保留大德年间严度所作题跋和张楷序，后者附录了卢文弨的《今本四十四篇阙文》、庄述祖的《白虎通义考》和刘师培的《白虎通义斠补》《白虎通义阙文补订》《白虎通义佚文考》《白虎通义定本》《白虎通义源流考》《白虎通德论补释》。两个版本关于《白虎通》的文本内容出入不大，后者较前者多出一篇《阙文》。

《隋书》《旧唐书》均著录为6卷，《宋史·艺文志》著录为10卷，《崇文总目》著录10卷凡14篇，陈振孙《直斋书录解题》作10卷凡44篇，《四库全书总目提要》中元大德本为4卷44篇，篇数与《直斋书录解题》相符，《提要》中认为"《崇文总目》所云14篇者，乃传写脱一'四'字耳。" 现存最早版本为元大德五年无锡州学刻10卷本，后来主要有黄丕烈跋元刻本2卷，明嘉靖元年傅钥刻本、明万历二十二年蒋杰刻本、清康熙七年汪士汉辑《秘书二十一种》本均2卷，清卢文弨抱经堂丛书本、子书百家本均4卷。此外还有各种明清刻本，卷数往往不同。按各本虽卷数不同，实际内容无大差异。

1（汉）班固 . 白虎通德论［M］. 上海：上海古籍出版社，1990:3.

1–1 各文献关于《白虎通》书名、卷数、作者问题汇总表

	书名	卷数		作者
白虎通 = 白虎奏议	《后汉书·孝章帝纪》注	6卷	《隋书·经籍志》	《新唐书·艺文志》
	袁宏《后汉纪》		《旧唐书·经籍志》	《崇文总目》
			《新唐书·艺文志》	《通志·艺文略》
	《三国典略》		《通志·艺文略》	《三荣郡斋读书志》
白虎通 ≠ 白虎议奏	庄述祖 《白虎通考》		《五代史·经籍志》	《直斋书录解题》
			《崇文总目》	《宋史·艺文志》
			《直斋书录解题》	《山堂群书考索》
白虎通德论 =白虎通 + 功德论	海宁周氏	10卷	《宋史·艺文志》	汉章帝
			《中兴书目》	
			《三荣郡斋读书志》	
			元大德本	
			清卢文弨《抱经堂丛书》（补遗2卷）	
		2卷	傅钥刻本、蒋杰刻本、黄丕烈跋元本	《旧唐书·经籍志》
			《秘书二十一种本》	
		4卷	关中丛书	
			武英殿聚珍版丛书	
			子书百家本	

我们以 1994 年中华书局陈立本为研究对象。陈立（1809～1869），清代经学家。潜心四书五经，《春秋公羊传》用力最深，撰著《公羊义疏》76 卷，《白虎通疏证》12 卷，《尔雅》旧注 2 卷等。陈立在自序中说："只取疏通，无资辨难""析其凝滞，通其结辖，集专家之成说，广如线之师传。"[1]陈立疏证是迄今为止校释最好的版本，而吴则虞点校是以光绪元年淮南书局刊本为底本，参校有关版本和资料。

二、《白虎通》的性质及其经学价值

《白虎通》是汉代经学代表作之一，是皇权统一经学之重要成果。关

1（清）陈立. 白虎通疏证 [M]. 北京：中华书局，1994:06.

于《白虎通》性质在侯外庐先生主编的《中国思想通史》[1]中，先生明确指出："他们不是在讲哲学，而是为统治阶级安排宗教""利用经义为汉制法"，"为皇帝制出空前极无耻之能事的国家法来"。他认为《白虎通》的世界观是神学的，性质是"封建法典"。这个论断是侯先生最先提出来，对后世学者影响深远。如任继愈[2]、金春峰[3]都赞同这一观点。在王四达的《是"经学"、"法典"还是"礼典"》（2001）[4]《"深察名号"与汉儒对礼制秩序的价值探索——以〈春秋繁露〉和〈白虎通〉为中心的考察》（2011）[5]两篇论文中，他则认为白虎观会议是章帝为"兴汉礼""正经义"而召开的，《白虎通》的性质是"封建礼典"。汤其领认为白虎观会议于东汉而言是"对圣人之道、五经大义进行阐发和升华，在重大问题上达成共识"，"为思想领域实现大一统""为东汉政权的长远统治奠定了坚实的基础"。[6]虽然东汉政权并未因此而强大，但其初衷应如是。张国华对《白虎通》评价更为合理："如果说董学是汉代儒学神学化的开始的话，《白虎通》则标志着儒学神学化的最后完成。"[7]

我们认为白虎观会议名义上是经学会议，实际却是统治阶级化解内部派系思想矛盾的会议。从《白虎通》的体例和内容来看，它应是汉章帝为统治阶级重新制定的"礼法典"。

首先，参会人员不仅有今古文经学大师，还有太常、将军、诸王等。《东观汉记》载："于是下太常、将军、大夫、博士、议郎、郎官及诸王、诸儒，会白虎观，讲议《五经》同异。"[8]将军、诸王的参与昭示着白虎观会议不单纯是统一经义的学术会议，更应该是为将军、诸王制定的"礼法"。

1 侯外庐. 中国思想通史 [M]. 北京：人民出版社,1957:225-236.

2 任继愈. 中国哲学史 [M]. 北京：人民出版社,1962:98-99.

3 金春峰. 汉代思想史 [M]. 北京：中国社会科学出版社,1987:455-464.

4 王四达. 是"经学"、"法典"还是"礼典"[J]. 孔子研究,2001(6):54-60.

5 王四达. "深察名号"与汉儒对礼制秩序的价值探索——以《春秋繁露》和《白虎通》为中心的考察 [J]. 学术研究,2011(3):32-37.

6 汤其领. 白虎观会议与东汉政权的苟延 [J]. 徐州师范学院学报,1996(2):35-39.

7 张国华. 中国秦汉思想史 [M]. 北京：人民出版社,1994:191.

8 （东汉）刘珍等撰,吴树平校注. 东观汉记 [M]. 郑州：中州古籍出版社,1987:77.

其次，会议"考详同异，连月乃罢。"如若仅是经学会议召开数月未免过长，但如果是立法会更合情理。斟酌、讨论立法内容的科学性、合理性需要较长时间。

再次，从《白虎通》内容可以看出，主要是解决君臣之间的礼法问题。例如，书中多是这样的陈述模式："天子者……""王者……""诸侯者……""公卿大夫……""帝王者……""卿大夫……""天子之太子……""诸侯之世子……"主要探讨的就是君臣之礼。《白虎通》和汉礼乃至周礼应是一脉相承的，是皇帝维护统治的手段之一。

最后，如果《白虎通》仅是统一经学的会议成果，下发、流传应非常迅速，而《白虎通》产生之后却一直遭受冷遇，主要原因就是统治阶级内部对《白虎通》中内容并未真正达成一致，虽然班固已"撰集"而成，但是推行阻力较大，所以才束之高阁，藏于秘府。

综上，我们通过分析白虎观会议召开的初衷及对《白虎通》内容考察，应将其视为礼法典，它和汉礼乃至周礼都是一脉相承的。正是因为长久的"漠视"，才给我们留下挖掘空间，应该给予《白虎通》合理的评价，重新审视其历史地位。

三、《白虎通》语言学研究价值

一直以来，语言学对于《白虎通》的研究主要集中于声训。吴泽顺[1]（2006）的《〈白虎通〉声训疏证》，通过对《白虎通》中声训词条的梳理统计出《白虎通》声训词条可信者在三分之一左右，这一结论应该比较接近事实。白瑞芬[2]（2011）的《从〈白虎通〉的声训条例看其语音特点》则认为《白虎通》是《释名》之前系统运用声训的著作。它是从先秦文献正文训诂中偶有零星声训发展到大规模集中地使用声训的肇始。作者通过对比《白虎通》声训条例在两汉音系与先秦音系中韵部上的差异，发现《白

---

1 吴泽顺.《白虎通》声训疏证 [J]. 现代语文（语言研究版），2006(4)：115-136.

2 白瑞芬. 从《白虎通》的声训条例看其语音特点 [J]. 湖北社会科学，2011(10)：129-132.

虎通》是以先秦语音为声训标准。还有卢烈红[1]（1992）的《〈白虎通〉对训诂学的贡献》中从求综合、释礼制、训简称、存异说、用声训五个方面肯定了《白虎通》对训诂学的贡献，对于"阅读古籍，研究语义学、语源学，还能从书中获得不少益处。"除此之外，还有若干硕博论文从声训角度研究《白虎通》。如华中师范大学王丽俊[2]（2004）的《〈白虎通〉声训研究》，借助《白虎通》的声训材料，从文化学的角度考察了古代的音乐文化、宗法观念、教育制度、婚丧习俗等。郭向敏[3]（2006）《〈白虎通〉声训词研究》，归纳《白虎通》声训训释词与被训释词之间的语音和意义关系类型。北京师范大学刘青松[4]（2011）的博士论文《〈白虎通〉义理声训研究》对《白虎通》声训的原因、声训的来历、声训反映的文化现象等几个方面进行分析，认为《白虎通》的声训启发了后世词源学。另外，还有少许关于《白虎通》点校和体例研究的论文，如徐文新[5]（2003）的《〈白虎通疏证〉点校指瑕》、张荣明[6]（2004）的《汉代章句与〈白虎通义〉》杨权[7]（2004）的《〈白虎通义〉是不是章句》等。

《白虎通》作为一部哲学著作，它的哲学思想是在通经释义的过程中间接表现出来的。在内容上，它对群经所涉及的礼制及有关字词进行训解阐释，不仅解其然，还要释其所以然。在形式上，它仿效《公羊传》《谷梁传》，采用自问自答的训释格式，但它并不像《公羊传》《谷梁传》那样随文释义，而是通释群经，独立成书，用训释之语构成正文，属正文训诂的范畴。从语源学的角度而言，它由先秦零星声训发展到集中地使用声训，表明汉代对词语之间的音义关系已有足够认识，为《释名》声训理论的形成奠定基础，为系统探源词义做足准备。从语音学的角度

1 卢烈红.《白虎通》对训诂学的贡献 [J]. 武汉大学学报（社会科学版），1992（5）：99-105.

2 王丽俊.《白虎通》声训研究 [D]. 武汉：华中师范大学，2004.

3 郭向敏.《白虎通》声训词研究 [D]. 南宁：广西师范大学，2006.

4 刘青松.《白虎通》义理声训研究 [D]. 北京：北京师范大学，2011.

5 徐文新.《白虎通疏证》点校指瑕 [J]. 贵州文史丛刊，2003（3）：17-18.

6 张荣明. 汉代章句与《白虎通义》[J]. 学术研究，2004（2）：100-104.

7 杨权.《白虎通义》是不是章句 [J]. 学术研究，2002（9）：104-110.

而言，通过对其声训条例语音关系的分析，可以看出由先秦到两汉语音的发展演变，是研究上古音系十分重要的文献资料。从语义学的角度而言，声训条例的训释字与被训释字的语义关系，可以反映出当时人们的思维模式、文化特征，对研究汉代的思想观念、文化礼俗、社会制度有着重要意义。

从《白虎通》文献研究综述来看，我们可以清楚感知从语言学角度研究《白虎通》的著作数量不多，而且比例严重失衡，大多关注声训，鲜少有关于《白虎通》词义研究的。这也是笔者选择《白虎通》名物词为研究对象的重要原因。

第二节 名物词研究及其意义

名物词研究不仅是语言学问题，更是探测其所属时代物质世界、社会生活、思想动态、认知特点的"活化石"。这些以静态方式存在，却在历史长河中不断打磨的"活化石"承载着社会的巨变，饱含着时间的划痕，为后人打开了追溯往昔的时空隧道。古代传世文献中有大量的名物词存在，它们揭示着时代的变化。例如《诗经》《周礼》《仪礼》《礼记》中存有大量名物词。据刘兴均考察三礼共有名物词4595个。《尔雅》中除了诂、言、训三篇之外，其他16篇都是名物训释，成雅学之淝祖。后世雅学更是把名物训诂发扬光大。如北宋陆佃《尔雅新义》《埤雅》，罗愿《尔雅翼》，清王念孙《广雅疏证》，黄侃《尔雅音训》等。《说文》《释名》《方言》也非常看重名物训解。清代及以后名物考据也是硕果累累。程瑶田的《蝶蠃转语记》《沟洫疆理小记》，近人刘师培的《物名溯源》《正名隅论》，杨树达的《积微居小学述林》《增订积微居小学金石论丛》，[1] 黄金贵的《古代文化词语考论》[2]，钱玄的《三礼名物通释》[3]，扬之水《诗经名物新证》。

---

1 扬之水.诗经名物新证 [M].天津：天津教育出版社,2012.

2 黄金贵.古代文化词义集释辨考 [M].上海：上海教育出版社,1995.

3 钱玄.三礼名物通释 [M].南京：江苏古籍出版社,1987.

其中刘兴均的《〈周礼〉名物词研究》[1]（2001）以及刘兴均与黄晓冬合著的《"三礼"名物词研究》[2]（2016）可谓全面对三礼中名物进行考证，从词源角度出发，探讨名物命名理据，可谓名物词研究的集大成者。王子今的《秦汉名物丛考》[3]（2016）则是从历史角度考证秦汉部分名物具体所指。高春明的《中国服饰名物考》[4]详尽地考证服饰的名与物。关于名物词研究的历史源远流长，可是关于名物词的理论建设却是滞后的。一直以来训诂专著鲜少解释何为"名物"。关于名物词的界定也是莫衷一是。我们有必要对何为"名物词"做以简单界定。

一、名物词的界定及判断标准

名物研究的实践活动开始很早，但是理论建设薄弱。陆宗达、王宁在《训诂方法论》中提及名物，"早期专指草木鸟兽虫鱼等自然界生物名称，后来才扩展为车马、宫室、衣服、星宿、郡国、山川以及人的命名等领域……从词义学的观点来看，名物讲的是一些专名的词义。"[5]名物指称对象范围比较特定（就概念来说，就是外延很小）且特征比较具体（就概念来说，就是内涵较大）。

各种辞书中关于名物的解释也是比较模糊。如《汉语大词典》中关于名物有六种解释，与我们所研究的名物相关的只有一个，指事物的名称、特征等。《周礼》是较早提及"名物"的文献。《周礼·天官·庖人》："掌共六畜、六兽、六禽，辨其名物。"贾公彦疏："此禽兽等皆有名号物色，故云'辨其名物'。"这个解释仍然不能明确何为"名物"。既然概念模糊，那我们就要溯源。

首先，名。《说文·口部》："名，自命也。从口从夕。夕者，冥也。

---

1 刘兴均.《周礼》名物词研究 [M]. 成都：巴蜀书社，2004.

2 刘兴均，黄晓冬."三礼"名物词研究 [M]. 北京：商务印书馆，2016.

3 王子今. 秦汉名物丛考 [M]. 北京：东方出版社，2016.

4 高春明. 中国服饰名物考 [M]. 上海：上海文化出版社，2001.

5 陆宗达，王宁. 训诂与训诂学 [M]. 太原：山西教育出版社，1994:68.

冥不相见，故以口自名。"许慎形象地认为"名"为"冥不相见，故以口自名"。所以"名"即称呼。

早在春秋战国时期，即有名实之争。旧的奴隶制度逐渐崩溃，新的封建社会又在不断建立的过程中，许多事物旧"名"已经不能适应新"实"，而各种新起的名还没有得到社会的公认。这种情况特别突出，在思想领域上便有了名实之争。孔子提出正名的主张，以周礼为尺度来正名。当鲁国季氏擅用天子的八佾之礼，子曰："是可忍也，孰不可忍也！"他还对齐景公说："君君、臣臣、父父、子子。"这就是正名的主要内容。老子对名实的看法认为名称与客观没有本质联系，它只是表达概念的符号。"无名，天地之始""有名，万物之母"，老子是在我国语言学史上第一个指出名实不可分的人，明确指出名称和客观事物之间的关系。在先秦思想家中荀子关于名实的观点影响深远。他在《正名篇》中说："形体色理以目异；声音清浊调竽奇声以耳异；甘苦咸淡辛酸奇味以口异；香臭芬郁腥臊洒酸奇臭以鼻异；疾养沧热滑铍轻重以形体异；说故喜怒哀乐爱恶欲以心异。"[1]首先，指出人们是通过感觉器官来认识客观世界的。换言之，人们通过感观认识世界，进而产生理性思考，形成概念，之后用语言表达概念。"故万物虽众，有时而欲无举之，故谓之物；物也者，大共名也。推而共之，共则有共，至于无共然后止。有时而欲偏举之，故谓之鸟兽。鸟兽也者，大别名也。推而别之，别则有别，至于无别然后至。名无固宜，约之以命，约定俗成谓之宜，异于约则谓之不宜。名无固实，约之以命实，约定俗成，谓之实名。名有固善，径易而不拂，谓之善名。"[2]人类通过抽象总结形成概念，定下名称时要有分别取舍，同类则同名，异类则异名；不同事物形成不同的概念，取不同的名称；单名可以表达用单名，单名不够表达用复名。从"大共名""大别名"揭示词语和概念的关系以及词语的概括性。同时，荀子认为名称是人类社会为表达客观事物而抽象出的符号系统，即"约之

---

1 （战国）荀子．荀子 [M]．上海：上海古籍出版社，1993:131.

2 （战国）荀子．荀子 [M]．上海：上海古籍出版社，1993:133.

以命"。

其次，物。《说文·牛部》："物，万物也。牛为大物；天地之数起于牵牛，故从牛，勿声。"段注："万物也。牛为大物。牛为物之大者。故物从牛。与半同意。天地之数起于牵牛。戴先生原象曰：'周人以ㄐ，牵牛为纪首。命曰星纪。自周而上。日月之行不起于ㄐ，牵牛也。按许说物从牛之故。又广其义如此。故从牛，勿声。'"许段二人解释稍显牵强。不妨从"勿"寻找突破口。在甲骨文字中形为 ⅋，像一竖旗。右边是柄，左边是飘带。《说文·勿部》："勿，州里所建旗，象其柄有三游，杂帛，幅半异，所以趣民，故遽称勿勿。"段注："州里所建旗为许氏笔误。应为士大夫所建旗。古代大夫、士所建旗帜，半赤半白，用来麾集人众。"《周礼·春官·司常》："杂帛为物"和"司常掌九旗之物品，各有属以待国事：日月为常，交龙为旗，通帛为旃，杂帛为物……"孙诒让正义："杂帛者，綵游异色，犹《士冠礼》之杂裳，皆取不专属一色之义。"可以看出"物"即是"勿"的孳乳字。王国维《释物》也进一步证明他们之间的关系。"卜辞云：'丁酉卜，即贞，后祖乙古十牛。四月。'又云'贞，后古物。四月。'……前云'古十牛'，后云'古物'，则'物'亦牛名。"卜辞中"勿牛"亦可作"物牛"。[1]《诗经·小雅·六月》："比物四骊。"毛传："物，毛物也。"《周礼·春官·鸡人》："掌共鸡牲，辨其物。"郑玄注："谓毛色也。"《淮南子·道应训》："子之所使求马者，毛物牝牡不能知，又何马之能知！"可见，毛是纯色，物为杂色。又《周礼·夏官·校人》："凡军事，物马而颁之。"贾公彦疏："物即是色。"故此，"勿"的本义应该是杂色，引申为杂色旗、杂色牛。《玉篇·牛部》："凡生天地之间，皆谓物也。"所指进一步扩大引申为纷杂的世间万物。《左传·桓公六年》："丁卯，子同生。公曰：'是其生也，与吾同物。'"杜预注："物，类也。"所以，"名物"本质上就是名实对应，从"物"的词义来看，还应该具有区别属性。

---

1 王国维. 观堂集林（外二种）·释物 [C]. 石家庄：河北教育出版社，2003:141-142.

词是语言里最小的可以独立运用的单位。上古汉语中大量单音词，所以在分辨复音词时就要明确语素、词与短语之间的关系。在上古汉语中虽然单纯词数量较多，但从汉代开始大量出现合成词，所以区别词与短语成为重点。短语又叫词组，是由句法、语义和语用三个层面上能够搭配组合的没有句调的语言单位。它是大于词而又不成句的语法单位，结构比较松散。

区别短语与词，对于古汉语来说比较困难。只能通过语法、语音、语义等来判断。张世禄[1]从三方面来加以说明：

第一，从实际生活当中来看意义的特殊化的现象。即词往往是为新事物而产生，所以词有丰富的特殊的内涵，而词组就是单纯意义之间的组合，表达不出特殊的含义。

第二，从语言组织当中来看定型化现象。在词中字与字之间的联系非常紧密，而词组就相对松散，具有分离性，中间可以插入或者替换。

第三，从声音形式来看双音化的现象。

通过上面的条件基本可以判定什么是词，明确了名、物、词，那么名物词就容易确定。

我们结合刘兴均在《〈周礼〉名物词研究》[2]中的概念来界定名物词：

名物词是指人们能从种属、颜色、形状、功能、质料等多个角度对特定具体之物加以辨别和认识，它是对具体特定之物的命名。

通过对名物词的界定，区分、判断名物词的标准为：

首先，词性为名词。名词表示人和事物，包括表示时间、处所、方位的词在内。借用现代语义学语义场的概念，有一些名词因为彼此之间的相关性形成语义场，让一部分名词建立相关性，再通过义素分析，找出词与词之间的区别与联系。

其次，该词能与物质世界某一具体事物相对应。名物词还应该所指

---

1 张世禄.语言学论文集[C].上海：学林出版社，1984:300-301.
2 刘兴均.《周礼》名物词研究[M].成都：巴蜀书社，2001:22.

明确，与客观事物建立对应关系。一些词内涵较小较少，外延过于宽泛，例如物、宇、宙。又如五脏六腑等合称虽有所指，但是所指并不为单一事物，所以不能算作名物词。而像花、草、木内涵较丰富，外延相对狭窄，不仅能够划分词的类属，而且在具体语境中也能所指明确，这类词算作名物词。

最后，具有揭示种属的区别性特征。处于同一语义场的词应该具有一定的区别特征。如在性质、功能、色泽、质地、形制等方面存在差异。例如，《白虎通》中有："何谓五瑞？圭、璧、琮、璜、璋"。从形制上来看，璧，扁圆形，正中有孔；琮，外方内圆中空的柱形器。从用途上来看，璧以聘问；璋以发兵；珪以质信。

二、名物词词义变化研究及意义

（一）词义演变研究成果

对于名物词而言首先应该明确词义。词义研究是汉语词汇学研究的核心。从传统训诂学的积累，到西方语义研究方法的介入，从单个词义系统研究，到词义理论整体探索，词义研究更加深入而科学。从历时研究角度出发，词义演变研究意义尤为重大。名物词词义发展演变轨迹是整个词义系统研究组成部分，所以我们需要对词义演变研究现状做以简单梳理，为名物词词义演变作更充分的理论准备。

1.传统训诂学词义引申研究

传统训诂学对词义引申问题注意较早，南唐徐锴在《说文系传》中第一次提出词义引申问题。[1] 但是，对词义引申系统概括和总结的第一人是清代考据大师段玉裁。"前代训诂家是以解释古代文献语言为自己的出发点的，所以能把自己的工作深深植根于丰富的古代书面汉语的材料中。因此，他们所注意到的引申规律往往能切合汉民族语言的实际，反映汉民族语

---

1 孙雍长．训诂原理 [M]．北京：语文出版社，1997：352.

言的特点。可惜专门的系统的阐述引申规律的专书尚不多见。"[1] 段玉裁总结出汉语词义引申规律，宋永培又在此基础上凝缩提炼。近代学者章太炎、黄侃等加速了汉语词义引申研究，而当代学者陆宗达、王宁在前贤研究基础之上对词义引申提出新的理解和认识，全面揭示汉语词义引申的基本问题。

陆宗达、王宁指出："引申是一种有规律的词义运动。词义从一点（本义）出发，沿着它的特点所决定的方向，按照各民族的习惯，不断产生新义或派生新词，从而构成有系统的义列，这就是词义引申的基本表现。"[2] 对于词义引申的规律，他们认为："词义引申就其个别阶段来说，是由一个义项延伸出另一个与之相关的新义项。引申规律，就是指互相延伸的甲乙两项彼此相关的规律……古代书面汉语词义的引申大体可分三种类型：理性的引申（词义之间因本民族共同的理性认识而发生联系，从而产生引申。包括因果的引申，时空的引申，动静的引申，施受的引申，反正的引申，实虚的引申），状所的引申（它不是反映事物之间观念上或变化过程中的相关，而是反映事物之间外在的相联或相似。包括同状的引申，同所的引申，通感的引申），礼俗的引申。"[3] 陆、王二人的词义演变研究，既关注于汉民族的语言特点，又揭示了民族文化对词义引申的影响。

2. 现代词义学理论研究

现代汉语词义研究在西方语言学理论的渗透下，研究词义的方法（义素分析法）与传统训诂学相比发生巨大改变。

"义素分析法"使词义研究更加微观而直观。当代学者们按照各自的理解和界定，利用"义素分析法"解释词与词之间的细微差异，总结词义演变的基本规律。其中符淮青在《词义的分析和描写》[4] 中论述了词义构成

1 陆宗达，王宁. 训诂与训诂学 [M]. 太原：山西教育出版社，1994:17.

2 陆宗达，王宁. 训诂与训诂学 [M]. 太原：山西教育出版社，1994:109.

3 陆宗达，王宁. 训诂与训诂学 [M]. 太原：山西教育出版社，1994:113-122.

4 符淮青. 词典学词汇学语义学文集（重印本）[M]. 北京：商务印书馆，2007.

的模式，这种模式为合理阐释词义非常重要；贾彦德的《语义学导论》[1]和《汉语语义学》[2]则非常详细地介绍了"义素分析法"并做了具体分析；蒋绍愚[3]、刘叔新[4]、束定芳[5]等学者也都关注到"义素分析法"这一新式利器。义素分析法使词义研究细化，对词义系统的分析更为深入、科学，更有利于词义演变研究的描写与分析。

蒋绍愚、张联荣等学者运用"义素分析法"进行词义引申研究，取得了较大成就。蒋绍愚使用义素分析法分析大量用例并指出，汉语词义演变的结果除了词义扩大、缩小与转移以外，还有易位，并指明转移有两种情况，一是新义产生后旧义消失，另一种是新义产生后旧义依然存在。对于词义引申，蒋绍愚先生在《古汉语词汇纲要》中提出："引申是基于联想作用而产生的一种词义发展。甲义引为乙义，两个意义之间必然有某种联系，或者说意义有相关的部分。从义素分析的角度来说，就是甲乙两义的义素必然有共同的部分。一个词的某一义位的若干义素，在发展的过程中保留了一部分，又改变了一部分（或增、或减、或变化），就引申出一个新的义位，或构成一个新词。"[6]蒋先生不仅把词义引申看成词义发展的一种方式，而且认为词义引申与联想紧密相关，运用义素分析能够发现引申义与本义的内在联系。张联荣也以义素分析作为词义引申研究的切入点，他主张："考察词义的引申，如果能够做到的话，应当首先对本义做义素分析，然后观察区别性义素和指称义素在引申义位中的变化。就区别性义素讲，有义素的扩展和紧缩、义素的遗传以及变换三个方面；就指称义素讲，主要应注意扩展、存留和变换三个方面。……义素的存留遗传是指在词义引申过程中，构成本义义位的义素传递下来，从而生成新的引申义

1 贾彦德. 语义学导论 [M]. 北京：北京大学出版社，1989.

2 贾彦德. 汉语语义学 [M]. 北京：北京大学出版社，1999.

3 蒋绍愚. 古汉语词汇纲要 [M]. 北京：北京大学出版社，1989.

4 刘叔新. 汉语描写词汇学（重排本）[M]. 北京：商务印书馆，2005.

5 束定芳. 现代语义学 [M]. 上海：上海外语教育出版社，2000.

6 蒋绍愚. 古汉语词汇纲要 [M]. 北京：北京大学出版社，1989:71.

位。"[1] 张联荣进一步提出了"遗传义素"说，即"词义的引申有现实的基础，就是旧的义位和由之引申出的新义位所反映的事物在某一方面有共同的特征，或者两类事物之间存在着某种联系，遗传义素就是这种共同特征或联系的反映。"[2] 另外，贾彦德也运用义素分析法研究汉语词义的演变，并结合实例指出了汉语词义演变的结果除词义扩大、缩小与转移之外，还有复合转移，即转移兼有扩大和缩小两种情况。[3]

3. 西方认知语言学理论成果

近些年关于词义演变机制的理论研究，国内许多学者进行深入探讨。蒋绍愚[4]、罗积勇[5]认为词义变化是相因生义造成的；孙雍长[6]则认为词义演变源于词义渗透；李宗江[7]认为是聚合类推作用使词义变化，还有张博[8]、江蓝生[9]、伍铁平[10]、邓明[11]等众多学者均有发声。在诸多理论中西方认知语言学的隐喻和转喻理论影响较大。隐喻、转喻不仅是两种修辞格，更是人类思维的基本模式。隐喻、转喻既是汉语词义引申的推手，又是汉语词义引申的方法。

沈家煊[12]首先运用转喻理论研究汉语，揭示了"显著度"在转喻中的重要性。对于隐喻研究较早的学者有汲传波、刘芳芳[13]，他们把隐喻看作

1 张联荣. 古汉语词义论 [M]. 北京：北京大学出版社, 2000:259-269.

2 张联荣. 古汉语词义论 [M]. 北京：北京大学出版社, 2000:271.

3 贾彦德. 汉语语义学 [M]. 北京：北京大学出版社, 1999:388.

4 蒋绍愚. 词义的发展和变化 [J]. 语文研究, 1985(2):7-12.

5 罗积勇. 论汉语词义演变中的"相因生义"[J]. 武汉大学学报（社会科版）, 1989(5):71-75.

6 孙雍长. 论词义变化的语言因素 [J]. 湖南师范大学社会科学学报, 1989(5):119-124.

7 李宗江. 形式的空缺和羡余与语言的自组织性 [J]. 外语学刊（黑龙江大学学报）, 1991(6): 8-11.

8 张博. 词的相应分化与义分同族词系列 [J]. 古汉语研究, 1995(4):23-30.

9 江蓝生. 说"么"与"们"同源 [J]. 中国语文, 1995(3):180-190.

10 伍铁平. 词义的感染 [J]. 语文研究, 1984(3):57-58.

11 邓明. 古汉语词义感染例析 [J]. 语文研究, 1997(1):30-32.

12 沈家煊. 转指和转喻 [J]. 当代语言学, 1999(1):3-15.

13 汲传波, 刘芳芳. 词义引申方式新探——从隐喻看引申 [J]. 喀什师范学院学报, 2001(4): 54-58.

词义引申的方式来研究，张荆萍[1]视隐喻为词义的生成机制，李敏[2]将词义发展的动因归于隐喻。隐喻、转喻理论正在如火如荼地重新解构着词义的发生及演变，自然也有不少学者会进一步跟进这一新法。如：《汉语人体名词词义演变规律及认知动因》《中国上古涉酒词语研究》。这几篇博士学位论文重点分析了隐喻、转喻理论在词义引申中的作用。认知语言学转喻、隐喻让我们从更新、更深入的维度挖掘到词义变化的潜在原因。

（二）研究名物词词义演变之意义

1.名物词承载着人类物质生活和精神活动的基因，对其进行研究既能揭示社会变化，又能反映该时代用词惯性。

2.名物词作为名词之组成部分，有其独特的变化特点和引申规律。

3.词义引申是语言学研究重点，把握词义引申动机、明确词本义、寻找引申路径以及名物词引申过程中认知活动、礼俗文化等对其产生的影响。

《白虎通》名物词词义演变研究是在上述理论、方法基础上进行，《白虎通》名物词作为专书专项词义研究自然有共性的一面亦有其特殊的一面，我们重在通过共性的方法和手段来获取名物词词义引申的特殊规律，为专项词汇语义系统研究，尤其是在词义引申类型、引申结果、引申动因、系联同源词等方面做出积极尝试。

三、《白虎通》双音节名物词研究意义

王宁提出汉语词汇发生和积累大约经历三个阶段：原生阶段、派生阶段、合成阶段。两汉以后合成造词取代派生造词。[3]《白虎通》所处的时代恰好是汉语合成造词的肇始阶段，虽然双音节名物词不能代表整个复音词

---

1 张荆萍. 隐喻在汉语新词义产生中的生成机制 [J]. 宁波广播电视大学学报,2004(4):39-41.

2 李敏. 隐喻在汉语词义发展中的体现 [J]. 华北电力大学学报,2003(2):78-80.

3 王宁. 训诂学原理 [M]. 北京：中国国际广播出版社,1997:146-148.

体系，但是能够体现这一历史蜕变期的基本状况。在《白虎通》中的双音节名物词数量很多，首例出自《白虎通》的名物词全部为复音词，这充分证明东汉时期产生新词方式多用合成法。这也印证东汉为我国历史上合成造词的早期阶段这一说法，也为后来魏晋时期大量合成造词做以先导。近些年，复音词研究成果不少，为我们分析《白虎通》中的双音词提供理论支撑和指导。如程湘清的《汉语史专书复音词研究》。书中不仅提出复音词概念，还从历时和共时的角度分别对《诗经》《论衡》《世说新语》《敦煌变文集》中复音词进行比较分析，将复音词的结构、语义、词序的历史变化和横向发展都做以详尽阐述。这部书对于研究复音词具有极大参考价值。另外，还有张双棣（1989）的《〈吕氏春秋〉词汇研究》、毛远明（1999）的《〈左传〉词汇研究》、魏德胜（1995）的《〈韩非子〉语言研究》、伍宗文（2001）的《先秦复音词研究》、朱刚焄（2006）的《西周青铜器铭文复音词研究》等影响亦不小。

我们综合各家说法，借用义素分析法研究双音节名物词在合成时义素增减与遗传现象，分析义素在构词时所起具体作用，并总结双音节名物词成词特点及组合规律。

《白虎通》从产生便因为各种原因被束之高阁，是被后世学者"忽视"的一部汉籍。从内容上看，它是一部礼学著作，是为章帝稍后制定《汉礼》预先达成的理论共识，"深察名号"是对其最准确的概况。从形式上看，它沿袭三礼，向汉礼过渡，是汉代宗法社会的一个缩影。所以，对于《白虎通》名物词研究既是对于"三礼"礼乐制度文化研究的继续，又是对汉代礼乐制度文化的解剖；既是对断代词汇研究的补充，又是对历时词汇研究的加强。

研究《白虎通》名物词主要有如下几方面意义：

1. 深入研究《白虎通》名物词，能进一步拓展名物词考查范围。

2. 梳理《白虎通》名物词对于研究汉代社会形态、政治制度、礼俗文化等有一定意义。

3. 《白虎通》双音节名物词体现了东汉时期合成造词的时代特点。

4. 名物词词义演变系统地梳理和研究，有利于揭示名物词词义引申的内在机制，揭示其与礼俗制度之间的联系。

5. 通过对《白虎通》名物词全面考察与整理，有助于补充与校正辞书中个别名物词词义。

第三节 《白虎通》名物词研究的理论依据

《白虎通》名物词研究的理论依据主要有三方面：以传统训诂学理论为依托、以现代词汇系统理论为基础、以西方语言学理论为方法。

一、以传统训诂学理论为依托

传统训诂学在先秦阶段已然开始，至两汉时期迅速发展并成熟。逐步成为以传世文献为研究对象的独立学问。据黄侃先生在《训诂述略》中的阐述："训诂者，用语言解释语言之谓……且论其法式，明其义例，以求语言文字之系统与根源是也。"[1] 传统训诂学不仅对语言词义给予解释，还在不断探讨训诂的原则和方法，并通过语言具体使用情况揭示语言发展变化的内在规律。

传统训诂学的丰硕研究成果为词义研究提供巨大的宝藏，并形成"形训""音训"及"义训"三种考察词义的方式，注重语境对于词义变化的影响，为现代词汇研究提供充足语料和基本研究方法。

我们在著述时参考众家之长。首先，考查本义时，我们主要借鉴清代学者段玉裁的引申理论。他曾在《经韵楼集》中提到"凡字有本义，有引申假借之余义焉。守其本义而弃其余义者，其失也固；习其余义而忘其本义者，其失也蔽"[2]。其次，探寻词义引申时，我们大量查阅古代文献，搜索词汇具体使用情况，充分考虑言语义和语言义之间区别，从词汇的形、音、

---

1 转引自路广正. 训诂学通论 [M]. 天津：天津古籍出版社, 1996:10.
2（清）段玉裁. 经韵楼集 [M]. 台北：台湾大化书局, 1977:843.

义三方面考察词汇引申义。经过漫长的历史积淀，传统训诂学的训释方法和手段对后世词汇学产生重大影响。

二、以现代词汇系统理论为基础

现代汉语十分重视词汇系统的理论研究，"系统论思想给我们提供了认识语言词汇系统的理论和方法，使我们可以看到，语言词汇最本质的特征就是它的系统性"。[1]

词汇的系统性表现在词汇的方方面面。周国光[2]提出，词汇系统由词汇的形式系统、意义系统、结构系统、功能系统四部分组成。王洪涌[3]则将词汇系统称为"词汇—语义系统"。重要的是一个词汇本身也可构成一个系统，包括多义词的词义系统和词汇使用时的动静系统。多义词的词义系统就是指各义位及其之间的关系。贾彦德指出："义位演变成（演变出）新的义位后，新旧义位有联系而指称范围发生了变化……我们用指称范围的变动这同一个标准，将义位的这些变化分作既有区别又有联系的扩大、缩小、转移三类。"[4]现代汉语词汇系统理论和语义学理论，在研究《白虎通》名物词的引申类型以及引申结果时起重要作用并有一定的指导意义。

三、以西方语言学理论为方法

西方语言学的许多理论改变了训诂学研究方法，但是近些年来应用最多、影响较好的应该是义素分析法和隐喻、转喻理论。

1. 义素分析法

在 20 世纪 40 年代，丹麦学者提出了义素分析法的设想；50 年代，有美国学者采用义素分析法研究跨文化亲属词语的关系；60 年代初，美国语言学家卡兹（J.J. Katz）和弗托（J.A. Fodor）提出解释语义学，将义素分析

---

1 徐国庆．现代汉语词汇系统论 [M]．北京：北京大学出版社，1999:1.

2 周国光．现代汉语词汇学导论 [M]．广州：广东高等教育出版社，2004:3.

3 王洪涌．先秦两汉商业词汇—语义系统研究 [D]．武汉：华中师范大学，2006.

4 贾彦德．汉语语义学 [M]．北京：北京大学出版社，1999:378.

法引入语言学中，至此义素分析法才被用以研究和解释词义。

我国学者在 20 世纪 80 年代开始用义素分析法来研究词汇。苏新春先生在《汉语语义学》中曾描述："义素分析法是现代西方语义学开始使用的一种深入到词的内部分析意义构成的方法。它借鉴了音位学上确立音位、建立音位系统的方法，也试图来分析一种语言的义素构成，来分析它的意义构成方式、结构及整体系统。"[1] 这说明义素分析法所研究的对象应为同一语义场的词汇。很多学者亦提出义素分析法在解释词义、辨析同义词及研究词义引申中起重要作用。因此，本文运用义素分析法研究《白虎通》名物词引申过程中义位与义位之间的变化和双音节名物词在合成时义素的遗传情况。义素分析法有利于解释语法现象、辨析同义词词义。

2.隐喻、转喻理论

隐喻和转喻是两种认知方式，把人类思考方式引入词义研究领域，便于把词义的聚合原因及词义上位下位之间的关系理清。Lakoff 和 Johnson 在《我们赖以生存的隐喻》一书中指出，隐喻绝不仅仅是一种语言现象，从根本上讲，隐喻是一种认知现象，是通过另一类事物来理解和经历某一事物。将转喻定义为通过与其他事物的邻近关系来对某事物进行概念化。总之，隐喻以相似原则为基础，转喻以接近原则和突显原则为基础。

本文运用隐喻、转喻两种认知方式分析名物词词义生成机制，有助于深入把握《白虎通》名物词演变的深层动机。

第四节 研究步骤与研究方法

一、研究步骤

（一）确立名物词判断标准

通过对传统训诂学名物词研究成果的总结，结合当代中西方语言学理

---

1 苏新春. 汉语语义学 [M]. 北京：外语教学与研究出版社，2008:299.

论成果，界定何为名物词。

（二）研读《白虎通》，择选出名物词

择选出的名物词是作为本研究的基础语料，所以在圈选时严格执行判断名物词的条件和标准。

（三）将名物词进行统计、分类

依据传统训诂学分类标准，结合词汇的具体使用情况，把 654 个名物词划分为 11 类，每一类下又包含若干小类，以利后续具体描述与研究。

（四）名物词词义描写

首先，利用《汉语大词典》《汉语大字典》《王力古汉语字典》《康熙字典》等大型工具书和《说文解字》《尔雅》《释名》等确定名物词的使用义并列举其在典籍中的具体使用情况。

（五）《白虎通》双音节名物词构词情况描写

举例分析双音词两个语素之间的关系，并通过义素分析法探寻并列双音词、修饰式双音词构词特点和成词规律。

（六）分析《白虎通》名物词词义演变的动态情况

重点从词义引申类型（连锁式引申、辐射式引申、复合式引申）、引申结果（词义扩大、缩小、转移）、引申动因（隐喻、转喻引申）以及部分名物词同源词系联和探索词源义几个方面做以深入研究和探讨。

二、研究方法

（一）描写与解释相结合

首先对《白虎通》名物词进行测查，确定名物词的基本面貌，按照语义特征划分类别，分类描写名物词使用义，并揭示《白虎通》名物词的聚合情况。

（二）定性与定量相结合

对于《白虎通》名物词进行穷尽性地测查，在定量测查的基础上再进行定性分析，将统计数据与典型例句相结合，考察词义特征与演变规律。

（三）共时与历时相结合

共时静态描写《白虎通》名物词的基本面貌与考察名物词词义历时动态演变相结合，从而揭示《白虎通》名物词演变的特点和规律。

（四）历史文献和文化参照相结合

对于词义的解释，既充分考察辞书、文献注解和语境中具体使用义，又注意参考礼俗文化方面的佐证；既对同类别词语尽量全面、细致地对比分析，又对各类别词语之间的联系做以深入探源。

第二章 《白虎通》名物词分类描写

　　《白虎通》一书的名物词数量繁多，经测查有654个，其内容十分丰富，按现在的分类标准及方法，可以分为星象，山川，品物，封国，宗教，军旅、刑罚，器具，饮食，服饰，宫室，身体等11大类，涵盖了古代自然、社会生活的各个方面，其中有些是承袭前代而流传下来的，有些是这个时期社会语言所独有的，如32个首例出自《白虎通》的名物词，他们反映了那个时期社会语言词汇的一些基本面貌。

第一节　星象类名物词

　　星象类是指与日月星辰、气象有关的名物词，这些名物词主要分布于《白虎通》六、七两卷，计有48个词条，其中单音词21个，双音词22个，多音节词5个。具体可分成天象、气象两个小类。

一、天象类

　　【天】《白虎通·爵》："何以言皇亦称天子也？以其言天覆地载，俱王天下也。"（1-5）

　　天空。《说文·一部》："天，颠也。至高无上，从一、大。"甲骨文写作"𣃌"，王国维《观堂集林·释天》："古文天字本象人形……本为人颠顶，故象人形。"章炳麟《小学答问》："天即颠耳。颠为顶，亦为额。"天本义为头顶，即《说文》所谓"颠"也，"至高无上"乃其引申义。引申为天空。《尔雅·释天》："天，根氐也。"《礼记·礼运》："天秉阳，垂日星。"《诗经·唐风·绸缪》："绸缪束薪，三星在天。"

【日】《白虎通·谥》："号法天也，法日也，且未出而明。"（2-77）

太阳。《说文·日部》："日，实也，太阳之精不亏。"《释名·释天》："日，实也。光明盛实也。"《周易·系辞下》："日往则月来，月往则日来。"《诗经·卫风·伯兮》："其雨其雨，杲杲出日。"《礼记·祭义》："日出于东。"

【月】《白虎通·谥》："谥法地也，法月也，月已入有余光也。"（2-77）

月亮。《说文·月部》："月，阙也，大阴之精。"《释名·释天》："月，缺也，满则缺也。"《诗经·小雅·天保》："如月之恒，如日之升。"《周易·系辞》："阴阳之义配日月。"《礼记·祭义》："月生于西。"《汉书·天文志》："日之所行为中道，月、五星皆随之也。"《淮南子·天文训》："水气之精者为月。"

【昴星】《白虎通·礼乐》："上应昴星，以通王道，故谓之韶也。"（3-124）

昴宿。《初学记》卷一引《尔雅》："西陆，昴星也。"汉王充《论衡·偶会》："火星与昴星出入，昴星低时火星出。"

【星】《白虎通·封公侯》："天道莫不成于三：天有三光，日、月、星。"（4-131）

《说文·晶部》："星，万物之精，上为列星。从晶，生声。"《诗经·大雅·云汉》："瞻卬昊天，有嘒其星。"《诗经·召南·小星》："嘒彼小星，三五在东。"《太平御览》卷六引汉应劭《风俗通》："月与星并无光，日照之乃光耳。"

【星辰】《白虎通·辟雍》："揆星辰之证验，为万物获福无方之元。"（6-263）

星之通称。《尚书·尧典》："历象日月星辰。"《周礼·春官·郁人》："圭璧，以祀日月星辰。"《荀子·礼论》："天地以合，日月以明，四时以序，星辰以行……贰之则丧也。"

【日食】《白虎通·灾变》："日食必救之何？阴侵阳也。"（6-272）

一种天象。亦称"日蚀"。《左传·昭公七年》："夏四月甲辰朔，日有食之。晋侯问于士文伯曰：'谁将当日食？'"《史记·秦本纪》："三十四年，日食。厉共公卒，子躁公立。"

【月食】《白虎通·灾变》："月食救之者，阴失明也。"（6-275）

一种天象。亦称"月蚀"。《礼记·昏义》："是故日食则天子素服而修六官之职，荡天下之阳事。月食则后素服而修六宫之职，荡天下之阴事。"《汉书·韩延寿传》："延寿又取官铜物，候月蚀铸作刀剑钩镡，放效尚方事。"

【角】《白虎通·灾变》："故角尾交、日月食救之者，谓夫人击镜，孺人击杖，庶人之妻楔搔。"（6-275）

星宿名。《尔雅·释天》："寿星，角、亢也。"郭璞注："列宿之长，即角宿。"《楚辞·天问》："角宿未旦，曜灵安藏？"王逸注："角亢，东方星。"洪兴祖补注："此言'角宿未旦'者指东方苍龙之位耳。"《鹖冠子·天则》："四气为政，前张后极，左角右钺。"陆佃解："角，东方之星也。"

【尾】《白虎通·灾变》："故角尾交、日月食救之者，谓夫人击镜，孺人击杖，庶人之妻楔搔。"（6-275）

星宿名。《礼记·月令》："孟春之月，日在营室，昏参中，旦尾中。"《淮南子·天文训》："东方曰苍天，其星房、心、尾。"

【斗】《白虎通·封禅》："德至天，则斗极明，日月光，甘露降。"（6-283）

星宿名。清 朱骏声《说文通训定声·需部》："北斗七星，南斗六星，又天市垣小斗五星，皆象斗形，故以为名。"《周易·丰》："丰其蔀，日中见斗。"《诗经·小雅·大东》："维北有斗。"孔颖达疏："箕在南而斗在北，故曰南箕北斗也。"《史记·天官书》："北斗七星，所谓璇玑玉衡以齐七政也。"《淮南子·齐俗训》："夫乘舟而惑者，不知东西，见斗极则寤矣。"

【景星】《白虎通·封禅》："景星者，大星也。"（6-287）

大星；德星；瑞星。古谓现于有道之国。《史记·天官书》："天精而见景星。景星者，德星也。其状无常，常出于有道之国。"汉 王充《论衡·是应》："古质不能推步五星，不知岁星、太白何如状，见大星则谓景星矣。"《文子·精诚》："故精诚内形气动于天，景星见，黄龙下，凤凰至，醴泉出，嘉谷生，河不满溢，海不波涌。"

【中宿】《白虎通·圣人》："黄帝龙颜，得天匡阳，上法<u>中宿</u>，取象文昌。"（7-337）

四方各七宿，其居中一宿为中宿。《太平御览》引《元命苞》："上法中宿，取象文昌。"《新唐书·历志一》："七宿毕见，举中宿言耳。"《宋书·律历志下》："直以月维四仲，则中宿常在卫阳。"

【文昌】《白虎通·圣人》："黄帝龙颜，得天匡阳，上法中宿，取象<u>文昌</u>。"（7-337）

星座。《史记·天官书》："斗魁戴匡六星曰文昌宫：一曰上将，二曰次将，三曰贵相，四曰司命，五曰司中，六曰司禄。"

【招摇】《白虎通·圣人》："颛顼戴干，是谓清明，发节移度，盖象<u>招摇</u>。"（7-337）

北斗第七星。常借指北斗。亦称作"天矛""摇光"。《礼记·曲礼上》："行，前朱雀而后玄武，左青龙而右白虎，招摇在上，急缮其怒。"郑玄注："招摇星在北斗杓端主指者。"孔颖达疏："招摇，北斗七星也。"刘向《九叹·离世》："指日月使延照兮，抚招摇以质正。"《淮南子·时则训》："孟春之月，招摇指寅，昏参中，旦尾中。"

【参】《白虎通·圣人》："帝喾骈齿，上法月<u>参</u>，康度成纪，取理阴阳。"（7-338）

星名。《玉篇·厽部》："参，星名。"《诗经·召南·小星》："嘒彼小星，维参与昴。"《吕氏春秋·孟春纪》："孟春之月，日在营室，昏参中，旦尾中。"高诱注："参，西方宿。"

【璇】《白虎通·圣人》："尧眉八彩，是谓通明，历象日月，<u>璇</u>、玑、玉衡。"（7-338）

北斗第二星。《尚书·舜典》："在璇、玑、玉衡，以齐七政。"《太平御览》卷五引《春秋运斗枢》："北斗七星，第一天枢，第二璇，第三机，第四权……"

【玑】《白虎通·圣人》："尧眉八彩，是谓通明，历象日月，璇、玑、玉衡。"（7-338）

北斗第三星。《史记·天官书》："北斗七星，所谓'旋、玑、玉衡以齐七政'。"司马贞索隐引《春秋运斗枢》："斗，第一天枢，第二旋，第三玑，第四权，第五衡，第六开阳，第七摇光。"

【玉衡】《白虎通·圣人》："尧眉八彩，是谓通明，历象日月，璇、玑、玉衡。"（7-338）

北斗第五星。《文选·古诗十九首·明月皎夜光》："玉衡指孟冬，众星何历历。"李善注引《春秋运斗枢》："北斗七星，第五曰玉衡。"《晋书·天文志下》："魁第一星曰天枢，……五曰玉衡。"

【柳】《白虎通·圣人》："汤臂三肘，是谓柳、翼，攘去不义，万民咸息。"（7-339）

星宿名。《尔雅·释天》："咮谓之柳。柳，鹑火也。"郝懿行义疏："柳者，八星曲头垂似柳。"《礼记·月令》："（季秋之月）日在房，昏虚中，旦柳中。"《吕氏春秋·季夏》："季夏之月，日在柳。"高诱注："柳，南方宿，周之分野。"

【翼】《白虎通·圣人》："汤臂三肘，是谓柳、翼，攘去不义，万民咸息。"（7-339）

星宿名。《礼记·月令》："孟秋之月，日在翼。"《史记·天官书》："翼为羽翮，主远客。"

【光】《白虎通·日月》："三日成魄，八日成光。"（9-424）

《释名·释天》："光，晃也，晃晃然也。"《左传·庄公二十二年》："光，远而自他有耀者也。"《淮南子·本经训》："日月淑清而扬光。"

【东井】《白虎通·日月》："故夏节昼长，冬节夜长，夏日宿在东井，出寅入戌。（9-426）

井宿。《礼记·月令》："仲夏之月，日在东井。"《史记·张耳陈馀列传》："汉王之入关，五星聚东井。东井者，秦分也。先至必霸。"

【牵牛】《白虎通·日月》："冬日宿在牵牛，出辰入申。"（9-426）

星宿名。《尔雅·释天》："河鼓谓之牵牛。"《史记·天官书》：

"牵牛为牺牲。"司马贞索隐引孙炎曰:"河鼓之旗十二星,在牵牛北。或名河鼓为牵牛也。"《诗经·小雅·大东》:"睆彼牵牛,不以服箱。"毛传:"河鼓谓之牵牛。"《文选》曹植《洛神赋》:"叹匏瓜之无匹兮,咏牵牛之独处。"

【宿】《白虎通·日月》:"冬日宿在牵牛,出辰入申。" (9-426)

星辰。《玉篇·宀部》:"宿,星宿也。"《列子·天瑞》:"天果积气,日月星宿不当坠邪?"《论衡·祀义》:"天有列宿,地有宅舍。"

【苍天】《白虎通·四时》:"春曰苍天,夏曰昊天,秋曰旻天,冬曰上天。" (9-429)

春天。《尔雅·释天》:"春为苍天,夏为昊天。"郭璞注:"万物苍苍然生。"

【昊天】《白虎通·四时》:"春曰苍天,夏曰昊天,秋曰旻天,冬曰上天。" (9-429)

夏天。《尔雅·释天》:"夏为昊天。"郭璞注:"言气皓旰。"《诗经·王风·黍离》:"悠悠苍天。"孔颖达疏引《今文尚书》欧阳生曰:"春曰昊天。"

【旻天】《白虎通·四时》:"春曰苍天,夏曰昊天,秋曰旻天,冬曰上天。" (9-429)

秋天。《尔雅·释天》:"秋为旻天。"郭璞注:"旻,犹愍也,愍万物雕落。"王逸《九思·哀岁》:"旻天兮清凉,玄气兮高朗。"

【上天】《白虎通·四时》:"春曰苍天,夏曰昊天,秋曰旻天,冬曰上天。" (9-429)

冬天。《释名·释天》:"冬曰上天,其气上腾,与地绝也。"

二、气象类

【露英】《白虎通·号》:"衣皮毛,饮泉液,吮露英,虚无寥廓,与天地通灵也。" (2-46)

露水,露珠。扬雄《甘泉赋》:"吸清云之流瑕兮,饮若木之露英。"李善注:"露英,英之含露者。"

33

【雷】《白虎通·礼乐》："雷以动之，温以暖之，风以散之，雨以濡之。"（3-123）

《说文·雨部》："雷，阴阳薄动，雷雨生物者也。"《诗经·召南·殷其雷》："殷其雷，在南山之阳。"《礼记·月令》："（仲春之月）是月也，日夜分，雷乃发声。"《淮南子·原道训》："电以为鞭策，雷以为车轮。"

【风】《白虎通·礼乐》："雷以动之，温以暖之，风以散之，雨以濡之。"（3-123）

《说文·风部》："风动虫生。故虫八日而化。"《尔雅·释天》："南风谓之凯风，东风谓之谷风，北风谓之凉风，西风谓之泰风。"《诗经·郑风·萚兮》："萚兮萚兮，风其吹女。"《礼记·乐记》："八风从律而不奸。"孔颖达疏："八方之风也。"《史记·律书》："东北方条风，立春至。东方明庶风，春分至。东南方清明风，立夏至。南方景风，夏至至。西南方凉风，立秋至。西方阊阖风，秋分至。西北方不周风，立冬至。北方广莫风，冬至至。"

【雨】《白虎通·礼乐》："雷以动之，温以暖之，风以散之，雨以濡之。"（3-123）

雨水。《说文·雨部》："雨，水从云下也。"《周易·乾》："云行雨施，品物流形。"《诗经·小雅·甫田》："以御田祖，以祈甘雨。"

【云】《白虎通·封公侯》："诸侯封不过百里，象雷震百里，所润云雨同也。"（4-139）

《说文·雨部》："云，山川气也。象回转形。"段注："山川气也，天降时雨，山川出云。"《诗经·小雅·白华》："英英白云，露彼菅茅。"

【霜】《白虎通·灾变》："霜之为言亡也。"（6-271）

《说文·雨部》："霜，丧也，成物者。"《玉篇·雨部》："霜，露凝也。"《周易·坤》："履霜坚冰至。"《诗经·秦风·蒹葭》："蒹葭苍苍，白露为霜。"毛传："白露凝戾为霜。"

【雹】《白虎通·灾变》："雹之为言合也。"（6-271）

《说文·雨部》："雹，雨冰也。"段注："（古文雹）象其磊磊之形。"《礼记·月令》:"仲夏行冬令,则雹冻伤谷。"郑玄注:"子之气乘之也。阳为雨,阴起胁之,凝为雹。"《左传·昭公四年》:"雹可御乎?"

【露】《白虎通·灾变》:"露者霜之始,寒即变为霜。"(6-271)

《说文·雨部》:"露,润泽也。"桂馥《说文义证》:"润泽也者,《玉篇》:'露,天之津液下,所润万物也。'"《诗经·小雅·湛露》:"湛湛露斯,匪阳不晞。"《诗经·召南·行露》:"厌浥行露。"郑笺:"厌浥然湿,道中始有露,谓二月中嫁娶时也。"《礼记·月令》:"孟秋,白露降。"

【甘露】《白虎通·封禅》:"德至天,则斗极明,日月光,甘露降。"(6-283)

甘美之露水。古人以为甘露降,乃太平之兆也。《老子》:"天地相合,以降甘露。"《汉书·宣帝纪》:"乃者凤皇集泰山、陈留,甘露降未央宫……获蒙嘉瑞,赐兹祉福,夙夜兢兢,靡有骄色。"

【景云】《白虎通·封禅》:"德至山陵,则景云出,芝实茂,陵出黑丹。"(6-284)

祥云;瑞云。《淮南子·天文训》:"虎啸而谷风生,龙举而景云属。"《文选》应贞《晋武帝华林园集诗》:"凤鸣朝阳,龙翔景云。"李善注:"《孝经·援神契》曰:'王者德至山陵则景云出。'孙柔之曰:'一名庆云。'《文子》曰:'景云光润。'"《后汉书·蔡邕列传》:"连光芒于白日,属炎气于景云。"李贤注:"《瑞应图》曰:'景云者太平之应也,一曰庆云'也。"

【祥风】《白虎通·封禅》:"德至八方则祥风至,佳气时喜,钟律调,音度施,四夷化,越裳贡。"(6-285)

吉祥之风。《尚书大传》:"王者德及皇天则祥风起。"《淮南子·要略》:"故景星见,祥风至,黄龙下,凤巢列树,麟止郊野。"

【明庶风】《白虎通·八风》:"四十五日明庶风至。"(7-341)

东风。亦称"明庶"。《说文·风部》:"东方曰明庶风,东南曰清明风,南方曰景风,西南曰凉风,西方曰阊阖风,西北曰不周风,北方曰广莫风，东北曰融风。"《史记·律书》："明庶风，居东方。明庶者，明众物尽出也。"《淮南子·天文训》："距日冬至四十五日，条风至；条风至四十五日，明庶风至；明庶风至四十五日，清明风至。"

【条风】《白虎通·八风》："距冬至四十五日条风至。"（7-341）

东北风。亦称"融风"。《说文·风部》："东北曰融风。"段注："调风、条风、融风，一也。"《史记·律书》："条风居东北，主出万物。条之言条治万物而出之，故曰条风。"《山海经·南山经》："（令邱之山）其南有谷焉，曰中谷，条风自是出。"郭璞注："东北风为条风。"《淮南子·天文训》："距日冬至四十五日条风至。"高诱注："艮卦之风，一名融。"

【清明风】《白虎通·八风》："四十五日清明风至。"（7-342）

东南风。《史记·律书》："清明风居东南维，主风吹万物而西之。"《淮南子·天文训》："明庶风至四十五日，清明风至。"

【凉风】《白虎通·八风》："四十五日凉风至。"（7-342）

西南风。《礼记·月令》："（孟秋之月）凉风至。"《淮南子·地形训》："西南曰凉风。"

【昌盍风】《白虎通·八风》："昌盍风至。昌盍者，戒收藏也。"（7-342）

西风。亦作"阊阖风""阊风"。《史记·律书》："阊阖风居西方。阊者，倡也；阖者，藏也。"《淮南子·天文训》："凉风至四十五日，阊阖风至。"高诱注："《兑》卦之风也。"《文选》张衡《东京赋》："俟阊风而西遐，致恭祀于高祖。"

【不周风】《白虎通·八风》："四十五日不周风至。"（7-342）

西北风。《史记·律书》："不周风居西北，主杀生。"《淮南子·地形训》："隅强，不周风之所生也。"

【广莫风】《白虎通·八风》："四十五日广莫风至。"（7-343）

北风。《淮南子·天文训》："不周风四十五日，广莫风至……广莫风至，财闭关梁，决刑罚。"

【景风】《白虎通·八风》："景风至棘造实。"（7-343）

南风。《说文·风部》："风，八风也。东方曰明庶风，东南曰清明风，南方曰景风，西南曰凉风，西方曰阊阖风，西北曰不周风，北方曰广莫风，东北曰融风。"《史记·律书》："景风居南方。景者，言阳气道竟，故曰景风。"曹丕《与朝歌令吴质书》："景风扇物，天气和暖。"

第二节 山川类名物词

山川类名物词指与山川、五岳、河流湖海直接相关之名词。该类名物词主要集中于《白虎通》第六卷中，亦散见于第二、七、八卷中，计有33个词条，其中单音词14个，双音词18个，三音节词1个。具体可分为山岳、江河两小类。

一、山岳类

【地¹】《白虎通·爵》："何以言皇亦称天子也？以其言天覆地载，俱王天下也。"（1-5）

土地。《说文·土部》："地，元气初分，轻清阳为天，重浊阴为地。万物所陈列也。"《释名·释地》："地者，底也，其体底下载万物也。"《周易·乾》："本乎天者亲上，本乎地者亲下，则各从其类也。"

【山】《白虎通·号》："故黄金弃于山，珠玉捐于渊，岩居穴处，衣皮毛，饮泉液，吮露英，虚无寥廓，与天地通灵也。"（2-46）

《说文·山部》："山，宣也。宣气散，生万物，有石而高。"王筠句读："无石曰丘，有石曰山。"《释名·释山》："山，产也。产，生物也。"《尚书·禹贡》："奠高山大川。"《周易·说》："天地定位，山泽通气。"《荀子·劝学》："积土成山，风雨兴焉。"

【土¹】《白虎通·社稷》："人非土不立，非谷不食。"（3-83）

《说文·土部》："土，地之吐生物者也。"《尚书·禹贡》："厥贡惟土五色。"孔传："王者封五色土为社，建诸侯，则各割其方色土与之，使立社。"

【山川】《白虎通·封公侯》："地虽至灵，必有山川之化。"（4-129）

名山大川。《尚书·舜典》："望于山川，遍于群神。"孔传："九州名山大川，五岳四渎之属，皆一时望祭之。"

【泰山/岱宗】《白虎通·封禅》："王者易姓而起，必升封泰山何？"（6-278）；《封禅》："太平乃封，知告于天，必也于岱宗何？"（6-281）

山名，古称东岳。亦称"岱宗""岱山""岱岳"。《诗经·鲁颂·閟宫》："泰山岩岩，鲁邦所詹。"《管子·封禅》："古者封泰山禅梁父者七十二家，而夷吾所记者十有二焉。"《尚书·舜典》："岁二月，东巡守，至于岱宗。"孔传："岱宗，泰山，为四岳所宗。"

【梁甫】《白虎通·封禅》："下禅梁甫之基，广厚也。"（6-278）

泰山下一小山，古帝王常于此山辟基祭奠山川。亦作"梁父"。《史记·秦始皇本纪》："（二十八年）禅梁父。"裴骃集解引臣瓒曰："古者圣王封泰山，禅亭亭或梁父，皆泰山下小山。"扬雄《长杨赋》："以禅梁甫之基，增泰山之高。"

【亭亭】《白虎通·封禅》："五帝禅于亭亭之山。"（6-281）

泰山下一小山。与梁甫、云云同为古帝王祭奠山川之所。《史记·封禅书》："炎帝封泰山，禅云云；黄帝封泰山，禅亭亭。"《风俗通·正失》："五帝禅于亭亭，德不及皇。亭亭名山，其身禅于圣人。"

【阜】《白虎通·封禅》："德至山陵，则景云出，芝实茂，陵出黑丹，皇出蓂莆，山出器车，泽出神鼎。"（6-284）

《尔雅·释地》："大陆曰阜。"邢昺疏引李巡曰："土地高大名曰阜。"《释名·释山》："土山曰阜，言高厚也。"《诗经·小雅·天保》："如山如阜，如冈如陵。"毛传："高平曰陆，大陆曰阜，大阜曰陵。"

【山陵】《白虎通·封禅》："德至山陵，则景云出，芝实茂，陵出黑丹，阜出蓂莆，山出器车，泽出神鼎。"（6-284）

山岳。《左传·襄公十年》："兆如山陵，有夫出征，而丧其雄。"《吕氏春秋·季春纪》："行夏令，则民多疾疫，时雨不降，山陵不收。"

【陵】《白虎通·封禅》："德至山陵，则景云出，芝实茂，陵出黑丹，阜出蓂莆，山出器车，泽出神鼎。"（6-284）

《尔雅·释地》："大阜曰陵。"《释名·释地》："陵，崇也，体崇高也。"《尚书·尧典》:"汤汤洪水方割,荡荡怀山襄陵。"《诗经·小雅·天保》:"如山如阜,如冈如陵。"毛传:"大阜曰陵。"

【岳】《白虎通·巡狩》:"岳者,何谓也?"(6-298)

特指五岳等名山、大山。《玉篇·山部》:"岳,同嶽。"《说文·山部》:"嶽,东岱、南霍、西华、北恒、中泰室,王者之所以巡守所至……古文象高形。"段注:"今字作岳,古文之变。"《诗经·大雅·崧高》:"崧高维岳,骏极于天。"

【霍山】《白虎通·巡狩》:"南方为霍山者何?"(6-299)

山名。《尔雅·释山》:"霍山为南岳。"郭璞注:"即天柱山,潜水所出。"邢昺疏:"汉武帝以衡山辽旷,移其神于此,今其土俗人皆呼之为南岳。"《史记·封禅书》:"其明年冬,上巡南郡,至江陵而东。登礼灊之天柱山,号曰南岳。"《汉书·武帝纪》:"登灊天柱山。"颜师古注:"应劭曰:'灊音若潜,南岳霍山在灊。灊,县名,属庐江。'文颖曰:'天柱山在灊县南,有祠。'"

【衡山】《白虎通·巡狩》:"南衡山者,上承景宿,铨德均物,故曰衡山。"(6-299)

山名。古称南岳,历代帝王多祭祀于此。《史记·太史公自序》:"禹乃东巡,登衡山,血白马以祭。"《汉书·郊祀志上》:"(舜)五月,巡狩至南岳。南岳者,衡山也。"

【华山】《白虎通·巡狩》:"西方为华山者何?"(6-299)

山名。古称"西岳",亦称"太华山"。《尔雅·释山》:"华山为西岳。"邢昺疏:"华,变也,万物成变由于西方也。"《左传·僖公十五年》:"赂秦伯以河外列城五,东尽虢略,南及华山,内及解梁城,既而不与。"

【恒山】《白虎通·巡狩》:"北方为恒山者何?"(6-300)

山名。古称"北岳"。《尚书·禹贡》:"太行、恒山至于碣石,入于海。"《汉书·郊祀志下》:"其后五年,夏至泰山修封,还过祭恒山。"

【嵩高/嵩高山】《白虎通·巡狩》:"中央为嵩高者何?"(6-300);《巡守》"中央居四方之中而高,故曰嵩高山。"(6-300)

山名，为五岳之中岳。亦称"嵩山"。《史记·夏本纪》："嵩高山亦名太室山，亦名外方山，在洛州阳城县北二十三里也。"《史记·封禅书》："昔三代之居，皆在河洛之间，故嵩高为中岳。"

【田畴】《白虎通·八风》："明庶风至，则修封疆，理田畴。"(7-344)

田地。《礼记·月令》："（季夏之月）可以粪田畴，可以美土疆。"孙希旦集解引吴澄曰："田畴，谓耕熟而其田有疆界者。"《孟子·尽心上》："易其田畴，薄其税敛，民可使富也。"

【孔穴】《白虎通·性情》："山亦有金石累积，亦有孔穴出云布雨，以润天下，雨则云消。"(8-385)

洞孔；穴洞。孔穴首例词条出自《白虎通·性情》。《三国志·司马梁张温贾传》："乃使人掘地求钱，所在市里，皆有孔穴。"

【丘山】《白虎通·姓名》："旁其形者，孔子首类丘山，故名为丘。"(8-411)

山丘；山岳。《庄子·则阳》："丘山积卑而为高，江河合水而为大。"《荀子·修身》："累土而不辍，丘山崇成。"《论衡·超奇》："故夫丘山以土石为体，其有铜铁，山之奇也。"

【邱】《白虎通·衣裳》："取其轻暖，因狐死首邱，明君子不忘本也。"(9-433)

小土山。"邱"同"丘"，清雍正年间避孔子讳凡用"丘"写作"邱"。《广雅·释丘》："小陵曰丘。"王念孙疏证："《周礼·大司徒》注曰：'土高曰邱，大阜曰陵'，是邱小于陵也。"《尚书·禹贡》："桑土既蚕，是降丘宅土。"孔传："地高曰丘。大水去，民下丘，居平地，就桑蚕。"

二、江河类

【泉】《白虎通·号》："故黄金弃于山，珠玉捐于渊，岩居穴处，衣皮毛，饮泉液，呹露英，虚无寥廓，与天地通灵也。"(2-46)

泉水。《说文·泉部》："泉，水原也。象水流出成川形。"桂馥《说文义证》："水原也者，《一切经音义》十二：'水自出为泉。'"《尔雅·释水》："滥泉正出。正出，涌出也。沃泉县出。县出，下出也。氿泉穴出。穴出，仄出也。"《周易·蒙》："山下出泉，蒙。"

【渊】《白虎通·号》："故黄金弃于山，珠玉捐于渊，岩居穴处，衣皮毛，饮泉液，吮露英，虚无寥廓，与天地通灵也。"（2-46）

深潭。《周易·乾》："或跃在渊。"《诗经·小雅·鹤鸣》："鱼潜在渊，或在于渚。"《管子·度地》："水出地而不流者，命曰渊。"

【黄泉】《白虎通·礼乐》："阳气于黄泉之下熏蒸而萌。"（3-122）

地下泉水。《左传·隐公元年》："遂置姜氏于城颍，而誓之曰：'不及黄泉，无相见也。'"《孟子·滕文公下》："夫蚓，上食槁壤，下饮黄泉。"

【洪水】《白虎通·灾变》："尧遭洪水，汤遭大旱，命运时然。"（6-270）

暴涨之水流，常造成灾害。《尚书·尧典》："汤汤洪水方割，荡荡怀山襄陵，浩浩滔天。"《诗经·商颂·长发》："洪水芒芒，禹敷下土方。"

【江】《白虎通·封禅》："德至渊泉，则黄龙见，醴泉涌，河出龙图，洛出龟书，江出大贝，海出明珠。"（6-285）

长江。《说文·水部》："江，水。出蜀湔氐徼外崏山，入海。"《尚书·禹贡》："岷山导江，东别为沱。"孔传："江东南流，沱东行。"《孟子·滕文公上》："决汝汉，排淮泗而注之江。"

【渊泉】《白虎通·封禅》："德至渊泉，则黄龙见，醴泉涌，河出龙图，洛出龟书，江出大贝，海出明珠。"（6-285）

深泉。《礼记·郊特牲》："周人尚臭，灌用鬯臭，郁合鬯，臭阴达于渊泉，灌以圭璋，用玉气也。"《庄子·田子方》："其神经乎大山而无介，入乎渊泉而不濡。"《列子·黄帝》："心如渊泉，形如处女。"

【河】《白虎通·封禅》："德至渊泉，则黄龙见，醴泉涌，河出龙图，洛出龟书，江出大贝，海出明珠。"（6-285）

黄河。《说文·水部》："河，水。出敦煌塞外昆仑山，发源注海。"《尔雅·释水》："河出昆仑，色白，所渠并千七百一川，色黄，百里一小曲，千里一曲一直。"《尚书·禹贡》："导河积石，至于龙门。"《庄子·秋水》："秋水时至，百川灌河，泾流之大，两涘渚崖之间不辩牛马。"《汉书·西域传》："河有两源，一出葱岭，一出于阗。于阗在南山下，其河北流，与葱岭河合，东注蒲昌海，潜行地下。南出于积石，为中国河云。"

【洛】《白虎通·封禅》："德至渊泉，则黄龙见，醴泉涌，河出龙图，<u>洛</u>出龟书，江出大贝，海出明珠。"（6-285）

洛水。《说文·水部》："洛，水。出左冯翊归德北夷界中，东南入渭。"《周易·系辞上》："河出图，洛出书，圣人则之。"

【醴泉】《白虎通·封禅》："德至渊泉，则黄龙见，<u>醴泉</u>涌，河出龙图，洛出龟书，江出大贝，海出明珠。"（6-285）

甜美之泉水。《礼记·礼运》："故天降膏露，地出醴泉。"《庄子·惠子相梁》："非练实不食，非醴泉不饮。"

【渎】《白虎通·巡狩》："谓之<u>渎</u>何？渎者，浊也。"（6-301）

大川。《尔雅·释水》："江、河、淮、济为四渎。四渎者，发原注海者也。"《释名·释水》："天下大水四，谓之四渎，江、河、淮、济是也。"《韩非子·五蠹》："中古之世，天下大水，而鲧禹决渎。"

【海】《白虎通·巡狩》："中国垢浊，发源东注<u>海</u>，其功著大，故称渎也。"（6-301）

百川会聚之处。《诗经·小雅·沔水》："沔彼流水，朝宗于海。"《淮南子·泛论训》："百川异源，而皆归于海。"

第三节　品物类名物词

品物类名物词是指与自然界中生物、矿产直接相联系之名词。这些名物词主要分布在第二、五、六章，共计有 66 个词条，其中单音词 32 个，双音词 33 个，三音节词 1 个。具体分为植物、动物、矿产三个小类。

一、植物类

【莍】《白虎通·号》："卧之詉詉，行之吁吁，饥即求食，饱即弃余，

茹毛饮血，而衣皮苇。"（2-51）

《说文·艸部》："苇，大葭也。"《诗经·豳风·七月》："七月流火，八月萑苇。"孔颖达疏："初生为葭，长大为芦，成则名为苇。"

【树】《白虎通·社稷》："社稷所以有树何？"（3-89）

《说文·木部》："生植之总名。"徐锴系传："树，木生植之总名。"《左传·昭公二年》："有嘉树焉，宣子誉之。"《礼记·祭义》："树木以时伐焉。"

【木】《白虎通·封公侯》："山木之饶，水泉之利。"（4-140）

树。《说文·木部》："木，冒也。冒地而生，东方之行。从屮，下象其根。"徐锴系传："屮者，木始申坼也，万物皆始于微，故木从屮。"《诗经·小雅·角弓》："毋教猱升木，如涂涂附。"《孟子·梁惠王上》："以若所为，求若所欲，犹缘木而求鱼也。"

【枝】《白虎通·五行》："南方者，阳在上，万物垂枝。"（4-167）

植物主干旁生之茎条。《说文·木部》："枝，木别生条也。"徐锴系传："自本而分，故曰别生。"《诗经·桧风·隰有苌楚》："隰有苌楚，猗傩其枝。"《左传·隐公八年》："胙之土而命之氏"孔颖达疏："子孙繁衍，枝布叶分。"《庄子·逍遥游》："鹪鹩巢于深林，不过一枝；偃鼠饮河，不过满腹。"

【荠】《白虎通·五行》："言阳气尚有，任生荠麦也，故阴拒之也。"（4-186）

荠菜。《玉篇·艸部》："荠，甘菜。"《诗经·邶风·谷风》："谁谓荼苦，其甘如荠。"汉 董仲舒《雨雹对》："荠麦始生，由阳升也。"

【干¹】《白虎通·诛伐》："所以尊君卑臣，强斡弱枝，明善善恶恶之义也。"（5-211）

草木之茎。《广韵·翰韵》："干，茎干。"《史记·扁鹊仓公列传》："于五行为木，其体状有枝幹也。"

【朱草】《白虎通·封禅》："德至草木，则朱草生，木连理。"（6-284）

一种红色草。古人以为祥瑞之物。《鹖冠子·度万》："膏露降，白丹发，醴泉出，朱草生，众祥具。"《昭明文选》张衡《东京赋》："植华平于春圃，丰朱草于中唐。"晋 葛洪《抱朴子·金丹》："又和以朱草，一服之，能乘虚而行云。朱草状似小枣，裁长三四尺，枝叶皆赤，茎如珊瑚。"

【草木】《白虎通·封禅》："德至草木，则朱草生，木连理。"（6-284）

草本和木本植物。《周易·坤》："天地变化，草木蕃。"《吕氏春秋·开春论》："时雨降，则草木育矣。"

【芝】《白虎通·封禅》："德至山陵，则景云出，芝实茂，陵出黑丹，阜出萐莆，山出器车，泽出神鼎。"（6-284）

芝草，古人以为瑞草。《尔雅·释艸》："茵，芝。"郭璞注："芝，一岁三华，瑞草。"《楚辞》东方朔《七谏》："拔搴玄芝兮，列树芋荷。"王逸注："玄芝，神草也。"洪兴祖补注："《本草》：黑芝，一名玄芝。"《史记·孝武本纪》："甘泉防生芝九茎，赦天下，毋有复作。"裴骃集解："应劭曰：'芝，芝草也，其叶相连。'如淳曰：'《瑞应图》云：王者敬事耆老，不失旧故，则芝草生。'"《汉书·武帝纪》："甘泉宫内中产芝，九茎连叶。"

【嘉禾】《白虎通·封禅》："德至地，则嘉禾生，蓂荚起，秬鬯出，太平感。"（6-283）

奇异之禾，古人以为吉祥之征兆。《尚书·微子之命》："唐叔得禾，异亩同颖，献诸天子。王命唐叔，归周公于东，作《归禾》。周公既得命禾，旅天子之命，作《嘉禾》。"孔传："唐叔，成王母弟，食邑内得异禾也……禾各生一垄而合为一穗。异亩同颖，天下和同之象，周公之德所致。"孔颖达疏："此以善禾为书之篇名，后世同颖之禾遂名为'嘉禾'，由此也。"汉 王充《论衡·讲瑞》："嘉禾生于禾中，与禾中异穗，谓之嘉禾。"

【萐莆】《白虎通·封禅》："德至山陵，则景云出，芝实茂，陵出黑丹，阜出萐莆，山出器车，泽出神鼎。"（6-284）

古一种转而生风之瑞草。萐莆首例词条出自《白虎通·封禅》。其于传世文献中所指差异颇大。《说文解字·艸部》："萐莆者，瑞草也。尧时生于庖厨，扇暑而凉。"《论衡·是应》："言厨中自生肉脯，薄如萐形，摇鼓生风，寒凉食物，使之不臭。"于传世文献中分别指草、树、肉。《宋书·符瑞志下》："蒚莆，一名倚扇，状如蓬，大枝叶小，根根如丝，转而成风，杀蝇。尧时生于厨。或作'蒚脯'、'箑脯'"。《太平御览》引孙氏《瑞应图》曰："蒚莆，王者不征滋味，庖厨不逾深盛则生于厨。一名倚扇，一名实间，一名倚蒚，生如莲，枝多叶少，根如丝，转而生风，主于饮食清凉，驱杀虫蝇。尧时冬死夏生，又舜时生于厨及阶左。"亦可作"蒚脯""蒚莆""倚翣"。可见"蒚莆"一词在文献中有多种写法，无论蒚、箑、翣，都有"扇"义，显著特征是其大如扇。汉王充《论衡·是应》中"蒚莆"为肉脯之说，主要是因为"莆"被写作了"脯"，不从"艸"而从"月"。故《论衡校释》中黄晖云："《书钞》《类聚》引'脯'作'莆'，《类聚》九八引上文亦作'莆'"。又引罗泌《路史·后纪十注》："倚翣，蒚莆也。冬死夏生，俗作'蒚脯'。谓肉物者，妄。"按，蒚莆义为传说中一种祥瑞之树，是应孝之瑞物。《宋书》为"状如蓬，大枝叶小，根根如丝"，孙氏《瑞应图》为"生如莲，枝多叶少，根如丝"。一个状如蓬，一个生如莲。《宋书》与《白虎通》相违，《白虎通》"其叶大于门扇"与《太平御览》引孙氏《瑞应图》"生如莲"更为接近。人类想象是建立于对现实认知基础上的夸张与变形，运用类比联想我们认为"蒚莆"应近似于芭蕉之功能与莲叶之外形。芭蕉植株不高可长于庖厨，中医里常用芭蕉叶治疗热病，如中暑、烫伤等，从药理上看更能满足子女对父母长辈的孝敬之情，且叶片大如门扇。江苏徐州九女墩汉墓出土的汉画石像中就有如莲叶一样，可以转而生风的器物。"蒚莆"应真实存于汉代社会人们的观念中。

【蓂荚】《白虎通·封禅》："日历得其分度，则蓂荚生于阶间。"（6-286）

古生于阶边，可记日之瑞草。亦称"历荚""历草"。《太平御览》引《世纪》云："尧时有草夹阶而生，每月朔日生一荚，至月半则生十五荚，至十六日后，日落一荚，至月朔而尽，月小余一荚，王者以是占历，惟盛德之君，应和气而生。"今本《竹书纪年》卷上："有草夹阶而生，月朔始生一荚，月半而生十五荚；十六日以后，日落一荚，及晦而尽；月小，则一荚焦而不落。名曰'蓂荚'，一曰'历荚'。"《文选》张协《七命》：

"悲蓂荚之朝落，悼望舒之夕缺。"李善注："《田俅子》曰：'尧为天子，蓂荚生于庭，为帝成历。'"瑞应之物多为假想，但是《风俗通义·佚文》中记载："古太平，蓂荚生阶，其味酸，王者取之以调味，后以醯醢代之。"以制醋闻名的山西临汾的尧庙前建有"蓂荚亭"。按，蓂荚命名理据源于"冥"的词义与"荚"类植物之外形特点。《说文·冥部》："冥，幽也。从日，从六，一声。日数十，十六日而月始亏，幽也。"冥从艸即揭示蓂荚的种属，如月十五日开始变化，一个月为一个生长周期。蓂荚为尧时一种长于阶边，可用来记日并调制酸味之植物。

【太平】《白虎通·封禅》："德至地，则嘉禾生，蓂荚起，秬鬯出，太平感。"（6-286）

传说中祥瑞之木。应为"华平"，亦作"华苹"。太平首例词条出自《白虎通·封禅》。《文选》张衡《东京赋》："植华平于春圃，丰朱草于中唐。"薛综注："华平，瑞木也。"《宋书·符瑞志下》："华平，其枝正平，有德则生。德刚则仰，德弱则低。"

【平路】《白虎通·封禅》："贤不肖位不相踰则平路生于庭。平路者，树名也，官位得其人则生，失其人则死。"（6-286）

瑞木，古谓官位得人即生。平路首例词条出自《白虎通·封禅》。《宋书·符瑞志下》："平露，如盖，以察四方之政。"

【宾连】《白虎通·封禅》："继嗣平则宾连生于房户。宾连者，木名也，其状连累相承，故生于房户，象继嗣也。"（6-286）

古象征继嗣良好之瑞木。宾连首例词条出自《白虎通·封禅》。《宋书·符瑞志》："宾连阔达，生于房室，王者御后妃有节则生。"

【梧桐】《白虎通·巡狩》："黄帝之时，凤凰蔽日而至，东方止于东园，食常竹实，栖常梧桐，终身不去。"（6-288）

木名。《诗经·大雅·卷阿》："凤凰鸣矣，于彼高冈。梧桐生矣，于彼朝阳。"孔颖达疏："梧桐可以为琴瑟。"《庄子·秋水》："夫鹓雏发于南海，而飞于北海，非梧桐不止，非练实不食，非醴泉不饮。"

【竹】《白虎通·巡狩》："黄帝之时，凤凰蔽日而至，东方止于东园，食常竹实，栖常梧桐，终身不去。"（8-288）

《说文·竹部》："竹，冬生草也，象形。下垂箁箬也。"段注："象两两并生。"《诗经·卫风·淇奥》："绿竹猗猗。"《礼记·月令》："（仲冬之月）日短至，则伐木取竹箭。"《史记·货殖列传》："渭川千亩竹。"东方朔《七谏·初放》："便娟之修竹兮，寄生乎江潭。"

【郁】《白虎通·考黜》："郁者芬香之至也。"（7-306）

香草，即郁金草。《玉篇·郁部》："郁，芳草也。"《周礼·春官·郁人》："和郁鬯以实彝而陈之。"《说苑·修文》："郁，百草之本也。"

【草】《白虎通·考黜》："郁者，以百草之香郁金而合酿之，成为郁。"（7-309）

草本植物之总称。《玉篇·艸部》："草，同艸。"《尚书·洪范》："庶草蕃庑。"《论语·阳货》："多识于鸟兽草木之名。"

【棘】《白虎通·八风》："景风至棘造实。"（7-343）

木名。即酸枣树。《说文·朿部》："棘，小枣丛生者。"《诗经·魏风·园有桃》："园有棘，其实之食。"毛传："棘，枣也。"《楚辞》刘向《九叹·愍命》："折芳枝与琼华兮，树枳棘与薪柴。"王逸注："小枣为棘。"

【根株】《白虎通·三正》："阳气始养根株黄泉之下，万物皆赤。"（8-363）

植物根与主干部分。王充《论衡·超奇》："有根株于下，有荣叶于上，有实核于内，有皮壳于外。"

【枝叶】《白虎通·性情》："故肝象木，色青而有枝叶。"（8-384）

枝条和树叶。《诗经·大雅·荡》："枝叶未有害，本实先拨。"《庄子·山木》："庄子行于山中，见大木，枝叶盛茂。"

【薏苡】《白虎通·姓名》："禹姓姒氏，祖昌意以薏苡生。"（8-405）

植物名。子可供食用、酿酒，并入药。薏苡首例词条出自《白虎通·姓名》。《后汉书·马援传》："初，援在交址，常饵薏苡实，用能轻身省欲，以胜瘴气。"

【桐】《白虎通·丧服》："所以杖竹、桐何？取其名也。"（11-513）

木名。有较多品种，古多指梧桐，可制琴。《诗经·鄘风·定之方中》：

"椅桐梓漆，爰伐琴瑟。"《逸周书·时训》："谷雨之日，桐始华。"

【果】《白虎通·丧服》："食菜<u>果</u>，反素食，哭无时。"（11-517）

《说文·木部》："果，木实也。象果形在木之上。"徐锴系传："树生曰果，故在上也，指事。"《周易·说》："为果蓏。"陆德明释文："马云：果，桃李之属；蓏，瓜瓠之属。应劭云：木实曰果，草实曰蓏。……张晏云：有核曰果，无核曰蓏。"

【桑】《白虎通·阙文》："虞，安其神也，所以用<u>桑</u>。"（11-578）

木名。《说文·叒部》："桑，蚕所食叶木。"《诗经·郑风·将仲子》："无踰我墙，无折我树桑。"《孟子·梁惠王上》："五亩之宅，树之以桑，五十者可以衣帛矣。"《汉书·食货志》："还庐树桑，菜茹有畦。"

二、动物类

（一）禽类

【朱鸟】《白虎通·五行》："其精<u>朱鸟</u>，离为鸾故。"（4-177）

朱雀，南方之神。《淮南子·天文训》："其神为荧惑，其兽朱鸟"高诱注："朱鸟，朱雀也。"《文选》王延寿《鲁灵光殿赋》："朱鸟舒翼以峙衡，腾蛇蟉虯而遶榱。"李周翰注："朱鸟，朱雀，南方神也。"《太平御览》卷八八一引《河图》："南方赤帝，神名赤熛怒，精名朱鸟。"

【白雉】《白虎通·封禅》："白虎到，狐九尾，<u>白雉</u>降，白鹿见，白鸟下。"（6-284）

白羽野鸡。古以为瑞鸟。《楚辞·天问》："厥利维何，逢彼白雉。"《尚书大传》卷四："周公居摄六年，制礼作乐，天下和平。越裳以三象重译而献白雉。"

【白鸟】《白虎通·封禅》："白虎到，狐九尾，白雉降，白鹿见，<u>白鸟</u>下。"（6-284）

白羽之鸟。古以为瑞鸟。《诗经·大雅·灵台》："麀鹿濯濯，白鸟翯翯。"《三国志·魏书·文帝纪》："汤之王，白鸟为符。"

【凤皇】《白虎通·封禅》："德至鸟兽，则凤皇翔，鸾鸟舞，麒麟臻，白虎到，狐九尾，白雉降，白鹿见，白鸟下。"（6-284）

古代传说为百鸟之王，象征瑞应。亦称"凤""凤凰"。《诗经·大雅·卷阿》："凤皇鸣矣，于彼高冈。"《汉书·宣帝纪》："凤皇集胶东、千乘。"

【鸾/鸾鸟】《白虎通·五行》："其精朱鸟，离为鸾故。"（4-177）；《封禅》："德至鸟兽，则凤凰翔，鸾鸟舞，麒麟臻，白虎到，狐九尾，白雉降，白鹿见，白鸟下。"（6-284）

传说中凤凰一类神鸟。《山海经·西山经》："（女床之山）有鸟焉，其状如翟而五采文，名曰鸾鸟，见则天下安宁。"《楚辞·九章·涉江》："鸾鸟凤皇，日以远兮；燕雀乌鹊，巢堂坛兮。"王逸注："鸾、凤，俊鸟也。有圣君则来，无德则去，以兴贤臣难进易退也。"《汉书·息夫躬传》："鹰隼横厉，鸾俳佪兮！"颜师古注："鸾，神鸟也。"

【鹜】《白虎通·瑞贽》："匹谓鹜也。"（8-357）

家鸭。《说文·鸟部》："鹜，舒凫也。"《左传·襄公二十八年》："公膳日双鸡，饔人窃更之以鹜。"孔颖达疏引《舍人》曰："凫，野名也；鹜，家名也。"

【玄鸟】《白虎通·姓名》："殷姓子氏，祖以玄鸟子生也。"（8-405）

燕子。《诗经·商颂·玄鸟》："天命玄鸟，降而生商。"郑玄笺："玄鸟，鳦也。"《楚辞·九章·思美人》："高辛之灵盛兮，遭玄鸟而致诒。"

【喙】《白虎通·圣人》："皋陶马喙，是谓至诚，决狱明白，察于人情。"（7-339）

鸟兽虫鱼之嘴。《说文·口部》："喙，口也。"朱骏声《说文通训定声》："兽虫之口曰喙。"《左传·昭公四年》："黑而上偻，深目而豭喙。"《战国策·燕策二》："蚌方出曝而鹬啄其肉，蚌合而拑其喙。"

（二）兽类

【禽兽】《白虎通·号》："古之人民，皆食禽兽肉。"（2-51）

鸟类和兽类统称；亦单指兽类。《庄子·马蹄》："禽兽成群，草木遂长。"成玄英疏："飞禽走兽不害，所以成群。"《周礼·天官·庖人》："庖人掌共六畜、六兽、六禽，辨其名物。"郑玄注引郑司农曰："六兽：麋、鹿、熊、麕、野豕、兔。"《礼记·曲礼上》："猩猩能言，不离禽兽。"《孟子·滕文公上》："草木畅茂，禽兽繁殖，五谷不登，禽兽逼人。"

【马】《白虎通·封公侯》："不言兵言马者，马阳物，乾之所为，行兵用焉。"（4-132）

动物名。《说文·马部》："马，怒也；武也。象马头髦尾四足之形。"《玉篇·马部》："黄帝臣相乘马。马，武兽也，怒也。"《周易·说卦》："乾为马。"王弼疏："乾象天，天行健，故为马。"《周礼·夏官·马质》："马量三物，一曰戎马，二曰田马，三曰驽马，皆有物贾。"

【猛兽】《白虎通·封公侯》："寇贼猛兽，皆为除害者所主也。"（4-132）

体硕大而性凶猛兽类。《周礼·夏官·服不氏》："掌养猛兽而教扰之。"郑玄注："猛兽，虎豹熊罴之属者。"《老子》五十五："毒虫不螫，猛兽不据，攫鸟不搏。"

【青龙】《白虎通·五行》："其精青龙，阴中阳故。"（4-176）

苍龙。四灵之一。古以为祥瑞之物，东方之神。《淮南子·览冥训》："凤皇翔于庭，麒麟游于郊；青龙进驾，飞黄伏皂。"

【白虎】《白虎通·五行》："其精白虎。虎之为言搏讨也故。"（4-179）

古神话传说神兽，西方之神。《淮南子·天文训》："其神为太白，其兽白虎。"

【玄武】《白虎通·五行》："其精玄武。"（4-181）

形为龟或龟蛇合体神兽，北方之神。《楚辞·远游》："时暧曃其曋莽兮，召玄武而奔属。"王逸注："呼太阴神，使承卫也。"洪兴祖补注："玄武，谓龟蛇。位在北方，故曰玄。身有鳞甲，故曰武。"

【熊】《白虎通·乡射》："熊为兽猛。"（5-244）

兽名。《说文·能部》："能，熊属。足似鹿。……能兽坚中，故称贤能；而强壮，称能杰也。"徐灏注笺："能，古熊字……假借为贤能之能，后为借义所专，遂以火光之熊为兽名之能，久昧其本义矣。"《尔雅·释兽》："熊，虎丑。"邢昺疏："丑，类也。"《尚书·禹贡》："熊罴狐狸织皮。"《诗经·小雅·鸿雁之什》："维熊维罴，男子之祥。"

【麋】《白虎通·乡射》："诸侯射麋何？示远迷惑人也。麋之言迷也。"（5-244）

动物名，俗称四不像。《说文·鹿部》："鹿属。冬至解其角。"《尔雅·释兽》："麋，牡麈，牝麎，其子麇，其迹躔，绝有力，狄。"《释名·释兽》："麋，泽兽也。"《周礼·天官·兽人》："冬献狼，夏献麋。"郑玄注："狼膏聚，麋膏散，聚则温，散则凉。"

【虎】《白虎通·乡射》："大夫射<u>虎</u>豹何？示服猛也。"（5-244）

猛兽名。《说文·虎部》："虎，山兽之君。"《玉篇·虍部》："虎，恶兽也。"《周易·乾》："云从龙，风从虎。"孔颖达疏："虎是威猛之兽。"《诗经·小雅·何草不黄》："匪兕匪虎，率彼旷野。"

【豹】《白虎通·乡射》："大夫射虎<u>豹</u>何？示服猛也。"（5-244）

兽名。《说文·豸部》："豹，似虎圜文。"《正字通》："豹，宜为裘。如艾叶者曰艾叶豹。又西域有金线豹，文如金线。"《诗经·大雅·韩奕》："献其貔皮，赤豹黄罴。"

【鹿】《白虎通·乡射》："士射<u>鹿</u>豕何？示除害也。"（5-244）

兽名。《说文·鹿部》："鹿，兽也。象头角四足之形。"段注："鸟鹿足相比，从比。"《尔雅·释兽》："鹿牡麚牝麀，其子麛，其迹速，绝有力麐。"《诗经·小雅·鹿鸣》："呦呦鹿鸣，食野之苹。"

【兽】《白虎通·乡射》："熊为<u>兽</u>猛。"（5-244）

四足哺乳动物。《尔雅·释鸟》："四足而毛谓之兽。"《尚书·益稷》："百兽率舞，庶尹允谐。"《周礼·天官·亨人》："兽人掌罟田兽，辨其名物。"《周礼·天官·庖人》："庖人掌共六畜、六兽、六禽、辨其名物。"郑玄注引郑司农曰："六兽：麋、鹿、熊、麕、野豕、兔。"

【麒麟】《白虎通·封禅》："德至鸟兽，则凤凰翔，鸾鸟舞，<u>麒麟</u>臻，白虎到，狐九尾，白雉降，白鹿见，白鸟下。"（6-284）

古传说中神兽。古人以为仁兽、瑞兽。《管子·封禅》："今凤凰麒麟不来，嘉谷不生。"《孟子·公孙丑上》："麒麟之于走兽，凤凰之于飞鸟，泰山之于丘垤，河海之于行潦，类也。"

【狐九尾】《白虎通·封禅》："德至鸟兽，则凤凰翔，鸾鸟舞，麒麟臻，白虎到，狐九尾，白雉降，白鹿见，白鸟下。"（6-284）

九尾狐，古人认为是祥瑞之兆。《山海经·南山经》："（青丘之山）有兽焉，其状如狐而九尾，其音如婴儿，能食人，食者不蛊。"郭璞注："即九尾狐。"《逸周书·王会解》："俞人虽马，青丘狐九尾。"

【白鹿】《白虎通·封禅》："德至鸟兽，则凤凰翔，鸾鸟舞，麒麟臻，白虎到，狐九尾，白雉降，白鹿见，白鸟下。"（6-284）

白色鹿，古人认为是祥瑞之物。《国语·周语上》："王不听，遂征之，得四白狼、四白鹿以归。"《汉书·郊祀志》："已祠，胙余皆燎之，其牛色白，白鹿居其中。"

【黄龙】《白虎通·封禅》："德至渊泉，则黄龙见，醴泉涌，河出龙图，洛出龟书，江出大贝，海出明珠。"（6-285）

传说中神兽，谶纬家以为是帝王之瑞应。《吕氏春秋·知分》："禹南省，方济乎江，黄龙负舟。"扬雄《羽猎赋》："黄龙游其沼，麒麟臻其囿，神爵栖其林。"

【龙】《白虎通·蓍龟》："龙非水不处，龟非火不兆，以阳动阴也。"（7-333）

传说中一种神异动物，为水族之长。《说文·龙部》："龙，鳞虫之长。能幽能明，能细能巨，能短能长，春分而登天，秋分而潜渊。"《周易·乾》："云从龙，风从虎，圣人作而万物睹。"《礼记·礼运》："麟凤龟龙，谓之四灵。"

【狐】《白虎通·衣裳》："禽兽众多，独以狐羔何？"（9-433）

《说文·犬部》："狐，妖兽也。鬼所乘之。有三德：其色中和，小前大后，死则丘首。"《诗经·邶风·北风》："莫赤匪狐，莫黑匪乌。"《史记·赵世家》："吾闻千羊之皮，不如一狐之腋。"

【禽】《白虎通·阙文》："禽者何？鸟兽之总名。"（12-591）

鸟兽鱼类等猎物。《周易·恒》："田无禽。"清 俞樾《群经平议·周易》："旧井无禽。按古者羽毛鳞介通名为禽。"《国语·鲁语上》："取名鱼，登川禽。"韦昭注："川禽，鳖蜃之属之照。"《论衡·物势》："寅，木也，其禽虎也…已，火也，其禽蛇也；子亦水也，其禽鼠也。"

（三）虫鱼类

【龟】《白虎通·五行》："掩起离体泉，龟蛟珠蛤。"（4-181）

《说文·龟部》："龟，外骨内肉者也。"段注："龟之言久。龟千岁而灵，著百年而神，以其长久，故能辨吉凶。"《尔雅·释鱼》："十龟：一神龟，二灵龟，三摄龟，四宝龟，五文龟，六筮龟，七山龟，八泽龟，九水龟，十火龟。"《礼记·礼运》："麟凤龟龙，谓之四灵。"

【蛟】《白虎通·五行》："掩起离体泉，龟蛟珠蛤。"（4-181）

古代传说中一种龙。《说文·虫部》："蛟，龙之属也，池鱼满三千六百，蛟来为之长，能率鱼飞，置笱水中，即蛟去。"《楚辞·九歌·湘夫人》："麋何食兮庭中？蛟何为兮水裔？"王逸注："蛟，龙类也。"

【介虫】《白虎通·灾变》："孽者，何谓也？曰：介虫生为非常。"（6-270）

有甲壳之虫类。《礼记·月令》："（孟秋之月）孟秋行冬令，则阴气大胜，介虫败谷。"郑玄注："介，甲也。甲虫属冬。"《后汉书·五行志一》："时则有介虫之孽。"《晋书·志十八章》："介虫孽者，谓小虫有甲飞扬之类，阳气所生也，于《春秋》为螽，今谓之蝗，皆其类也。"

【大贝】《白虎通·封禅》："德至渊泉，则黄龙见，醴泉涌，河出龙图，洛出龟书，江出大贝，海出明珠。"（6-285）

贝之一种。上古以为宝器。《尚书·顾命》："大贝、鼖鼓在西房。"《礼斗威仪》："曰：其君乘金而王，则江海出大贝明珠。"

【蛰虫】《白虎通·八风》："不周风至蛰虫匿。"（7-344）

藏于泥土过冬之虫豸。《礼记·月令》："（孟春之月）冬风解冻，蛰虫始振。"《吕氏春秋·音律》："南吕之月，蛰虫入穴。"《淮南子·时则训》："蛰虫始振苏，鱼上负冰，獭祭鱼，候雁北。"

三、矿产类

【黄金】《白虎通·号》："故黄金弃于山，珠玉捐于渊。岩居穴处，衣皮毛，饮泉液。吮露英，虚无寥廓，与天地通灵也。"（2-46）

优质青铜。《周易·噬嗑》："六五：噬干肉，得黄金。"高亨注："噬干肉得黄金，盖有人置黄金粒于干肉之中，以谋害食者，食者以齿嚼之，而发现黄金粒也。"《周礼·秋官·职金》："掌凡金、玉、锡、石、丹青之戒令。"孙诒让正义："《说文·金部》云：金，五色金也。黄为之长；银，白金也；铅，青金也；铜，赤金也；铁，黑金也。案金为黄金，亦为五金之总名。但古制器多用铜，故经典通称铜为金。"《史记·平准书》："金有三等，黄金为上，白金为中，赤金为下。"裴骃集解引《汉书音义》："白金，银也。赤金，丹阳铜也。"

【珠玉】《白虎通·号》："故黄金弃于山，珠玉捐于渊。岩居穴处，衣皮毛，饮泉液。吮露英，虚无寥廓，与天地通灵也。"（2-46）

珠宝。《庄子·让王》："事之以珠玉而不受。"《荀子·非相》："故赠人以言，重于金石珠玉。"

【玉】《白虎通·辟雍》："故玉不琢不成器，人不学不知义。"（6-254）
《说文·玉部》："石之美者。玉有五德，润泽以温，仁之方也。鰓理自外，可以知中，义之方也。其声舒杨，专以远闻，智之方也。不挠而折，勇之方也。锐廉而不技，絜之方也。"《诗经·小雅·鹤鸣》："它山之石，可以攻玉。"《周易·鼎》："鼎玉铉。"孔颖达疏："正义曰：'玉者，坚刚而有润者也。'"

【黑丹】《白虎通·封禅》："德至山陵，则景云出，芝实茂，陵出黑丹，阜出蓂莆，山出器车，泽出神鼎。"（6-284）

黑色丹砂。古时认为是祥瑞之一。黑丹词条首例出自《白虎通·封禅》。《孝经·援神契》："德至山陵，则景云见，泽出神马，山出根车，泉出黑丹。"南朝 梁 简文帝《大法颂》："黑丹吐润，朱草舒芳。"

【明珠】《白虎通·封禅》："德至渊泉，则黄龙见，醴泉涌，河出龙图，洛出龟书，江出大贝，海出明珠。"（6-285）

光泽晶莹之珍珠。明珠首例词条出自《白虎通·封禅》。葛洪《抱朴子·内篇·塞难》："不知渊潭者，明珠之所自出，荆山者，和璧之所由生也。"

【金¹】《白虎通·考黜》："孝道纯备，故内和外荣，玉以象德，金以配情，芬香条鬯，以通神灵。"（7-306）

金属。《尚书·尧典》："金作赎刑。"孔颖达疏："古之金、银、铜、铁总号为金。"

【石¹】《白虎通·瑞贽》："何以知不以玉为四器，石持为也。"（8-355）

《说文·石部》："石，山石也。"《诗经·小雅·渐渐之石》："渐渐之石，维其高矣。"《左传·成公二年》："齐高固入晋师，桀石以投人。"

第四节 封国类名物词

封国类名物词指与行政区划、采邑、城郭等有关之称谓。这些名物词主要记载于第八、十一卷中，计有 38 个词条，其中单音词 16 个，双音词 22 个，具体分为疆域、郊野、采邑三个小类。

一、疆域类

【四海】《白虎通·号》："以天下之大，四海之内，所共尊者一人耳。"（2-47）

古指天下各地。《尚书·大禹谟》："文命敷于四海，祗承于帝。"《史记·高祖本纪》："大王起微细，诛暴逆，平定四海，有功者辄裂地而封王侯。"

【中国】《白虎通·号》："昔三王之道衰，而五霸存其政，率诸侯朝天子，正天下之化，兴复中国，攘除夷狄，故谓之霸也。"（2-62）

古中原地区。《诗经·小雅·六月》序："小雅尽废，则四夷交侵，中国微矣！"《庄子·田子方》："吾闻中国之君子，明乎礼义而陋于知人心。"《韩非子·孤愤》："夫越虽国富兵强，中国之主皆知无益于己也。"《公羊传·昭公二十三年》："曷为以诈战之辞言之，不与夷狄之主中国也。"

【土²】《白虎通·社稷》："故封土立社，示有土也。"（3-83）

国土。《诗经·小雅·北山》："普天之下，莫非王土。"《吕氏春秋·贵直论·知化》："夫吴之与越也，接土邻境，壤交通属……越于我亦然。"

【土地】《白虎通·社稷》："人非土不立，非谷不食，土地广博，不可偏敬也。"（3-83）

领土；疆域。《国语·吴语》："凡吴土地人民，越既有之矣，孤何以视于天下。"《孟子·梁惠王上》："然则王之所大欲可知已，欲辟土地，朝秦楚，莅中国而抚四夷也。"

【疆】《白虎通·封公侯》："故列土为疆非为诸侯，张官设府非为卿大夫，皆为民也。"（4-141）

国界；边界。亦作"畺"。《说文·畕部》："畺，界也。从畕；三，其界画也。疆，畺或从强土。"《尚书·泰誓》："我武惟扬，侵于之疆。"《周易·坤》："坤厚载物，德合无疆。"《诗经·小雅·天保》："君曰卜尔，万寿无疆。"郑笺曰："疆，竟界也。"《左传·桓公十七年》："夏，及齐师战于奚，疆事也。"杜预注："争疆界也。"

【海内】《白虎通·封公侯》："海内之众已尽得使之，不忍使亲属无短足之居，一人使封之，亲亲之义也。"（4-142）

国境之内。《孟子·梁惠王下》："海内之地，方千里者九。"焦循正义："古者内有九洲，外有四海……此海内，即指四海之内。"《史记·货殖列传》："汉兴，海内为一。"

【途】《白虎通·诛伐》："行不假途，掩人不备也。"（5-224）

《玉篇·辵部》："途，路也。"《广韵·模韵》："途，道也。"《管子·中匡》："鲍叔、隰朋趋而出，及管仲于途。"司马相如《上林赋》："道尽途殚，回车而还。"

【道】《白虎通·诛伐》："将入人国，先使大夫执币假道，主人亦遣大夫迎于郊。"（5-225）

《说文·辵部》："道，所行道也。"《尔雅·释宫》："一达谓之道路。"《诗经·小雅·大东》: "周道如砥,其直如矢。"《史记·陈涉世家》: "会天大雨,道不通。"《汉书·董仲舒传》: "道者所由适于治之路也。"

【竟】《白虎通·巡狩》: "王者巡守,诸侯待于竟者何?诸侯以守蕃为职也。" (6-295)

疆界。亦作"境"。《说文·土部》: "境,疆也。一曰竟也,疆土至此而竟也,经典通用竟。"《左传·庄公二十七年》: "卿非君命不越竟。"《国语·鲁语上》: "外臣之言不越境。"《史记·廉颇蔺相如列传》: "臣尝从大王与燕王会境上。"

【封疆】《白虎通·八风》: "明庶风至,则修封疆,理田畴。" (7-344)

疆界。亦作"封畺"。《礼记·月令》: "(孟春之月)王命布农事,命田舍东郊,皆修封疆。"《史记·商君列传》: "为田开阡陌封疆,而赋税平。"张守节正义: "疆,界也:谓界上封记也。"《汉书·天文志》: "故候息耗者,入国邑,视封畺田畴之整治,城郭室屋门户之润泽,次至车服畜产精华。"

【四方】《白虎通·瑞贽》: "远近莫不至,受命之君,天之所兴,四方莫敢违。" (8-349)

四境之各诸侯国。《诗经·大雅·下武》: "受天之祜,四方来贺。"《论语·子路》: "使于四方,不能专对,虽多,亦奚以为。"

【国境】《白虎通·丧服》: "望国境则哭,过市朝则否。" (11-530)

疆域。王充《论衡·书解》: "使著作之人,总众事之凡,典国境之职,汲汲忙忙,或暇著作?"

【邻国】《白虎通·崩薨》: "缘邻国欲有礼也。" (11-540)

接壤或国土邻近之国。《左传·昭公四年》: "恃险与马,而虞邻国之难,是三殆也。"司马迁《报任少卿书》: "此人皆身至王侯将相,声闻邻国。"

二、郊野类

【南郊】《白虎通·谥》: "天子崩,大臣至南郊谥之者何?" (2-72)

古代天子在京都南面郊外筑圜丘以祭天。《礼记·月令》："（孟夏之月）立夏之日，天子亲帅三公、九卿、大夫，以迎夏于南郊。"《谷梁传·僖公三十一年》："免牲者为之缁衣熏裳，有司玄端奉送，至于南郊。"

【野】《白虎通·封公侯》："以舜封弟象有比之野也。"（4-144）

郊外。《说文·里部》："野，郊外也。"《周易·同人》："同人于野，亨。"孔疏："野，是广远之处。"《诗经·鲁颂·駉》："駉駉牡马，在坰之野。"毛传："邑外曰郊，郊外曰野。"

【东郊】《白虎通·耕桑》："耕于东郊何？东方少阳，农事始起。"（6-276）

国都以东之郊外。《礼记·月令》："（孟春之月）立春之日，天子亲帅三公、九卿、诸侯、大夫以迎春于东郊。"

【西郊】《白虎通·耕桑》："桑于西郊何？西方少阴，女功所成。"（6-276）

国都以西之郊外。《礼记．月令》："立秋之日，天子亲帅三公、九卿、诸侯、大夫，以迎秋于西郊。"

【郭门】《白虎通·寿命》："夫子过郑，兴弟子相失，独立郭门外。"（8-393）

外城之门。《左传·昭公二十年》："寅闭郭门，逾而从公。"《吕氏春秋·离俗览》："于是为商旅将任车以至齐，暮宿于郭门之外。"

【郊[1]】《白虎通·阙文》："祭天必在郊何？"（12-564）

城市周围地区。《说文·邑部》："郊，距国百里为郊。"《尔雅·释地》："邑外谓之郊。"段玉裁《四与顾千里书论学制备忘之记》曰："《尔雅》曰：'邑外谓之郊。'……邑者，国也。是则自国中而外至于百里，统谓之郊矣。此引伸之义也。"《尚书·费誓》："鲁人三郊三遂。"《周礼·地官·载师》："近郊、远郊。"郑玄注："五十里为近郊，百里为远郊。"《周礼·春官·肆师》："（肆师）与祝侯禳于畺及郊。"郑玄注："畺，五百里。远郊百里，近郊五十里。"

三、采邑类

【附庸】《白虎通·爵》："小者不满为<u>附庸</u>。"（1-11）

附属于诸侯大国之小国。《诗经·鲁颂·閟宫》："锡之山川，土田附庸。"郑玄笺："赐之以山川土田及附庸，令专统之。"《礼记·王制》："公侯田方百里，伯七十里，子男五十里；不能五十里者，不合于天子，附于诸侯曰附庸。"郑玄注："附庸者，以国事附于大国，未能以其名通也。"

【国】《白虎通·爵》："以为冢宰职在制<u>国</u>之用，是以由之也。"（1-41）

古代王、侯之封地。《周易·师》："开国承家，小人勿用。"孔颖达疏："若其功大，使之开国为诸侯；若其功小，使之承家为卿大夫。"《战国策·齐策四》："孟尝君就国于薛。"

【邑】《白虎通·号》："此改号为周，易<u>邑</u>为京也。"（2-58）

京城，国都。《尚书·召诰》："周公朝至于洛，则达观于新邑营。"《诗经·商颂·殷武》："商邑翼翼，四方之极。"毛传："商邑，京师也。"《文选》张衡《东京赋》："昔先王之经邑也，掩观九隩，靡地不营。"薛综注："先王，谓周成王也。邑，洛邑也。"

【京】《白虎通·号》："此改号为周，易邑为<u>京</u>也。"（2-58）

国都。《诗经·大雅·文王》："殷士肤敏，祼将于京。"朱熹集传："京，周之京师也。"《蔡邕·独断》："天子所居曰京师。京，大也。师，众也。"《文选》张衡《东京赋》："是以论其迁邑易京，则同规乎殷盘。"

【京师】《白虎通·社稷》："太社为天下报功，王社为<u>京师</u>报功。"（3-85）

帝王之都城。《诗经·大雅·公刘》："京师之野，于时处处。"马瑞辰通释："京为豳国之地名……吴斗南曰：'京者，地名；师者，都邑之称，如洛邑亦称洛师之类。'其说是也。"《公羊传·桓公九年》："京师者何？天子之居也。"

【州】《白虎通·封公侯》："选择贤良，使长一州，故谓之伯也。"（4-133）

五党为州。《周礼·地官·大司徒》："五党为州。"郑玄注："州，二千五百家。"

【国家】《白虎通·封公侯》："为其专权擅势，倾覆国家。"（4-146）

古代诸侯之封地称国，大夫封地称家。以国家为国的通称。《周易·系辞下》："君子安而不忘危，存而不忘亡，治而不忘乱，是以身安而国家可保也。"《孟子·离娄上》："人有恒言，皆曰天下国家，天下之本在国，国之本在家，家之本在身。"赵岐注："国谓诸侯之国，家谓卿大夫也。"

【夏邑】《白虎通·京师》："或曰，夏曰夏邑，殷曰商邑，周曰京师。"（4-161）

夏之都城。《尚书·汤誓》："夏王率遏众力，率割夏邑。"

【商邑】《白虎通·京师》："或曰，夏曰夏邑，殷曰商邑，周曰京师。"（4-161）

殷之都城。《诗经·商颂·殷武》："商邑翼翼，四方之极。"毛传："商邑，京师也。"

【乡】《白虎通·辟雍》："乡曰庠，里曰序。"（6-261）

周制一万二千五百家为乡。《周礼·地官·大司徒》："令五家为比，使之相保；五比为闾，使之相受；四闾为族，使之相葬；五族为党，使之相救；五党为州，使之相赒；五州为乡，使之相宾。"郑玄注："乡万二千五百家。"《庄子·逍遥游》："故夫知效一官，行比一乡，德合一君，而征一国者，其自视也亦若此矣。"成玄英疏："乡是万二千五百家也。"《汉书·食货志上》："五家为邻，五邻为里，四里为族，五族为党，五党为州，五州为乡。乡，万二千五百户也。"

【里】《白虎通·辟雍》："乡曰庠，里曰序。"（6-261）

五十家为一里。《管子·小匡》："制五家为轨，轨有长；十轨为里，里有司。"《鹖冠子·王鈇》："五家为伍，伍为之长；十伍为里，里置有司。"

【采/采地】《白虎通·京师》："公卿大夫皆食采者，示兴民同有

无也。"（4-165）；《姓名》："故以为大夫者不是<u>采地</u>也。"（9-419）

古代卿大夫之封地。《韩诗外传》卷八："古者天子为诸侯受封，谓之采地。百里诸侯以三十里，七十里诸侯以二十里，五十里诸侯以十五里。"《汉书·刑法志》："此卿大夫采地之大者也。"颜师古注："采，官也。因官食地，故曰采地。"

【庶邦】《白虎通·嫁娶》："先封之，明不兴<u>庶邦</u>交礼也。"（10-475）

诸侯众国。《尚书·酒诰》："厥诰毖庶邦庶士越少正御事朝夕曰：祀兹酒。"

【藩】《白虎通·崩薨》："又为天子守<u>藩</u>，不可顿空也。"（11-538）

封建王朝之侯国或属国、属地。《汉书·淮阳宪王刘钦传》："奉藩无状，遇恶暴列，陛下不忍致法，加大恩，遣使者申谕道术守藩之义。"《后汉书·明帝纪》："（永平五年），骠骑将军东平王苍罢归藩。"

【囿/苑囿】《白虎通·阙文》："<u>囿</u>，天子百里，大国四十里，次国三十里，小国二十里。"（11-592）《阙文》："苑囿所以在东方何？"（11-593）

古代帝王畜养禽兽以供观赏之园林。汉代以后称苑。《诗经·大雅·灵台》："王在灵囿，麀鹿攸伏。"毛传："囿，所以域养鸟兽也。"汉董仲舒《春秋繁露·王道》："桀纣皆圣王之后，骄溢妄行。侈宫室，广苑囿，穷五采之变，极饰材之工。"班固《东都赋》："太液昆明，鸟兽之囿。"

【崇城】《白虎通·阙文》："天子曰崇城，言崇高也。"（12-596）

天子所居之城。崇城首例词条出自《白虎通·阙文》。

【干城】《白虎通·阙文》："诸侯曰干城，言不敢自尊，御于天子也。"（12-596）

诸侯所居之城。干城首例词条出自《白虎通·阙文》。

第五节　宗教类名物词

宗教类名物词指与祭祀、占卜等事物直接相关之词汇，主要分布于第三卷。此类名物词计有 90 个，单音词 42 个，双音词 47 个，三音节 1 个。具体分为占卜、祭祀、乐舞三小类。

一、占卜类

【蓍】《白虎通·蓍龟》："蓍之为言耆也，久长意也。"（7-329）

蓍草茎，古占卜所用。《周易·系辞上》："是故蓍之德，圆而神；卦之德，方以知。"《诗经·曹风·下泉》："冽彼下泉，浸彼苞蓍。"朱熹集传："蓍，筮草也。"

【卦】《白虎通·蓍龟》："见其卦也。"（7-329）

八卦。《说文·卜部》："卦，筮也。"《玉篇·卜部》："八卦也，兆也。"《广韵·卦韵》："八卦者，八方之卦也。乾坎艮震巽离坤兑。"《周易·系辞》："四象生八卦。"《周礼·春官·大卜》："掌三《易》之法，一曰《连山》，二曰《归藏》，三曰《周易》。其经卦皆八，其别皆六十四。"贾公彦疏："卦之为言挂也，挂万象于上也。"

【荆火】《白虎通·蓍龟》："龟以荆火灼之何？"（7-333）

用来灼龟之火。荆火词条首例出自《白虎通·蓍龟》。

二、祭祀类

（一）祭器类

【主】《白虎通·巡狩》："王者诸侯出，必将主何？"（6-294）

庙祭中为死者所立牌位。《周礼·春官·司巫》："祭祀则共匰主。"郑玄注："主，谓木主也。"《谷梁传·文公二年》："丁丑，作僖公主。"范宁集解："为僖公庙作主也。主盖神之所冯依……天子长尺二寸，诸侯长一尺。"《礼记·曲礼下》："告丧，曰：'天王登假。'措之庙，立之主，曰'帝'。"郑玄注："《春秋传》：'凡君薨，卒哭而祔，祔而作主。'"

【祭器】《白虎通·三教》："夏后氏用名器，殷人用祭器，周人兼用之何谓？"（8-372）

祭祀时所陈设之器具。《礼记·王制》："祭器未成，不造燕器。"《史记·张仪列传》："出兵函谷而毋伐，以临周，祭器必出。"司马贞索隐：

"凡王者大祭祀必陈设文物轩车彝器等,因谓此等为祭器也。"《战国策·齐策四》:"愿请先王之祭器,立宗庙于薛。"《吕氏春秋·孟冬纪》:"是月也,工师效功,陈祭器,按度程,无或作为淫巧,以荡上心,必功致为上。"

【几筵】《白虎通·阙文》:"鬼神听之无声,视之无形,升自阼阶,仰视榱桷,俯视几筵,其器存,其人亡。"(12-580)

祭祀之席位或灵座。亦作"几梴"。《国语·周语上》:"设桑主,布几筵。"《墨子·节葬下》:"诸侯死者……又多为屋幕,鼎鼓几梴壶滥,戈剑羽旄齿革,寝而埋之。"《礼记·檀弓下》:"有司以几筵,舍奠于墓左。"

【木主】《白虎通·阙文》:"孝子入宗庙之中,虽见木主,亦当尽敬也。"(12-577)

木制神主牌位。《史记·周本纪》:"武王上祭于毕。东观兵,至于盟津。为文王木主,载以车,中军。"

【桑主】《白虎通·阙文》:"故设桑主以虞,所以慰孝子之心。"(12-578)

古代虞祭用桑木作神主。《国语·周语上》:"及期,命于武宫,设桑主,布几筵,太宰莅之,晋侯端委以入。"三国 吴 韦昭注:"虞主用桑。"

【练主】《白虎通·阙文》:"练主用栗。"(12-578)

古代练祭时所立神主,用栗木制成。《国语·周语上》:"设桑主,布几筵。"三国 吴 韦昭注:"主,献公之主也。练主用栗。"《公羊传·文公二年》:"主者曷用?虞主用桑,练主用栗。用栗者,藏主也。"何休注:"谓期年练祭也。理虞主于两阶之间,易用栗也。"

【主祏】《白虎通·阙文》:"主祏纳之西壁。"(12-579)

宗庙中供奉的神主。《左传·昭公十八年》:"(子产)使祝史徙主祏于周庙,告于先君。"杜预注:"祏,庙主石函。"孔颖达疏:"每庙木主皆以石函盛之,当祭则出之,事毕则纳于函,藏于庙之北壁之内,所以辟火灾也。"

(二)祭牲类

【牛】《白虎通·五祀》："祭五祀，天子诸侯以牛，卿大夫以羊，因四时祭牲也。"（2-81）

动物名，用作祭牲时又称特牲。《周礼·地官·大司徒》："祀五帝，奉牛牲，羞其肆。"《周礼·地官·牛人》："凡祭祀，共其牛牲之互与其盆簝以待事。"

【羊】《白虎通·五祀》："祭五祀，天子诸侯以牛，卿大夫以羊，因四时祭牲也。"（2-81）

动物名，可用作祭牲。《诗经·小雅·甫田》："以我齐明，与我牺羊，以社以方。"

【犬】《白虎通·五祀》："门以犬。"（2-81）

动物名，可用作祭牲。《周礼·秋官·犬人》："犬人掌犬牲。凡祭祀共犬牲，用牷物。"

【豚】《白虎通·五祀》："中溜以豚。"（2-81）

小猪，可用作祭牲。《说文·豚部》："豚，小豕也。"《礼记·内则》："庶人特豚，士特豕，大夫少牢，国君世子大牢。"

【鸡】《白虎通·五祀》："灶以鸡。"（2-81）

动物名，可用作祭牲。《周礼·春官·鸡人》："鸡人掌共鸡牲，辨其物。"

【豕】《白虎通·五祀》："井以豕。"（2-81）

猪。用作祭牲。《礼记·曲礼下》："天子祭天地，祭四方，祭山川，祭五祀，岁遍。……天子以牺牛；诸侯以肥牛；大夫以索牛；士以羊、豕。"

【鱼】《白虎通·五祀》："井以鱼。"（2-82）

用作祭牲。《礼记·昏义》："教成祭之，牲用鱼。"

【牲】《白虎通·社稷》："祭社稷以三牲何？重功故也。"（3-85）

供祭祀、盟誓和食用之家畜。《玉篇·牛部》："牲，三牲：牛、羊、豕。"《尚书·微子》："今殷民乃攘窃神祇之牺牷牲用。"孔传："色纯曰牺，体完曰牷，牛羊豕曰牲，器实曰用。"《周易·萃》："用大牲吉。"《周礼·天官·膳夫》："膳用六牲。"郑玄注："马、牛、羊、豕、犬、鸡也。"《左传·桓公六年》："不以畜牲。"孔颖达疏："牲、畜一物，养之则为畜，共享则为牲。"

【太牢】《白虎通·社稷》："宗庙俱<u>太牢</u>，社稷独少牢何？"（3-85）

古代祭祀，牛羊豕三牲具备谓之太牢。《庄子·至乐》："具太牢以为膳。"成玄英疏："太牢，牛羊豕也。"《史记·荆轲传》："太子日造门下，供太牢具。"

【少牢】《白虎通·社稷》："宗庙俱太牢，社稷独<u>少牢</u>何？"（3-85）

古代祭祀，只有羊、豕二牲谓之少牢。《左传·襄公二十二年》："祭以特羊，殷以少牢。"杜预注："四时祀以一羊，三年盛祭以羊、豕。"《礼记·王制》："天子社稷皆太牢，诸侯社稷皆少牢。"清赵翼《陔馀丛考·太牢少牢》："《国语》'乡举少牢'注：'少牢，羊、豕也。'则羊与豕俱称少牢矣。其不兼用二牲而专用一羊或一豕者，则曰特羊、特豕。可知太牢不专言牛、少牢不专言羊也。"

【祭尸】《白虎通·王者不臣》："王者有暂不臣者五，谓<u>祭尸</u>，授受之师，将帅用兵，三老，五更。"（7-319）

古代在祭祀祖先时，必先活人为尸（多为孙辈担任）以代表死者。祭尸首例词条出自《白虎通·王者不臣》。《通典》四十八卷："或有是古者，犹言祭尸礼重，亦可习之，斯岂非甚滞执者乎！"

【骍】《白虎通·三正》："言文王之牲用<u>骍</u>，周尚赤也。"（8-362）

用作祭牲之赤色马。《礼记·郊特牲》："牲用骍，尚赤也。"

（三）乐舞类

【乐】《白虎通·社稷》："祭社稷有<u>乐</u>乎？"（3-92）

音乐。《周易·豫》："先王以作乐崇德，殷荐之上帝，以配祖考。"《汉书·礼乐志》："夫乐本情性，浃肌肤而臧骨髓，虽经乎千载，其遗风余烈尚犹不绝。"

【宫[1]】《白虎通·礼乐》："闻<u>宫</u>声，莫不温润而宽和者也。"（3-95）

古代五声音阶之第一音。《尔雅·释乐》："宫谓之重。"郭璞注："皆五音之别名。"《史记·乐书》："宫，土音，声出于脾，合口而通之，其性圆而居中。五声六律十二管，还相为宫也。"《庄子·徐无鬼》："鼓宫宫动，鼓角角动，音律同矣。"

【商】《白虎通·礼乐》："闻商声，莫不刚断而立事者。"（3-95）

古代五声音阶之第二音。《礼记·月令》："其音商。"郑玄注："商数七十二，属金者以其浊次宫，臣之象也。秋气和，则商声调。"

【角】《白虎通·礼乐》："闻角声，莫不恻隐而慈者。"（3-95）

古代五声音阶之第三音。《尔雅·释乐》："角谓之经。"《周礼·春官·大师》："皆文之以五声：宫、商、角、徵、羽。"

【徵】《白虎通·礼乐》："闻徵声，莫不喜养好施者。"（3-95）

古代五声音阶之第四音。《尔雅·释乐》："徵谓之迭。"郭璞注："皆五音之别名。"《礼记·月令》："（孟夏之月）虫羽，其音徵。"

【羽】《白虎通·礼乐》："闻羽声，莫不深思而远虑者。"（3-95）

古代五声音阶之第五音。《周礼·春官·大司乐》："凡乐，圜钟为宫，黄钟为角，大簇为徵，姑洗为羽。"郑玄注："凡五声，宫之所生，浊者为角，清者为徵羽。"《礼记·月令》："其音羽。"郑玄注："羽数四十八，属水者，以为最清物之象也。"《乐记》："宫为君，商为臣，角为民，徵为事，羽为物。"

【咸池】《白虎通·礼乐》："黄帝曰咸池者，言大施天下之道而行之。"（3-101）

古乐曲名，相传为黄帝之乐。《礼记·乐记》："《咸池》，备矣。"郑玄注："黄帝所作乐名也，尧增修而用之。"

【律吕】《白虎通·礼乐》："颛顼曰六茎者，言和律吕以调阴阳。"（3-101）

古时用来校正乐音之器具，后泛指音律。《国语·周语下》："律吕不易，无奸物也。"《汉书·律历志》："言以律吕和五声，施之八音，合之成乐。"汉 马融《长笛赋》："律吕既和，哀声五降。"

【六茎】《白虎通·礼乐》："颛顼曰六茎者，言和律吕以调阴阳。"（3-101）

古乐名。相传为颛顼所作。《汉书·礼乐志》："颛顼作《六茎》。"《文选》曹植《与杨德祖书》："《咸池》《六茎》之发，众人所共乐，而墨翟有非之之论，岂可同哉？"

【五英】《白虎通·礼乐》："帝喾曰五英者，言能调和五声，以养万物，调其英华也。"（3-102）

古乐名，相传为帝喾所作。亦作"五韺"。《广雅·释乐》："《五韺》，帝倍乐。"《汉书·礼乐志》："帝喾作《五英》。"

【大章】《白虎通·礼乐》："尧曰<u>大章</u>者，大明天地人之道也。"（3-102）

古乐名。相传为尧所作。《礼记·乐记》："《大章》，章之也；《咸池》，备矣；《韶》，继也；《夏》，大也。殷周之乐尽矣。"郑玄注："《大章》，尧乐名也。言尧德章明也。"

【箫韶】《白虎通·礼乐》："舜曰<u>箫韶</u>者，舜能继尧之道也。"（3-102）

古乐名，相传为舜所作。《尚书·益稷》："《箫韶》九成，凤皇来仪。"晋 葛洪《抱朴子·安贫》："《箫韶》未九成，灵鸟不纡仪也。"

【大夏】《白虎通·礼乐》："禹曰<u>大夏</u>者，言禹能顺二圣之道而行之，故曰大夏也。"（3-102）

夏禹时代之乐舞。古六乐之一。《周礼·春官·大司乐》："以乐舞教国子，舞云门、大卷、大咸、大磬、大夏、大濩、大武。"《左传·襄公二十九年》："见舞大夏者，曰：'美哉！勤而不德，非禹其谁能修之。'"

【大濩】《白虎通·礼乐》："汤曰<u>大濩</u>者，言汤承衰，能护民之急也。"（3-102）

殷代乐舞之一。相传为伊尹时作，赞颂商汤伐桀。《周礼·春官·大司乐》："以乐舞教国子，舞《云门》……《大濩》《大武》。"郑玄注："《大濩》，汤乐也。"《庄子·天下》："汤有《大濩》，武王、周公作《武》。"

【酌】《白虎通·礼乐》："周公曰<u>酌</u>者，言周公辅成王，能斟酌文武之道而成之也。"（3-103）

古代乐舞名。相传为周公所作。《诗经·周颂·酌序》："《酌》，告成《大武》也。"孔颖达疏："《酌》诗者，告成《大武》之乐歌也。"

【象】《白虎通·礼乐》："武王曰<u>象</u>者，象太平而作乐，示已太平也。"（3-103）

古乐名。相传为武王所作。《礼记·文王世子》："下管象，舞大舞。"郑玄注："象，周武王伐纣之乐也。"《墨子·三辩》："因先王之乐，又自作乐，命曰《象》。"《文选》司马相如《上林赋》："荆、吴、郑、卫之声，《韶》《濩》《武》《象》之乐。"李善注引张揖曰："《象》，周公乐也。"

【大武】《白虎通·礼乐》："合曰大武者，天下始乐周之征伐行武。"（3-103）

周代的乐舞之一。合文、武、周公之乐，统名为大武。《周礼·春官·大司乐》："乃奏舞射，歌夹钟，舞大武，以享祖先。"《史记·吴太伯世家》："见舞《大武》曰：'美哉，周之盛也，其若此乎？'"

【琴瑟】《白虎通·礼乐》："诸公谓三公二王后，大夫士北面之臣，非专事子民者也，故但琴瑟而已。"（3-106）

琴瑟之声，古人以之为雅乐正声。《荀子·非相》："听人以言，乐于钟鼓琴瑟。"

【朝离】《白虎通·礼乐》："故东夷之乐曰朝离，南夷之乐曰南，西夷之乐曰昧，北夷之乐曰禁。"（3-108）

古少数民族乐名，亦作"株离"。《周礼·春官·鞮鞻氏》"鞮鞻氏掌四夷之乐"郑玄注："西方曰株离，北方曰禁。"《后汉书·班彪传》："四夷间奏，德广所及，《佅》《侏》《兜离》，罔不具集。"李贤引郑玄注《周礼》云："四夷之乐，东方曰《靺》，南方曰《任》，西方曰《株离》，北方曰《禁》。……《周礼》'佅'作'禁'，'侏'作'靺'，'兜'作'株'也。"

【南】《白虎通·礼乐》："故东夷之乐曰朝离，南夷之乐曰南，西夷之乐曰昧，北夷之乐曰禁。"（3-108）

古代南方少数民族乐舞名。《诗经·小雅·鼓钟》："以雅以南，以籥不僭。"《礼记·文王世子》："小乐正学干，大胥赞之；钥师学戈，钥师丞赞之。胥鼓南。"郑玄注："南，南夷之乐也。"章炳麟《辨诗》："南夷之乐曰南。"

【昧】《白虎通·礼乐》："故东夷之乐曰朝离，南夷之乐曰南，西

夷之乐曰眛，北夷之乐曰禁。"（3-108）

古代少数民族乐名。《礼记·明堂位》："眛，东夷之乐也。"《集韵·夬韵》："侏，东夷乐名。"

【禁】《白虎通·礼乐》："故东夷之乐曰朝离，南夷之乐曰南，西夷之乐曰眛，北夷之乐曰禁。"（3-108）

古代北方少数民族乐曲名。《周礼·春官·鞮鞻氏》"鞮鞻氏掌四夷之乐"郑玄注："四夷之乐，东方曰靺，南方曰任，西方曰株离，北方曰禁。"《后汉书·班彪传》："四夷间奏，德广所及，《伶》《侏》《兜离》，罔不具集。"李贤引郑玄注《周礼》云："四夷之乐，东方曰《靺》，南方曰《任》，西方曰《株离》，北方曰《禁》。……《周礼》'伶'作'禁'"。

【羽毛】《白虎通·礼乐》："此言以文得之先以文，谓持羽毛舞也。"（3-109）

舞蹈时所拿鸟兽毛。《墨子·非乐上》："今之禽兽麋鹿蜚鸟贞虫，因其羽毛，以为衣裘。"

【干²】《白虎通·礼乐》："以武得之先以武，谓持干戚舞也。"（3-109）

盾牌，可做舞蹈道具。《尚书·牧誓》："称尔戈，比尔干。"孔传："干，楯也。"《礼记·乐记》："揔干而山立，武王之事也。"郑玄注："揔干，持盾也。"《公羊传·宣公八年》："《万》者何？干舞也。"何休注："干，谓楯也。"

【戚】《白虎通·礼乐》："以武得之先以武，谓持干戚舞也。"（3-109）

兵器，亦用为舞具。《山海经·海外西经》："（刑天）乃以乳为目，以脐为口，操干戚以舞。"《礼记·明堂位》："朱干玉戚，冕而舞《大武》。"郑玄注："戚，斧也。"《礼记·乐记》："比音而乐之，及干戚羽旄，谓之乐。"孔颖达疏："干，盾也；戚，斧也。武舞所执之具。"《孔子家语·困誓》："子路悦，援戚而舞，三终而出。"

【中吕】《白虎通·礼乐》："箫者，中吕之气也。"（3-124）

古乐十二律之第六律，其于十二月为四月，因亦代指农历四月，亦作"仲吕""小吕"。《礼记·月令》："（孟夏之月）律中中吕。"郑玄

注："中吕者，无射之所生，三分益之，律长六寸万九千六百八十三分寸之万二千九百七十四。"《史记·律书》："中吕者，言万物尽旅而西行也。其于十二子为巳。"

【太蔟】《白虎通·五行》："律中<u>太蔟</u>。律之言率，所以率气令生也。"（4-174）

正月之律，亦作"大簇"。《礼记·月令》："（孟春之月）律中大蔟。"郑玄注："大蔟者，林钟之所生，上三分益一，律长八寸。凡律空围九分。"孔颖达疏："其大蔟夹钟，六律六吕之等，皆是候气管名。言正月之时律之候气应于大蔟之管，又计大蔟管数，倍而更半，铸之为钟，名曰大蔟之钟。"

【夹钟】《白虎通·五行》："律中<u>夹钟</u>。"（4-174）

二月之律。《礼记·月令》："（仲春之月）律中夹钟。"郑玄注："夹钟者，夷则之所生，三分益一，律长七寸二千一百八十七分寸之千七十五。"《续汉律历志》："夹钟律七寸四分小分九微强。"

【姑洗】《白虎通·五行》："辰者，震也。律中<u>姑洗</u>。"（4-174）

三月之律。《礼记·月令》："（季春之月）律中姑洗。"郑玄注："姑洗者，南吕之所生也，三分益一，律长七寸九分寸之一。季春气至，则姑之律应。"孔颖达疏："南吕六二上生姑洗之九三，南吕长五寸三分寸之一，就南吕三分益一，取三寸益一寸，为四寸，余有整二寸三分寸之一。整二寸者，各九分之，二九为十八分。寸之一者为三分，总二十一分。三七二十一，三分益一，更益七分，总二十八分，以九分为一寸，二十七分为三寸，益前四寸为七寸，余有一分在，故云'律长七寸九分寸之一'"。

【蕤宾】《白虎通·五行》："午，物满长，律中<u>蕤宾</u>。"（4-176）

五月之律。《礼记·月令》："（仲夏之月）律中蕤宾。"郑玄注："蕤宾者，应钟之所生，三分益一，律长六寸八十一分寸之二十六。仲夏气至，则蕤宾之律应。"《续汉律历志》云："蕤宾律六寸三分小分二微强。"

【林钟】《白虎通·五行》："衰于未。未，味也。律中<u>林钟</u>。"（4-176）

六月之律。《礼记·月令》"（季春之月）律中林钟。"郑玄注："林钟者，黄钟之所生，三分去一，律长六寸。"

【夷则】《白虎通·五行》："申者，身也。律中夷则。"（4-177）

七月之律。《礼记·月令》："（孟秋之月）律中夷则。"郑玄注："夷则者，大吕于所生，三分去一，律长五寸七百二十九分寸之四百五十一。"《续汉律历志》："三寸六分小分二弱。"

【南吕】《白虎通·五行》："酉者，老也。物收敛。律中南吕。"（4-178）

八月之律。《礼记·月令》："（仲秋之月）律中南吕。"郑玄注："南吕者，大蔟之所生，三分去一，律长五寸三分寸之一。"《续汉律历志》云："五寸三分小分三强。"

【无射】《白虎通·五行》："戌者，灭也。律中无射。"（4-178）

九月之律。《礼记·月令》："（季秋之月）律中无射。"郑玄注："无射者，夹钟之所生，三分去一，律长四寸六千五百六十一分寸之六千五百二十四。"《续汉律历志》云："无射律四寸九分小分九强。"

【应钟】《白虎通·五行》："亥者，仰也。律中应钟。"（4-179）

十月之律。《礼记·月令》："（孟冬之月）律中应钟。"郑玄注："应钟者，姑洗之所生，三分去一，律长四寸二十七分寸之二十。"《续汉律历志》云："四寸七分小分四微强。"

【黄钟】《白虎通·五行》："月令十一月律谓之黄钟何？黄者，中和之色。"（4-182）

十一月律。《礼记·月令》："（仲冬之月）律中黄钟。"郑玄注："黄钟者，律之始也，九寸。"

【大吕】《白虎通·五行》："十二月律谓之大吕何？大者，大也，吕者，拒也。"（4-182）

十二月之律。《礼记·月令》："（季冬之月）律中大吕。"郑玄注："大吕者，蕤宾之所生也。三分益一，律长八寸二百四十三分寸之百四。"

【钟律】《白虎通·封禅》："德至八方，则祥风至，佳气时喜，钟律调，音度施，四夷化，越裳贡。"（6-285）

原指编钟十二律，后泛指音律。《史记·律书论》："在璇玑玉衡以齐七政，即天地二十八宿。十母，十二子，钟律调自上古。"

（四）祭礼类

【大敛】《白虎通·爵》："天子<u>大敛</u>之后称王者，明民臣不可一日无君也。"（1-33）

将死者入棺之礼。《仪礼·既夕礼》："大敛于阼。"郑玄注："主人奉尸敛于棺。"

【门¹】《白虎通·五祀》："谓<u>门</u>、户、井、灶、中溜也。"（2-77）

祭祀名，五祀之一，祭祀宅门之神。《礼记·祭法》："大夫立三祀：曰族厉，曰门，曰行。"

【灶】《白虎通·五祀》："谓门、户、井、<u>灶</u>、中溜也。"（2-77）

祭祀名，五祀之一，祭祀灶神。《吕氏春秋·十二纪》："春祀户、（孟、仲）夏祀灶、季夏祀中溜、秋祀门、冬祀行。"

【中溜¹】《白虎通·五祀》："谓门、户、井、灶、<u>中溜</u>也。"（2-77）

祭祀名，五祀之一，祭祀后土之神。《礼记·郊特牲》："家主中溜而国主社。"孔颖达疏："中溜谓土神。"

【户¹】《白虎通·五祀》："谓门、<u>户</u>、井、灶、中溜也。"（2-77）

祭祀名，五祀之一，祭祀户神。《礼记·祭法》："王为群姓立七祀，曰司命，曰中溜，曰国门，曰国行，曰泰厉，曰户，曰灶；王自为立七祀。诸侯为国立五祀，曰司命，曰中溜，曰国门，曰国行，曰公厉；诸侯自为立五祀。大夫立三祀，曰族厉，曰门，曰行。适士立二祀，曰门，曰行。庶士、庶人立一祀，或立户，或立灶。"

【井¹】《白虎通·五祀》："谓门、户、<u>井</u>、灶、中溜也。"（2-77）

祭祀名，五祀之一，祭祀井神。《淮南子·时则训》："春祀户、（孟、仲）夏祀灶、季夏祀中溜、秋祀门、冬祀井。"

【郊²】《白虎通·封公侯》："周公身薨，天为之变，成王以天子之礼葬之，命鲁<u>郊</u>，以明至孝，天所兴也。"（4-156）

古代祭天地之礼。《字汇·邑部》："郊，祭名。冬至祀天南郊，夏至祀地北郊，故谓祀天地为郊。"《六书故·工事二》："郊，祀天于郊，故亦谓之郊。"《左传·桓公五年》："凡祀，启蛰而郊。"杜预注："启蛰，夏正建寅之月，祀天南郊。"《史记·文帝本纪》："朕亲郊祀上帝诸神。"

【乡饮酒】《白虎通·乡射》："所以十月行<u>乡饮酒</u>之礼何？所以复尊卑长幼之义。"（5-247）

古代嘉礼之一。指地方官举行的一种敬老仪式；指由乡大夫设酒席宴请学子。《仪礼·乡饮酒礼》贾公彦疏引汉·郑玄《三礼目录》："诸侯之乡大夫三年大比，献贤者能于其君，以宾礼待之，与之饮酒。于五礼属嘉礼。"

【类祭】《白虎通·巡守》："<u>类祭</u>以祖配不？"（6-294）

古代祭天及五帝之祭名。《尚书·舜典》："肆类于上帝"孔颖达疏："遂行为帝之事，而以告摄事。类祭于上帝，祭昊天及五帝也。"

【雩祭】《白虎通·灾变》："大旱则<u>雩祭</u>求雨，非苟虚也。"（6-273）

古时求雨之祭。汉 董仲舒《春秋繁露·精华》："大旱雩祭而请雨，大水鸣鼓而攻社。"汉 王充《论衡·龙虚》："龙与云相招，虎与风相致，故董仲舒雩祭之法，设土龙以为感也。"

【郊庙】《白虎通·耕桑》："天子亲耕以供<u>郊庙</u>之祭，后亲桑以供祭服。"（6-276）

古代天子祭天地与祖先。《尚书·舜典》"汝作秩宗。"孔传："秩，序；宗，尊也。主郊庙之官。"孔颖达疏："郊谓祭天南郊，祭地北郊；庙谓祭先祖，即《周礼》所谓天神人鬼地祇之礼是也。"《文选》班固《两都赋》："白麟、赤雁、芝房、宝鼎之歌，荐于郊庙。"

【燎】《白虎通·封禅》："<u>燎</u>祭天，报之义也。"（6-282）

本为烧草木，后指焚柴祭天之礼。古作"尞"。《说文·火部》："尞，柴祭天也。"《汉书·礼乐志》："朝拢首，览西垠，雷电尞，获白鳞。"颜师古注："尞，古燎字。"《逸周书·世俘》："武王朝至，燎于周。"

【望】《白虎通·封禅》："<u>望</u>祭山川，祀群神也。"（6-282）

古祭礼。遥祭山川、日月、星辰。《广雅·释天》："望，祭也。"王念孙疏证："望者，遥祭之名。"《尚书·舜典》："望于山川，遍

73

于群神。"孔传："皆一时望祭之。"《孔子家语·正论》："楚昭王有疾，卜曰：河神为祟。王弗祭。大夫请祭诸郊，王曰：'三代命祀，祭不越望……'遂不祭。"王肃注："天子望祀天地，诸侯祀境内，故曰'祭不越望'也。"《淮南子·人间训》："郊望禘尝。"高诱注："望，祭日月、星辰、山川也。"清 俞正燮《癸巳类稿·虞六宗义》："六宗言禋，山川言望。"

【笄¹】《白虎通·嫁娶》："阴小成于阳，大成于阴，故十五而笄，二十而嫁也。"（8-456）

女子十五岁成年礼。《仪礼·士昏礼》："女子许嫁，笄而醴之，称字。"郑玄注："笄，女之礼，犹冠男也。"《礼记·内则》："女子十有五年而笄。"郑玄注："谓应年许嫁者。女子许嫁，笄而字之。其未许嫁，二十则笄。"

【昏礼】《白虎通·嫁娶》："昏礼请期，不敢必也。"（10-464）

婚娶之礼。《礼记·郊特牲》："夫昏礼万世之始也，取于异姓，所以附远厚列也。"《墨子·非儒下》："昏礼威仪，如承祭祀。"

【大祥】《白虎通·丧服》："二十五月而大祥，饮醴酒，食干肉。"（11-517）

古时父母丧后两周年之祭礼，后代或有二十五月改为二十五日。《仪礼·士虞礼》："又期而大祥，曰荐此祥事。"郑玄注："又，复也。"贾公彦疏："此谓二十五月大祥祭，故云复期也。"《幼学琼林·疾病死丧类》："期年曰小祥，两期曰大祥。"

【练】《白虎通·丧服》："既练，舍外寝，居垩室。"（11-517）

小祥祭。居丧十三个月举行的祭奠仪式。亦称"练祭"。《周礼·春官·大祝》："言甸人读祷，付练祥，掌国事。"贾公彦疏："练，谓十三月小祥练祭。"《荀子·子道》："鲁大夫练而床，礼邪？"杨倞注："练，小祥也。"

【丧礼】《白虎通·丧服》："丧礼不言者何？思慕尽情也。"（11-518）

有关丧事之礼制。《礼记·曲礼下》："居丧未葬，读丧礼。既葬，读祭礼。"孔颖达疏："丧礼，谓朝夕奠下室，朔望奠殡宫，及葬等礼也。"

【禫】《白虎通·丧服》："二十七月而禫，通祭宗庙，去丧之杀也。"（11-518）

除丧服之祭礼。《说文·示部》："禫，除服祭也。"《仪礼·士虞礼》："中月而禫。"郑玄注："禫，祭名也，与大祥间一月。自丧至此，凡二十七月。"

【郊祭】《白虎通·崩薨》："原天之意，子爱周公，与文武无异，故以王礼葬，使得郊祭。"（11-532）

祭祀天地。亦称"郊祀"。《礼记·郊特牲》："郊之祭也，迎长日之至也。"孔颖达疏："此一节，总明郊祭之义。迎长日之至也者，明郊祭用夏正建寅之月……今正月建寅，郊祭通而迎此长日之将至。"《史记·鲁周公世家》："于是成王乃命鲁得郊祭文王。鲁有天子礼乐者，以褒周公之德也。"汉 董仲舒《春秋繁露·郊祭》："《春秋》之义，国有大丧者，止宗庙之祭，而不止郊祭，不敢以父母之丧，废事天地之礼也。"

【小敛】《白虎通·崩薨》："崩薨三日乃小敛何？"（11-546）

丧礼，为死者加敛衣。《礼记·丧服大记》："小敛，君大夫、士皆用复衣复衾。"《后汉书·礼仪志下》："竹使符到，皆伏器尽哀，小敛如礼。"

【饭含】《白虎通·崩薨》："所以有饭含何？缘生食，今死，不欲虚其口，故唅。"（11-548）

古丧礼。以珠、玉、贝、米等物纳于死者之口。亦作"饭唅""饭琀"。《荀子·礼论》："始卒，沐浴鬠体饭唅，象生执也。"《战国策·赵策三》："生则不得事养，死则不得饭含。"历来饭含之物，差别较大。如《公羊传·文公五年》："唅者何，口宝也。"何休注："天子以珠，诸侯以玉，大夫以碧，士以贝，春秋之制也。"《后汉书·礼仪志下》："饭唅珠玉如礼。"刘昭注引《礼稽命征》："天子饭以珠，唅以玉；诸侯饭以珠，唅以璧；卿大夫、士饭以珠，唅以贝。"

【祖载】《白虎通·崩薨》："祖者，始也，始载于庭也，乘轴车辞，辞祖祢，故名为祖载也。"（11-552）

将葬之际，以輁轴载柩行祖祭之礼。祖载词条首例出自《白虎通 · 崩薨》。《后汉书 · 蔡邕传》：“桓思皇后祖载之时，东郡有盗人妻者亡在孝中。”李贤注：“《周礼》曰：‘丧祝掌大丧，及祖饰棺乃载，遂御之。’郑玄注云：‘祖谓将葬祖祭于庭，载谓升柩于车也。’”

【禘】《白虎通 · 阙文》：“祭宗庙所以禘祫何？”（12-567）

宗庙五年一次之大祭。一般合高祖以上神主祭于太祖庙。《尔雅 · 释天》：“禘，大祭也。”郭璞注：“五年大祭。”《礼记 · 王制》：“祫禘。”郑玄注：“鲁礼，三年丧毕而祫于大祖。明年春禘于群庙。自尔之后，五年而再殷祭。一祫一禘。”《礼记 · 祭法》：“有虞氏禘黄帝而郊喾。”孔颖达疏：“经传之文，称禘非一，其义各殊。《论语》云‘禘自既灌’，及《春秋》‘禘于大庙’，谓宗庙之祭也……《尔雅 · 释天》云‘禘，大祭’，以比余处为大祭，总得称禘。”《尔雅 · 释天》：“禘，大祭也。”郝懿行义疏：“禘者，《说文》云‘谛，祭也’，引《周礼》曰‘五岁一禘’，本《礼》纬文也。《公羊 · 文二年传》‘五年而再殷祭’。何休注以为‘五年，禘也’。”

【祫】《白虎通 · 阙文》：“祭宗庙所以禘祫何？”（12-567）

祫祭，三年举行一次，集合远近祖先之神主于祖庙大合祭。《公羊传 · 文公二年》：“大事者何？大祫也。大祫者何？合祭也。……毁庙之主，陈于大祖，未毁庙之主，皆升，合食于大祖。五年而再殷祭。”何休注：“殷，盛也。谓三年祫，五年禘。”

【祠】《白虎通 · 阙文》：“春曰祠者，物微，故祠名之。”（12-574）

春祭名。《尔雅 · 释天》：“春祭曰祠。”《诗经 · 小雅 · 天保》：“禴祠烝尝。”毛传：“春曰祠，夏曰禴，秋曰尝，冬曰烝。”汉张衡《东京赋》：“躬追养于庙祧，奉蒸尝与禴祠。”

【禴】《白虎通 · 阙文》：“夏曰禴者，麦熟进之。”（12-574）

夏祭名。写作“礿”。陆德明释文：“礿，本或作禴。”《周易 · 萃》：“孚乃利用禴。”王弼注：“禴，殷春祭名也，四时祭之省者也。”

【尝】《白虎通 · 阙文》：“秋曰尝者，新谷熟尝之。”（12-574）

秋祭名。《尔雅 · 释天》：“秋祭曰尝。”《左传 · 桓公五年》：“始杀而尝，闭蛰而烝。"汉 董仲舒《春秋繁露·四祭》："四祭者，因四时之所生孰而祭其先祖父母也。故春曰祠，夏曰礿，秋曰尝，冬曰烝……尝者，以七月尝黍稷也。"

【烝】《白虎通·阙文》："冬曰烝者，烝之为言众也，冬之物成者众。"（12-574）

冬祭名。《尔雅·释天》："冬祭曰烝。"郭璞注："进品物也。"《玉篇·火部》："烝，冬祭也。"《尚书·洛诰》："戊辰，王在新邑，烝祭岁。"《礼记·王制》："天子诸侯宗庙之祭，春曰礿，夏曰禘，秋曰尝，冬曰烝。"汉 董仲舒《春秋繁露·四祭》："烝者，以十月进初稻也。"

【虞】《白虎通·阙文》："故设丧主以虞。"（12-578）

古代一种祭祀名。既葬而祭谓之虞。《释名·释丧制》："既葬，还祭于殡宫曰虞。"《谷梁传·文公二年》："立主，丧主于虞，吉主于练。"范宁注："礼，平旦而葬，日中反而祭，谓之曰虞。"

第六节 军旅、刑罚类名物词

军旅刑罚类名物词指与军队建制、五刑直接相关之词汇。此类名物词共计17个，其中单音词12个，双音词5个。具体分为军旅和刑罚两小类。

一、军旅类

【师¹】《白虎通·号》："围宋，宋因而于之平，引迺而去。"（2-64）

军队。《诗经·大雅·棫朴》："周王于迈，六师及之。"毛传："天子六军。"孔颖达疏："春秋之时，虽累万之众，皆称师。诗之六师，谓六军之师。"《诗经·秦风·无衣》："王于兴师，修我戈矛。"《左传·隐公十年》："取三师焉。"杜预注："师者，军旅之通称。"

【兵¹】《白虎通·封公侯》："司马主兵。不言兵而马者，马阳物，乾之所为，行兵用焉。"（4-132）

兵卒；军队。《左传·襄公元年》："败其徒兵于洧上。"杜预注：

"徒步，步兵。"《战国策·赵策四》："必以长安君为质，兵乃出。"

【三军】《白虎通·三军》："<u>三军</u>者何法？天地人也。"（5-199）

诸侯大国三军。中军最尊，上军次之，下军又次之。《周礼·夏官·司马》："凡制军，万有二千五百人为军。王六军，大国三军，次国二军，小国一军。"

【两】《白虎通·三军》："五伍为<u>两</u>。"（5-199）

古代军队编制单位，二十五人为一两。亦作"俩"。《周礼·地官·小司徒》："五人为伍，五伍为两，四两为卒，五卒为旅，五旅为师，五师为军。"郑玄注："伍、两、卒、旅、师、军皆众之名。两，二十五人。"

【伍】《白虎通·三军》："以为五人为<u>伍</u>。"（5-199）

古代军队编制，五人为伍。《说文·人部》："伍，相参伍也。"段注："参，三也。伍，五也。"《正字通·人部》："伍，军法五人为伍。"《周礼·夏官·诸子》："合其卒伍，置其有司。"郑玄注："军法百人为卒，五人为伍。"

【卒】《白虎通·三军》："四两为<u>卒</u>。"（5-199）

古代军队编制，以一百人或二百人为卒。《周礼·地官·小司徒》："五人为伍，五伍为两，四两为卒。"《左传·昭公三年》："公乘无人，卒列无长。"杜预注："百人为卒。"齐国二百人为卒。《国语·齐语》："四里为连，故二百人为卒，连长帅之。"

【旅】《白虎通·三军》："五<u>旅</u>为师。"（5-199）

古代军队编制，一般五百人为一旅。《说文·㫃部》："旅，军之五百人为旅。"《诗经·小雅·黍苗》："我师我旅。"郑笺云："五百人为旅。"《周礼·地官·小司徒》："五卒为旅。"郑玄注："旅，五百人。"

【师²】《白虎通·三军》："五旅为<u>师</u>。"（5-199）

古代军队编制，一般二千五百人为一师。古代军队编制的一级，以二千五百人为师。《说文·帀部》："师，二千五百人为师。"《诗经·小雅·采芑》："陈师鞠旅。"郑玄笺："二千五百人为师，五百人为旅。"《周礼·地官·小司徒》："五人为伍，五伍为两，四两为卒，五卒为旅，五旅为师，五师为军。"郑玄注："师，二千五百人。军，万二千五百人。此皆先王所因机事而定军令者也。"

【军】《白虎通·三军》："五师为军。"（5-199）

古代军队编制，一般一万二千五百人为一军。《周礼·地官·小司徒》："五师为军。"郑玄注："万二千五百人。周制：天子六军。诸侯大国三军，次国二军，小国一军。"

【士卒】《白虎通·三军》："大夫将兵出，不从中御者，欲盛其威，使士卒一意系心也。"（5-206）

兵士。《史记·高祖本纪》："汉王病创卧，张良强请汉王起行劳军，以安士卒。"《管子·立政》："兼爱之说胜，则士卒不战。"《后汉书·皇甫嵩传》："嵩温恤士卒，甚得众情，每军行顿止，须营幔修立，然后就舍帐。"

【师旅】《白虎通·诛伐》："诸侯之行，必有师旅，恐掩人不备。"（5-225）

师、旅为古代军队编制，后泛指军队。《诗经·大雅·常武》："左右陈行，戒我师旅。"

二、刑罚类

【大辟】《白虎通·五刑》："大辟法水之灭火，宫者法土之壅水，膑者法金之刻木，劓者法木之穿土，墨者法火之胜金。"（9-438）

古五刑之一，谓死刑。《尚书·吕刑》："大辟疑赦，其罚千锾。"孔传："死刑也。"孔颖达疏："《释诂》云：'辟，罪也。'死是罪之大者，故谓死刑为大辟。"《汉书·礼乐志》："自京师有悖逆不顺之子孙，至于陷大辟受刑戮者不绝，繇不习五常之道也。"

【腓辟】《白虎通·五刑》："五刑之属三千，大辟之属二百，宫辟之属三百，腓辟之属五百，劓、墨辟之属各千。"（9-439）

古代剔去膝盖骨或断足之酷刑。腓辟词条首例出自《白虎通·五刑》。《周礼·秋官·司刑》"刖罪五百。"贾公彦疏："刖，断足也。周改膑作刖者，膑本亦苗民虐刑。昝繇改膑作腓，至周改腓作刖。"

79

【宫²】《白虎通·五刑》："大辟法水之灭火，宫者法土之壅水，膑者法金之刻木，劓者法木之穿土，墨者法火之胜金。"（9-438）

古代五刑之一。亦称"宫辟"。《尚书·吕刑》："宫辟疑赦。"孔传："宫，淫刑也。男子割势，妇人幽闭，次死之刑。"《礼记·文王世子》："公族无宫刑，不翦其类也。"司马迁《报任少卿书》："行莫丑于辱先，而诟莫大于宫刑。"

【膑】《白虎通·五刑》："大辟法水之灭火，宫者法土之壅水，膑者法金之刻木，劓者法木之穿土，墨者法火之胜金。"（9-438）

古代酷刑之一。剔去膝盖骨。写作"髌"。《集韵·准韵》："髌，或从肉。"《玉篇·肉部》："膑，去膝盖，刑名。"《周礼·秋官·司刑》"刖罪五百。"郑玄注："刖，断足也。周改膑作刖……《尚书传》曰：'决关梁、踰城郭而略盗者，其刑膑。'"《荀子·正论》："詈侮捽搏，捶笞膑脚，斩断枯磔，藉靡舌绝，是辱之由外至者也，夫是之谓势辱。"

【劓】《白虎通·五刑》："劓者法木之穿土，墨者法火之胜金。"（9-438）

古代五刑之一，割掉鼻子。《尚书·吕刑》："惟作五虐之刑曰法，杀戮无辜，爰始淫为劓刵椓黥。"孔颖达疏："劓，截人鼻。"《易经·睽》："其人天且劓。"陆德明释文："截鼻也。"

【墨】《白虎通·五刑》："墨者法火之胜金。"（9-438）

古代五刑之一，刺刻面额，染以黑色，作为惩罚之标记。商周曰"墨刑"，秦汉曰"黥刑"。《尚书·吕刑》："墨辟疑赦，其罚百锾，阅实其罪。"蔡沈集传："墨，刻其颡而涅之也。"《周礼·秋官·司刑》："墨罪五百。"郑玄注："墨，黥也，先刻其面，以墨窒之。"

第七节　器具类名物词

器具类名物词指与工具、器皿、日用品、丧葬用品有关的词汇。此类名物词主要分布于第三、十卷，共计 122 个名物词，其中单音词 74 个，双音词 48 个。具体分为舟车、兵器、乐器、礼器、工具、日用品、丧葬用品七小类。

一、舟车类

【软轮】《白虎通·乡射》："谒者奉几杖，授安车软轮，供绥执授，兄事五更，宠接礼交加，客谦敬顺貌也。"（6-249）

用蒲草包裹车轮，转动时震动较小，以示礼敬。亦称"蒲轮"。《史记·平津侯主父列传》："始以蒲轮迎枚生，见主父而叹息。"《汉书·武帝纪》："遣使者安车蒲轮，束帛加璧，征鲁申公。"颜师古注："以蒲裹轮取其安也。"软轮词条首例出自《白虎通·乡射》。《后汉书·明帝纪》："尊事三老，兄事五更，安车软轮，供绥执授。"李贤注："软轮，以蒲裹轮。"

【绥】《白虎通·乡射》："谒者奉几杖，授安车软轮，供绥执授，兄事五更，宠接礼交加。"（6-249）

挽以登车之绳索。《说文·糸部》："绥，车中把也。"徐锴系传："礼，升车必正立执绥，所以安也。"《仪礼·士昏礼》："壻御妇车授绥，姆辞不受。"郑玄注："绥，所以引升车者。"《论语·乡党》："升车，必正立执绥。"邢昺疏："绥者，挽以上车之索也。"

【安车】《白虎通·致仕》："人生七十，卧非人不温，适四方，乘安车，与妇人俱，自称曰老夫。"（6-252）

古可坐乘小车。供年老高级官员及贵妇人乘坐。《周礼·春官·巾车》："安车，雕面鹥总，皆有容盖。"郑玄注："安车，坐乘车。凡妇人车皆坐乘。"《礼记·曲礼上》："大夫七十而致事……适四方，乘安车。"郑玄注："安车，坐乘，若今小车也。"《汉书·张禹传》："为相六岁，鸿嘉元年，以老病乞骸骨，上加优再三乃听许。赐安车驷马，黄金百斤，罢就第。"

【车马】《白虎通·致仕》："大夫老归，死以大夫礼葬，车马衣服如之何？"（6-253）

车与马，古陆上主要交通工具。《诗经·小雅·十月之交》："择有

车马，以居徂向。"《孟子·梁惠王下》："今王田猎于此，百姓闻王车
马之音。"

【箱】《白虎通·封禅》："有三苗异亩而生，同为一穟，大几盈车，
长几充箱，民有得而上之者，成王召周公而问之。"（6-287）

车内可供人乘坐之所。《说文·竹部》："箱，大车牝服也。"段注：
"《（周礼）考工记》：大车，牝服二柯，有参分柯之二。（郑玄）注云：
'大车，平地载任之车，牝服长八尺，谓较也。郑司农云：牝服谓车箱，
服读为负。《小雅（·大东）》传曰：'服，牝服也；箱，大车之箱也。'
按：许与大郑同，箱即谓大车之舆也。毛二之，大郑一之，要无异义。
后郑云'较'者，以左右有两较，故名之曰箱。其实一也。"《诗经·小
雅·大东》："睆彼牵牛，不以服箱。"毛传："箱，大车之箱也。"《韩
诗外传》卷五："成王之时，有三苗贯桑而生，同为一秀，大几满车，
长几充箱。"

【车】《白虎通·封禅》："成王之时，有三苗异亩而生，同为一穟，
大几盈车，长几充箱，民有得而上之者，成王召周公而问之。"（6-287）

车子。《说文·车部》："车，舆轮之总名。夏后时奚仲所造。"段
注："谓象两轮、一轴、一舆之形。"《广韵·鱼韵》："车，辂也。"
《古史考》："黄帝作车，引重致远。少昊时加牛，禹时奚仲为车正，加
马。"《周易·大有》："大车以载。"《诗经·秦风·车邻》："有车
邻邻，有马白颠。"

【朱轮】《白虎通·考黜》："车者，谓有赤有青之盖，朱轮，特能
居前，左右寝米也。"（7-306）

以朱漆涂轮，指古代王侯显贵所乘之车。《文选》杨恽《报孙会宗书》：
"恽家方隆盛时，乘朱轮者十人。位在列卿，爵为通侯。"李善注："二千
石皆得乘朱轮。"

【盖】《白虎通·考黜》："车者，谓有赤有青之盖，朱轮，特能居
前，左右寝米也。"（7-306）

器物上起遮蔽作用之物，指车盖。《周礼·考工记·轮人》："轮人
为盖。……盖已崇，则难为门也，盖已卑，是蔽目也，是故盖崇十尺。"

郑玄注："盖者，主为雨设也。"《史记·商君列传》："五羖大夫之相秦也，劳不坐乘，暑不张盖。"

【轴车】《白虎通·崩薨》："乘轴车辞祖祢，故名为祖载也。"（11-552）

即輇轴，古代载枢之车。轴车词条首例出自《白虎通·崩薨》。《广韵·肿韵》："輇，輇轴，所以支棺。"《集韵·肿韵》："輇，輇轴，丧迁柩之具。"《仪礼·既夕礼》："夷床輇轴。馔于西阶东。"《仪礼·既夕礼》："迁于祖用轴。"郑玄注："轴，輇轴也。轴状如转轔，刻两头为轵。輇状如长床，穿程前后着金而关轵焉。"胡培翚正义："用轴者，言用轴载枢以朝于祖庙。"

【大路】《白虎通·阙文》："天子大路，诸侯路车，大夫轩车，士饰车。"（12-587）

辂车，君王所乘车驾。路，通"辂"。《正字通·足部》："路，与辂通。"《释名·释车》："天子所乘曰路，路亦车也。谓之路者，言行于道路也。"《左传·桓公二年》："大路越席。"杜预注："大路，玉路，祀天车也。"孔颖达疏："路训大也。君之所在，以大为号，门曰'路门'，寝曰'路寝'，车曰'路车'；故人君之车，通以路为名也。"《汉书·郊祀志下》："大路所历，黎元不知。"《文选》班固《东都赋》："大路鸣銮，容与徘徊。"宋孙奕《履斋示儿编·杂记·人物通称》："车亦得称路。'襄公二十六年，享子展，赐之先路，赐子产大路。'皆车之总名。"

【路车】《白虎通·阙文》："天子大路，诸侯路车，大夫轩车，士饰车。"（12-587）

古代天子或诸侯贵族所乘之车。《诗经·大雅·韩奕》："其赠维何？乘马路车。"郑玄笺："人君之车曰'路车'。"高亨注："贵族所乘的一种车。"《汉书·郊祀志上》："诏有司增雍五畤路车各一乘。"

【轩车】《白虎通·阙文》："天子大路，诸侯路车，大夫轩车，士饰车。"（12-587）

古代大夫以上所乘有帷幕之马车。《庄子·让王》："子贡乘大马，中绀而表素，轩车不容巷，往见原宪。"《古诗十九首·冉冉孤生竹》：

"思君令人老，轩车来何迟。"

【饰车】《白虎通·阙文》："天子大路，诸侯路车，大夫轩车，士饰车。"（12-587）

古代大夫以下乘有鞔革为饰之车驾。《周礼·考工记·舆人》："栈车欲弇，饰车欲侈。"郑玄注："饰车谓革鞔舆也。"《尚书大传》卷一下："古之帝王必有命民：能敬长矜孤取舍好让者，命于其君，然后得乘饰车骈马，衣文锦。"

【玉路】《白虎通·阙文》："玉路，大路也。"（12-587）

玉辂。帝王所乘玉饰之车。《周礼·春官·巾车》："王之五路，一曰玉路。"郑玄注："玉路，以玉饰诸末。"《淮南子·俶真训》："目观玉辂琬象之状，耳听白雪清角之声，不能以乱其神。"高诱注："玉辂，王者所乘，有琬琰象牙之饰。"《文选》班固《东都赋》："登玉辂，乘时龙。"

【鸾²】《白虎通·阙文》："仰即观天，俯即察地，前闻和鸾之声，旁见四方之运，此车教之道。"（12-588）

车铃。后作"銮"。清 朱骏声《说文通训定声·乾部》："銮，经传以鸾为之。"《诗经·大雅·烝民》："四牡彭彭，八鸾锵锵。"《左传·桓公二年》："锡、鸾、和、铃，昭其声也。"杜预注："锡在马额，鸾在镳，和在衡，铃在旗，动皆有鸣声。"

【衡】《白虎通·阙文》："鸾者在衡，和者在轼，马动则鸾鸣，鸾鸣则和应。"（12-588）

车辕前端之横木。《释名·释车》："衡，横也。横马颈上也。"《诗经·小雅·采芑》："约軧错衡，八鸾玱玱。"《论语·卫灵公》："在舆，则见其倚于衡也。"刘宝楠正义："衡之言横也，谓横于车前。"《庄子·马蹄》："加之以衡扼。"陆德明释文："衡，辕前横木，缚轭者也；扼，叉马颈者也。"

【和】《白虎通·阙文》："鸾者在衡，和者在轼，马动则鸾鸣，鸾鸣则和应。"（12-588）

车铃。《广雅·释器》："和，铃也。"《周礼·夏官·大驭》："凡驭路仪，以鸾和为节。"郑玄注："鸾在衡，和在轼，皆以金为铃。"《左传·桓公二年》："锡鸾和铃。"杜预注："锡在马额，鸾在镳，和在衡，铃在旗，皆动有声也。"汉 刘向《说苑·谈丛》："鸾设于镳，和设于轼；马动而鸾鸣，鸾鸣而和应，行之节也。"

【轼】《白虎通·阙文》："鸾者在衡，和者在轼，马动则鸾鸣，鸾鸣则和应。"（12-588）

古代设在车箱前供立乘者凭扶之横木。也作"式"。《说文·车部》："轼，车前也。"段注："此当作车舆前也。不言舆者，舆人为车，车即舆也。舆之在前者曰轼，在旁者曰较，皆舆之体，非与舆二物也。戴先生曰：'轼舆较皆车阑上之木，周于舆外，非横在舆中。较有两，在两旁，轼有三面，故《说文》概言之曰车前。'"《左传·庄公十年》："下视其辙，登轼而望之。"

【舟车】《白虎通·阙文》："共工之子曰修，好远游，舟车所至，足迹所达，靡不穷览，故祀以为祖神。"（12-598）

舟和车，泛指一切水陆交通工具。《左传·哀公元年》："宫室不观，舟车不饰，衣服财用，择不取费。"《礼记·中庸》："舟车所至，人力所通。"汉 司马相如《难蜀父老》："而夷狄殊俗之国，辽绝异党之域，舟车不通，人迹罕至。"

二、兵器类

【矛】《白虎通·礼乐》："一说东方持矛，南方歌，西方戚，北方击金。"（3-110）

一种直刺兵器。亦可作舞蹈用具。《说文·矛部》："矛，酋矛也。建于兵车，长二丈。"段注："《考工记》谓之刺兵。"《尚书·牧誓》："比尔干，立尔矛。"孔传："矛长，故立之于地。"《史记·仲尼弟子列传》："（越王）送子贡金百镒，剑一，良矛二。"

【兵革】《白虎通·三军》："任兵革之重，距一方之难，故得有一军也。"（5-201）

兵器和甲胄等军械装备，亦指军旅、战争。《周礼·地官·鄼长》：

"若作其民而用之，则以旗鼓兵革帅而至。"《礼记·礼运》："冕弁兵革，藏于私家，非礼也，是谓胁君。"郑玄注："兵革，君之武卫及军器也。"孔颖达疏："是国家防卫之器。"《战国策·秦策一》："期年之后，道不拾遗，民不妄取，兵革大强。"《孟子·公孙丑下》："兵革非不坚利也。"

【侯】《白虎通·乡射》："侯者以布为之。"（5-244）

古时射礼时所用射布。清 徐灏《说文解字注笺》："侯制以布为之，其中设鹄，以革为之，所射之的也。……大射则张皮于侯以为之饰。"《仪礼·乡射礼》："乃张侯下纲，不及地武。"郑玄注："侯谓所射布也。"《汉书·吾丘寿王传》："《诗经》云'大侯既抗，弓矢斯张。'"颜师古注："侯，所以居的，以皮为之。天子射豹侯，诸侯射熊侯，卿大夫射麋侯，士射鹿豕侯。"

【弓】《白虎通·乡射》："夫射者，执弓坚固，心平体正，然后中也。"（5-246）

兵器。《说文·弓部》："弓，以近穷远。象形。古者挥作弓。"《诗经·小雅·吉日》："既张我弓，既挟我矢。"《周礼·冬官·考工记》："弓人为弓，取六材必以其时。六材既聚，巧者和之。"《荀子·解蔽》："倕作弓，浮游作矢，而羿精于射。"

【兵²】《白虎通·乡射》："其兵短而害长也，故可以戒难也。"（5-246）

《说文·收部》："兵，械也。"段注："械者，器之总名。"《诗经·秦风·无衣》："王于兴师，修我甲兵，与子偕行。"《吕氏春秋·慎大览》："衅鼓旗甲兵，藏之府库，终身不复用。"高诱注："兵，戈、戟、箭、矢也。"

【弓矢】《白虎通·考黜》："能诛有罪者赐鈇钺，能征不义者赐弓矢，孝道备者赐秬鬯。"（7-303）

弓箭。九赐之一。《周易·系辞下》："弓矢者器也，射之者人也。"《国语·周语上》："载戢干戈，载櫜弓矢。"

【鈇钺】《白虎通·考黜》："能诛有罪者赐鈇钺，能征不义者赐弓矢，孝道备者赐秬鬯。"（7-303）

斫刀和大柯斧，古刑具。亦为九赐之一，帝王赐予专征专杀之权。《荀子·乐论》："且乐者，先王之所以饰喜也；军旅鈇钺者，先王之所以饰怒也。"《汉书·戾太子刘据传》："忠臣竭诚不顾鈇钺之诛以陈其愚，志在匡君安社稷也。"《礼记·王制》："诸侯赐弓矢，然后征。赐鈇钺，然后杀。"孔颖达疏："赐鈇钺者，谓上公九命得赐鈇钺，然后邻国臣弑君、子杀父者，得专讨之。"

【桑弧】《白虎通·姓名》："以桑弧蓬矢六射者，何也？此男子之事也。" (8-408)

桑木为弓。《礼记·内则》："射人以桑弧蓬矢六，射天地四方。"郑玄注："桑弧蓬矢本大古也，天地四方男子所有事也。"

【蓬矢】《白虎通·姓名》："以桑弧蓬矢六射者，何也？此男子之事也。" (8-408)

蓬梗制成之箭。《墨子》："蓬矢射之，茅参发，弓弩继之。"《楚辞》严忌《哀时命》："箟簬杂于黀蒸兮，机蓬矢以射革。"

三、乐器类

【琴瑟】《白虎通·礼乐》："诸公谓三公二王后，大夫士北面之臣，非专事子民者也，故但琴瑟而已。" (3-106)

琴瑟之声，古人以之为雅乐正声。《荀子·非相》："听人以言，乐于钟鼓琴瑟。"

【瑟】《白虎通·礼乐》："瑟者，啬也，闲也。" (3-124)

弦乐器。《说文·琴部》："瑟，庖牺氏所作弦乐也。"《尔雅·释乐》："大瑟谓之洒。"郭璞注："长八尺一寸，广一尺八寸，二十七弦。"郝懿行义疏："《风俗通》云：'今瑟长五尺五寸，非正器也。'应劭所说盖小瑟，郭注所言乃大瑟也……《礼图》旧云：'雅瑟长八尺一寸，广一尺八寸，二十三弦，其常用者十九弦；颂瑟长七尺二寸，广尺八寸，二十五弦尽用之。'《通典》引同。郭云'二十七弦'，未见所出。"《诗经·唐风·山有枢》："子有酒食，何不日鼓瑟？"

【琴】《白虎通·礼乐》："琴者，禁也。" (3-125)

古琴。《说文·琴部》："琴，本作珡，禁也。象形。神农所作。洞越，练朱五弦。周加二弦。"段注："象其首尾也。"《广雅·释乐》："神农氏琴长三尺六寸六分，上有五弦，曰宫商角徵羽，文王增二弦，曰少宫、少商。"《琴论》："伏羲氏削桐为琴，面圆法天，底方象地，龙池八寸通八风，凤池四寸合四气。琴长三尺六寸，象三百六十日。广六寸，象六合。前广后狭，象尊卑也。上圆下方，法天地也。五弦象五行，大弦为君，小弦为臣，文武加二弦，以合君臣之恩。"《诗经·小雅·鹿鸣》："我有嘉宾，鼓瑟鼓琴。"

【金²】《白虎通·礼乐》："一说东方持矛，南方歌，西方戚，北方击金。"（3-110）

八音之一，指钲、钟类打击乐器。《周礼·春官·大师》："皆播之以八音，金、石、土、革、丝、木、匏、竹。"郑玄注："金，钟镈也。"《汉书·李陵传》："闻金声而止。"颜师古注："金，钲也。"

【球】《白虎通·礼乐》："所以用鸣球搏拊者何？鬼神清虚，贵净贱铿锵也。"（3-117）

玉磬，古代打击乐器。《广韵·尤韵》："球，《说文》曰：'玉磬也。'"《尚书·益稷》："戛击鸣球，搏拊琴瑟以咏，祖考来格。"孔传："球，玉磬。"孔颖达疏："《释器》云：'球，玉也。'……乐器惟磬用玉，故球为玉磬。"

【拊】《白虎通·礼乐》："所以用鸣球搏拊者何？鬼神清虚，贵净贱铿锵也。"（3-117）

古代一种鼓类打击乐器。亦作"柎"。《礼记·乐记》："弦匏笙簧，会守拊鼓。"郑玄注："拊者，以韦为表，装之以糠。"《周礼·春官·大师》："帅瞽登歌，令奏击拊。"郑玄注："拊形如鼓。"

【匏】《白虎通·礼乐》："匏之为言施也，牙也。"（3-122）

古八音之一，笙、竽类乐器。《说文·包部》："匏，瓠也。从包，从夸声。"段注："瓠也。瓠下曰：'匏也。'与此为转注。匏判之曰蠡，曰瓢，曰瓥。"《释名·释乐器》："笙，生也；象物贯地而生也。竹之贯匏，以瓠为之，故曰匏也。竽亦是也。"《国语·周语下》："匏竹利制。"韦昭注："匏，笙也；竹，箫管也。"《周礼·春官·大师》："皆播之以八音，金、石、土、革、丝、木、匏、竹。"郑玄注："匏，笙也。"孙诒让正义曰："《五行大义》引《乐纬》云：'物以三成，以五立，三与五如八，故音以八音……匏为笙，革为鼓。'"

【埙】《白虎通·礼乐》："埙在十一月，埙之为言熏也。"（3-122）

古代一种陶制吹奏乐器。亦作"壎"。《尔雅·释乐》："大埙谓之嘂。"郭璞注："埙，烧土为之，大如鹅子，锐上平底，形如称锤，六孔，小者如鸡子。"《诗经·小雅·何人斯》："伯氏吹埙。"毛传："土曰埙。"《周礼·春官·小师》："小师掌教鼓、鼗、柷、敔、埙、箫、管、弦、歌。"郑玄注："埙，烧土为之，大如雁卵。"孙诒让正义引聂崇义曰："大如雁卵谓之雅埙；小者如鸡子谓之颂埙。凡六孔：上一，前三，后二。"

【鼓】《白虎通·礼乐》："鼓，震音，烦气也。"（3-123）

打击乐器。《说文·鼓部》："鼓，郭也。春分之音，万物郭皮甲而出，故谓之鼓。"《玉篇·鼓部》："鼓，瓦为桄，革为面，可以击也。……为群音长。"《周礼·地官·鼓人》："掌教六鼓。"《汉书·律历志上》："土曰埙，匏曰笙，皮曰鼓。"颜师古注："鼓音郭也，言郭张皮而为之。"

【笙】《白虎通·礼乐》："笙者，大蔟之气，象万物之生，故曰笙。"（3-123）

管乐器名。《说文·竹部》："笙，十三簧，象凤之身也。笙，正月之音。物生，故谓之笙。……随作笙。"《尔雅·释乐》："大笙谓之巢，小者谓之和。"郭璞注："列管匏中，施簧管端，大者十九簧，（小者）十三簧。"《周礼·春官·笙师》："掌教吹竽、笙、埙、钥、箫、篪、篴、管，舂牍、应、雅，以教祴乐。"郑玄引郑司农云："笙，十三簧。"

【鼗】《白虎通·礼乐》："鼗者，震之气也。"（3-124）

鼓名。即长柄摇鼓。《说文·革部》："鼗，鼗辽也。从革召声。鞀，鼗或从兆。鼗，鼗或从鼓从兆。"《集韵·豪韵》："鼗，鼓名。亦书作鼗。"《周礼·春官·小师》："掌教鼓、鼗、柷、敔、埙、箫、管、弦、歌。"郑玄注："鼗如鼓而小，持其柄摇之，旁耳还自击。"《吕氏春秋·古乐》：“有倕作为鞉鼓鐘磬吹苓管埙篪鞀椎鍾。”

【箫】《白虎通·礼乐》：“箫者，中吕之气也。”（3-124）

一种竹制管乐器。《说文·竹部》：“箫，参差，管乐。象凤之翼。”段注：“参差管乐。言管乐之列管参差者。竽室列管虽多而不参差也。象凤之翼。排其管相对如翼。”《广雅·释乐》：“大者二十四管，小者十六管，有底。”《诗经·周颂·有瞽》：“既备乃奏，箫管备举。”郑玄笺：“箫，编小竹管，如今卖饧者所吹也。”《周礼·春官·瞽蒙》：“瞽蒙掌播鼗、柷、敔、埙、箫、管、弦、歌。”郑玄注：“箫，编小竹管。”

【磬】《白虎通·礼乐》：“磬者，夷则之气也。”（3-125）

八音之一，古代打击乐器。《说文·石部》：“磬，乐石也。古者毋句氏作磬。”《诗经·商颂·那》：“既和且平，依我磬声。”《左传·襄公十一年》：“凡兵车百乘，歌钟二肆，及其镈、磬，女乐二八。”杜预注：“镈、磬，皆乐器。”《礼记·明堂位》：“叔之离磬。”郑玄注：“叔之离磬者，叔之所作编离之磬。”

【镈】《白虎通·礼乐》：“镈者，时之气声也，节度之所生也。”（3-126）

古乐器，单独悬挂之大钟。亦作“鎛”。《说文·金部》：“镈，大钟，淳于之属，所以应钟磬也。”《仪礼·大射礼》：“笙磬西面，其南笙钟，其南镈，皆南陈。”郑玄注：“镈，如钟而大。奏乐以鼓镈为节。”

【钟】《白虎通·礼乐》：“钟为气，用金为生也。”（3-126）

乐钟，祭祀或宴享时用，战斗中亦用以指挥进退。《诗经·周颂·执竞》：“钟鼓喤喤，磬筦将将。”

【柷】《白虎通·礼乐》：“柷敔者，终始之声，万物之所生也。”（3-127）

乐器名。奏乐开始时击柷，终止时敲敔。《尔雅·释乐》：“所以鼓柷谓之止。”郭璞注：“柷如漆桶，方二尺四寸，深一尺八寸，中有椎柄，连底挏之，令左右击。止者，其椎名。”《尚书·益稷》：“合止柷敔。”孔颖达疏：“乐之初，击柷以作之；乐之将末，戛敔以止之。”

【敔】《白虎通·礼乐》："柷敔者，终始之声，万物之所生也。"（3-127）

敔，古乐器名，形如伏虎。雅乐将终时击以止乐。亦称"楬"。《说文·攴部》："敔，乐器。"段注："敔者所以止乐。"《尔雅·释乐》："所以鼓敔谓之籈。"郭璞注："敔如伏虎，背上有二十七鉏铻，刻以木，长尺栎之，籈者其名。"《周礼·春官·小师》："小师掌教鼓鼗柷敔。"

【弦】《白虎通·礼乐》："大瑟谓之洒，长八尺一寸，广一尺八寸，二十七弦。"（3-128）

《说文·弦部》："弦，弓弦也。"段注："弦，弓弦，以丝为之，张于弓，因之张于琴瑟者亦曰弦。"《礼记·乐记》："昔者舜做五弦琴，以歌《南风》。"

【洒】《白虎通·礼乐》："大瑟谓之洒，长八尺一寸，广一尺八寸，二十七弦。"（3-128）

大瑟。《尔雅·释乐》："大瑟谓之洒。"郭璞注："长八尺一寸，广一尺八寸，二十七弦。"邢昺疏："其大者别名洒。"

四、礼器类

【币】《白虎通·诛伐》："将入人国，先使大夫执币假道，主人亦遣大夫迎于郊，为宾主设礼而待之，是其相尊敬也。"（5-225）

古代用作祭祀或礼品之束帛。《说文·巾部》："币，帛也。"徐灏注笺："币，本缯帛之名，因车马玉帛同为聘享之礼，故浑言之皆称币。"《尚书·召诰》："我非敢勤，惟恭奉币，用供王能祈天永命。"孔传："惟恭敬奉其币帛用供待王，能求天长命。"《周礼·天官·大宰》："以九式均节财用，六曰币帛之式。"郑玄注："币帛，所以赠劳宾客者。"《仪礼·聘礼》："币美则没礼。"郑玄注："币，谓束帛也。"

【玦】《白虎通·谏诤》："赐之环则反，赐之玦则去，明君子重耻也。"（5-231）

玉器。环形，有缺口。《说文·玉部》："玦，玉佩也。"《左传·闵公二年》："公与石祁子玦，与宁庄子矢，使守。"杜预注："玦，示以当决断；矢，示以御难。"《荀子·大略》："绝人以玦，反绝以环。"《史记·项羽本纪》："范增数以手循玦示项羽。"

【环】《白虎通·谏诤》："赐之环则反，赐之玦则去，明君子重耻也。"（5-231）

玉环。《说文·玉部》："环，璧属也。"《尔雅·释器》："肉好若一谓之环。"郭璞注："边孔适等。"《左传·昭公十六年》："宣子有环，其一在郑商。"杜预注："同工共朴，自共为双。"《礼记·经解》："行步则有环佩之声。"

【璧】《白虎通·辟雍》："象璧圆，以法天也。"（6-259）

玉器名。《说文·玉部》："璧，瑞玉，圜器也。"《尔雅·释器》："肉倍好谓之璧。"邢昺疏："璧亦玉器，子男所执者也……璧之制，肉，边也；好，孔也。边大倍于孔者名璧。"《诗经·卫风·淇奥》："有匪君子，如金如锡，如圭如璧。"

【璜】《白虎通·辟雍》："半者，象璜也。"（6-260）

玉器名。《说文·玉部》："璜，半璧也。"徐锴系传："璜，亦所以为币。"《周礼·春官·大宗伯》："以玄璜礼北方。"郑玄注："半璧曰璜，象冬闭藏，地上无物，唯天半见。"《楚辞·招魂》："纂组绮缟，结琦璜些。"王逸注："璜，玉名也……玉璜为帷帐之饰也。"

【器车】《白虎通·封禅》："德至山陵，则景云出，芝实茂，陵出黑丹，阜出蓂莆，山出器车，泽出神鼎。"（6-284）

谓器与车。器，指银瓮丹甑之类；车，指山车垂钩之类。古代认为乃盛世方出之祥瑞。《礼记·礼运》："天降膏露，地出醴泉，山出器车。"郑玄注："器谓若银瓮丹甑也。"孔颖达疏："按《礼纬·斗威仪》云：'其政太平，山车垂钩。'注云：'山车，自然之车；垂钩，不揉治而自圆曲。'"南朝 齐 王融《三月三日曲水诗序》："天瑞降，地符升，泽马来，器车出。"

【神鼎】《白虎通·封禅》："德至山陵，则景云出，芝实茂，陵出黑丹，阜出蓂莆，山出器车，泽出神鼎。"（6-284）

鼎之美称。《史记·封禅书》："闻昔泰帝兴神鼎一，一者壹统，天地万物所系终也。"汉 焦赣《易林·渐之临》："禹作神鼎，伯益衔指。斧斤既折，撞立独倚。"《文选》嵇康《杂诗》："鸾觞酌醴，神鼎烹鱼。"

【龙图】《白虎通·封禅》："德至渊泉，则黄龙见，醴泉涌，河出龙图，洛出龟书，江出大贝，海出明珠。"（6-285）

河图。汉 应劭《风俗通·山泽·四渎》："河者，播也，播为九流，出龙图也。"

【龟书】《白虎通·封禅》："河出龙图，洛出龟书，江出大贝，海出明珠。"（6-285）

洛书。《尚书·洪范》："天乃锡禹洪范九畴，彝伦攸叙。"孔传："天与禹，洛出书。神龟负文而出，列于背，有数至于九。禹遂因而第之以成九类常道。"

【圭瓒/玉瓒】《白虎通·考黜》："圭瓒秬鬯，宗庙之盛礼。"（7-305）；"君子有玉瓒秬鬯者，以配道德也。"（7-306）

古代礼器。为玉柄金勺，裸祭时用以酌香酒。《尚书·文侯之命》："平王锡晋文侯秬鬯圭瓒。"孔传："以圭为杓柄，谓之圭瓒。"《诗经·小雅·旱麓》："瑟彼玉瓒，黄流在中。"毛传："玉瓒，圭瓒也。"郑玄笺："圭瓒之状，以圭为柄，黄金为勺，青金为外，朱中央矣。"孔颖达疏："瓒者，器名，以圭为柄。圭以玉为之，指其体，谓之玉瓒。"

【圭】《白虎通·考黜》："以圭饰其柄，灌鬯贵玉气也。"（7-309）

玉制礼器，长条形，上尖下方。古代贵族朝聘、祭祀、丧葬时以为礼器。《说文·土部》："圭，瑞玉也。上圆下方，圭以封诸侯，故从重土。"《仪礼·聘礼》："所以朝天子，圭与缲皆九寸，剡上寸半，厚半寸，博三寸。"郑玄注："圭，所执以为瑞节也，剡上象天圆地方也……九寸，上公之圭也。"贾公彦疏："凡圭，天子镇圭，公桓圭，侯信圭，皆博三寸，厚半寸，剡上左右各寸半，唯长短依命数不同。"《论语·乡党》："执圭，鞠躬如也，如不胜。"皇侃疏："圭，瑞玉也。"

【帀帛】《白虎通·八风》："清明风至，出帀帛，使诸侯。"（7-345）

缯帛，古代用于聘享。《墨子·尚同中》："其祀鬼神也……珪璧、币帛，不敢不中度量。"《礼记·月令》："开府库，出币帛，周天下。"

【琮】《白虎通·瑞贽》："何谓五瑞？谓珪、璧、琮、璜、璋也。"（8-349）

瑞玉。方柱形，中有圆孔。古代一种玉质礼器。《说文·玉部》："琮，瑞玉。大八寸，似车釭。"《周礼·春官·大宗伯》："以玉作六器，以礼天地四方：以苍璧礼天，以黄琮礼地。"《仪礼·聘礼》："聘于夫人用璋，享用琮。"

【璋】《白虎通·瑞贽》："何谓五瑞？谓珪、璧、琮、璜、璋也。"（8-349）

玉器名，古代礼器或信玉。《说文·玉部》："璋，剡上为圭，半圭为璋。"《尚书·顾命》："秉璋以酢。"孔传："半圭曰璋。"《左传·昭公五年》："朝聘有珪，享眺有璋。"《周礼·考工记·玉人》："牙璋中璋七寸，射二寸，厚寸，以起军旅，以治兵守。"

【瑁】《白虎通·瑞贽》："合符信者，谓天子执瑁以朝，诸侯执圭以观天子。"（8-353）

古代天子所执瑞玉，用以合诸侯之圭者。《说文·玉部》："瑁，诸侯执圭朝天子，天子执玉以冒之，似犁冠。《周礼》曰'天子执瑁，四寸。'"《尚书·顾命》："太保承介圭，上宗奉同瑁，由阼阶隮。"孔传："瑁，所以冒诸侯圭，以齐瑞信，方四寸，邪刻之。"

【贽】《白虎通·瑞贽》："臣见君有贽何？贽者，质也。"（8-355）

古人初见尊者时所执礼物。《尚书·舜典》："修五礼、五玉、三帛、二生、一死贽。"孔传："玉、帛、生、死，所以为贽以见之。"孔颖达疏："一死是雉，二生是羔雁也。"《论语·语增》："三公倾鼎足之尊，执贽候白屋之士。"《战国策·秦策二》："不如重其贽，厚其禄以迎之。"

【雁】《白虎通·瑞贽》："大夫以雁为贽者，取其飞成行，止成列也。"（8-356）

候鸟名。古人常做礼物。《诗经·小雅·鸿雁》："鸿雁于飞，肃肃其羽。"毛传："大曰鸿，小曰雁。"《周礼·春官·大宗伯》："孤执皮帛，卿执羔，大夫执雁，士执雉，庶人执鹜，工商执鸡。"

【雉】《白虎通·瑞贽》："士以雉为贽者，取其不可诱之以食，慑之以威，必死不可生畜。"（8-356）

鸟名。古时常做礼物。《急就篇》："凤爵鸿鹄为鸳雉。"颜师古注："雉有十四种，其采皆异焉。"《玉篇·隹部》："雉，野鸡也。"《论衡·异虚》"雉伏于野草之中，草覆野鸟之形。"《谷梁传·庄公二十四年》："男子之贽，羔、雁、雉、腒。"

【羔】《白虎通·瑞贽》："卿以羔为贽。"（8-356）

羊羔，古代用为卿大夫之贽礼。《周礼·春官·大宗伯》："卿执羔，大夫执雁。"郑玄注："羔，小羊，取其群而不失其类。雁，取其候时而行。"

【麛鹿】《白虎通·瑞贽》："卿大夫贽，古以麛鹿，今以羔雁何？"（8-357）

幼鹿。古人用作初次见面相馈赠之礼物。麛鹿词条首例出自《白虎通·瑞贽》。麛，《玉篇·鹿部》："麛，鹿子。"《集韵·齐韵》："麛，《说文》：'鹿子也。'或从儿。"

【束帛】《白虎通·嫁娶》："纳征玄纁束帛离皮。"（10-457）

捆为一束的五匹帛。古代用为聘问、馈赠之礼物。《周易·贲》："束帛戋戋。"《周礼·春官·大宗伯》："孤执皮帛"郑玄注："皮帛者，束帛而表以皮为之。"贾公彦疏："束者十端，每端丈八尺，皆两端合卷，总为五匹，故云束帛也。"《仪礼·士冠礼》："主人酬宾，束帛俪皮。"《文选》张衡《东京赋》："聘丘园之耿絜，旅束帛之戋戋。"

【离皮】《白虎通·嫁娶》："纳征玄纁束帛离皮。"（10-458）

离皮，即俪皮。成对鹿皮。古代用为聘问、酬谢或定婚之礼物。离皮词条首例出自《白虎通·嫁娶》。《玉篇·隹部》："离，两也。"《礼记·曲礼上》："离坐离立，勿往参焉。"郑玄注："离，两也。"离，通"俪。"《仪礼·士昏礼》："纳吉用雁，如纳采礼。纳征，玄纁、束帛、俪皮，如纳吉礼。"郑玄注："俪，两也。"《仪礼·士冠礼》："乃礼宾以壹献之礼，主人酬宾束帛、俪皮。"郑玄注："俪皮，两鹿皮也。"

【赗赠】《白虎通·崩薨》："欲闻之加赗赠之礼。"（11-539）

送给死者布帛、车马等财物。《汉书·叙传上》："斿（班斿）之卒也，修缌麻，赗赠甚厚。"颜师古注："送终者布帛曰赗，车马曰赠。"《礼记·文王世子》："至于赠赗承含，皆有正焉。"孔颖达疏："赠、赗、含、襚皆赠丧之物。赠，车马；赗，财帛；含，珠玉；襚，衣服。"

【瑞珪】《白虎通·崩薨》："诸侯薨，使臣归瑞珪于天子者何？"（11-542）

古代天子赐给诸侯作为凭信之圭玉。瑞珪词条首例出自《白虎通·崩薨》。

【襚】《白虎通·崩薨》："赠襚者，何谓也？赠之为言称也。"（11-549）

赠送给死者衣衾等物。《周礼·天官·小宰》："丧荒，受其含襚币玉之事。"孙诒让正义："《杂记》云：'诸侯相襚，以后路与冕服。'则襚亦有车马，不徒衣服矣。"《仪礼·士丧礼》："君使人襚。"郑玄注："襚之言遗也，衣被曰襚。"《左传·昭公九年》："王有姻丧，使赵成如周吊，且致阎田与襚。"杜预注："襚，送死衣。"

【珍物】《白虎通·阙文》："缘臣子欲知其君父无恙，又当奉土地所生珍物以助祭，是以皆得行聘问之礼也。"（12-581）

珍贵食物。《周礼·天官·外饔》："选百羞、酱物、珍物以俟馈，共后及世子之膳羞。"贾公彦疏："珍物者，诸八珍之类。"《汉书·武五子传》："封泰山，禅梁父，巡狩天下，远方珍物陈于太庙。"

五、工具类

【耒耜】《白虎通·号》："于是神农因天之时，分地之利，制耒耜，教民农作。"（2-51）

古代耕地翻土所用农具。耒为其柄，耜为其刃。《礼记·月令》："（孟春之月）天子亲载耒耜，措之于参保介之御间。"郑玄注："耒，耜之上曲也。"《孟子·滕文公上》："陈良之徒陈相与其弟辛，负耒耜而自宋之滕。"

【木燧】《白虎通·号》："钻木燧取火，教民熟食，养人利性，避臭去毒，谓之燧人也。"（2-52）

古代木制钻火用具。《礼记·内则》："右佩玦、捍、管、遰、大觿、大燧。"郑玄注："木燧，钻火也。"孔颖达疏引皇侃曰："晴则以金燧取火于日，阴则以木燧钻火也。"

【器】《白虎通·辟雍》："故玉不琢不成器，人不学不知义。"（6-254）

器具。《说文·皿部》："器，皿也。"段注："器乃凡器统称。"《尚书·盘庚上》："人惟求旧，器非求旧惟新。"《周易·系辞》："形乃谓之器。"王弼注："成形曰器。"

【斧斤】《白虎通·五刑》："若农夫佩其耒耜，工匠佩其斧斤，妇人佩其针缕，亦佩玉也。"（9-437）

刀斧等工具。《孟子·梁惠王上》："斧斤以时入山林，材木不可胜用也。"《文选》班固《答宾戏》："逢蒙绝技于弧矢，般输推巧于斧斤。"

【针】《白虎通·五刑》："若农夫佩其耒耜，工匠佩其斧斤，妇人佩其针缕，亦佩玉也。"（9-437）

亦作"鍼"。《广韵·侵韵》："针，针线。"《左传·成公二年》："以执斲、执针、织纴，皆百人，公衡为质，以请盟。"

【缕】《白虎通·五刑》："若农夫佩其耒耜，工匠佩其斧斤，妇人佩其针缕，亦佩玉也。"（9-437）

丝线、麻线。《说文·糸部》："缕，线也。"段注："此本谓布缕，引申之丝亦名缕。"《孟子·滕文公上》："麻缕丝絮轻重同，则贾相若。"刘向《说苑·政理》："顺针缕者成帷幕，合升斗者实仓廪。"《后汉书·王符传》："或断截众缕，绕带手腕。"

【纲】《白虎通·五经》："周衰道失，纲散纪乱，五教废坏，故五常之经咸失其所，象《易》失理。"（9-445）

提网之总绳。《说文·糸部》："纲，维纮绳也。"《尚书·盘庚》："若纲在纲，有条而不紊。"《诗经·大雅·棫朴》："纲纪四方。"毛传："张之为纲。"孔颖达疏："纲者，网之大绳。"

【器械】《白虎通·崩薨》："夏殷弥文，齐之以器械，至周大文，

缘夫妇生时同室，死同葬之。"（11-556）

用具总称。《庄子·徐无鬼》："百工有器械之巧则壮。"《礼记·王制》："器械异制。"陆德明释文："何休注《公羊》云：'攻守之器曰械。'郑注《大传》云：'礼乐之器及兵甲也。'郭璞《三苍解诂》云：'械，器之总名。'"

六、日用品类

【策】《白虎通·爵》："君降立于阼阶南，南向，所命北面，史由君右执策命之。"（1-23）

古代君主对臣下封土、授爵、免官等文书。《释名·释书契》："策，书教令于上，所以驱策诸下也。汉制约敕封侯曰册。"《左传·昭公三年》："夏四月，郑伯如晋，公孙段相，甚敬而卑，礼无违者。晋侯嘉焉，授之以策。"杜预注："策，赐命之书。"

【铜】《白虎通·爵》："吉冕服受铜，称王以接诸侯。"（1-37）

铜印。扬雄《法言·孝至》："由其德，舜、禹受天下不为泰。不由其德，五两之纶，半通之铜，亦泰矣。"李轨注："五两之纶，半通之铜，皆有秩啬夫之印、绶，印，绶之微者也。"《文选》王融《永明十一年策秀才文五首》之三："颀深汰珪符，妙简铜墨。"李善注："《汉书》曰：'县令长，皆秦官，秩六百石以上，皆铜印墨绶。'"

【火】《白虎通·号》："钻木燧取火，教民熟食，养人利性，避臭去毒，谓之燧人也。"（2-52）

《说文》："火，毁也。南方之行炎而上。象形。"《尚书·盘庚上》："若火之燎于原，不可向迩。"孔传："火炎不可向近。"《史记·项羽本纪》："烧秦宫室，火三月不灭。"

【马缰】《白虎通·诛伐》："人衔枚，马缰勒，昼伏夜行为袭也。"（5-224）

控马缰绳。马缰词条首例出自《白虎通》。《晋书·志十八》："海西公寻废，其三子并非海西公之子，缢以马缰。"

【枚】《白虎通·诛伐》："人衔枚，马缰勒，昼伏夜行为袭也。"

(5-224)

古代行军时士卒衔于口，用以禁止喧哗之器具，形如箸。清 徐灏《说文解字注笺·木部》："衔枚之枚，《周礼》'衔枚氏'注：'枚状如箸，横衔之，为之繣结于项'是也。"《诗经·豳风·东山》："制彼裳衣，勿士行枚。"郑玄笺："枚如箸，横衔之于口，为繣之，絜于项中。"《楚辞·九辩》："愿衔枚而无言兮，尝被君之渥洽。"

【几杖】《白虎通·乡射》："谒者奉<u>几杖</u>，授安车软轮，供绥执授，兄事五更，宠接礼交加。"（5-249）

坐几和手杖，古常用为敬老之物。《礼记·曲礼上》："谋于长者，必操几杖以从之。"孔颖达疏："杖可以策身，几可以扶己，俱是养尊者之物。"《史记·淮南衡山列传》："元朔三年，上赐淮南王几杖，不朝。"

【杖】《白虎通·灾变》："故角尾交、日月食救之者，谓夫人击镜，孺人击<u>杖</u>，庶人之妻楔搔。"（6-275）

手杖；拐杖。《说文·木部》："杖，持也。从木丈声。"段注："凡可持及人持之皆曰杖。丧杖、齿杖、兵杖皆是也。"《礼记·曲礼上》："大夫七十而致事，若不得谢，则必赐之几杖。"

【镜】《白虎通·灾变》："故角尾交、日月食救之者，谓夫人击<u>镜</u>，孺人击杖，庶人之妻楔搔。"（6-275）

铜镜。《说文·金部》："镜，景也。"段注："景者光也，金有光可照物谓之镜。"《玉篇·金部》："镜，鉴也。"《庄子·天下》："其动若水，其静若镜，其应若响。"《韩非子·观行》："古之人，目短于自见，故以镜观面。"

【金泥】《白虎通·封禅》："或曰：封者<u>金泥</u>银绳。"（7-279）

以水银和金粉为泥，作封印之用。金泥银绳者，或是周以前之制。《太平御览》引《汉官仪》曰："传曰：'封者以金泥银绳，印之以玺。'"《续汉志注》引《封仪》："以金为绳，以石为检。"《风俗通·正失》："金泥银绳，印之以玺。"

【石泥】《白虎通·封禅》："或曰：<u>石泥</u>金绳，封之以印玺。"（7-279）

石粉与泥土混合物，古代封禅时作封泥用。石泥词条首例出自《白虎通》。石泥、金绳或是汉制。《白虎通》作于肃宗之时，故多以汉制证经义也。

【金绳】《白虎通·封禅》："或曰：石泥金绳，封之以印玺。"(7-279)

以金为绳。首例见《白虎通》。《旧唐书·志第三》："其印齿请随玺大小，仍缠以金绳五周。"

【银绳】《白虎通·封禅》："或曰：封者金泥银绳。"(7-279)

以银为绳。《太平御览》引《汉官仪》曰："传曰：'封者以金泥银绳，印之以玺。'"《魏书·张蒲传》："书金册以葳蕤，布银绳而昭晰。"

【印玺】《白虎通·封禅》："或曰：石泥金绳，封之以印玺。"(7-279)

印信。秦以后专用于皇帝。《管子·君臣上》："则又有符节、印玺、典法、策籍以相揆也。"尹知章注："符节、印玺，所以示其信也。"《汉书·食货志上》："宣帝始赐单于印玺，与天子同。"

【石²】《白虎通·封禅》："皆刻石纪号者，著己之功迹以自效也。"(7-279)

碑碣。《墨子·兼爱下》："书于竹帛，镂于金石，琢于盘盂。"《史记·秦始皇本纪》："乃遂上泰山，立石。"

【庭燎】《白虎通·王者不臣》："朝则迎之于著，觐则待之于阼阶，升阶自西阶，为庭燎，设九宾，享礼而后归。"(7-321)

古代祭祀照明用具。《诗经·小雅·庭燎》："夜如何其，夜未央，庭燎之光。"《周礼·秋官·司烜氏》："凡邦之大事，共坟烛庭燎。"郑玄注："树于门外曰大烛，于门内曰庭燎，皆所以照众为明。"《汉书·王襃传》："齐桓设庭燎之礼，故有匡合之功。"

【柄】《白虎通·考黜》："以圭饰其柄，灌鬯贵玉气也。"(7-309)

器物之把儿。《墨子·备城门》："长斧，柄长八尺。"

【符信】《白虎通·瑞贽》："谓舜始即位，见四方诸侯，合符信。"(8-348)

符节印章等信物之统称。符信词条首例出自《白虎通·瑞贽》。《后汉书·袁安传》："安乃劾景擅发边兵，惊惑吏人，二千石不待符信而辄承景檄，当伏显诛。"《明史·志四四》："凡历代改元，则所颁外国信符、金牌，必更铸新年号给之。此符信之达于四裔者也。"

【栉】《白虎通·嫁娶》："鸡初鸣，咸盥漱，栉纵笄总而朝。"（10-487）

梳篦。《说文·木部》："栉，梳比之总名也。"段注："比，读若毗。疏者为梳，密者为比。"王筠句读："此谓汉时曰梳曰比者，周秦统谓之栉也。"《诗经·周颂·良耜》："其崇如墉，其比如栉。"朱熹注："栉，理发器。"

【衽席】《白虎通·嫁娶》："闺阃之内，衽席之上，朋友之道焉。"（10-487）

卧席。《周礼·天官·玉府》："掌王之燕衣服、衽席、床第、凡亵器。"郑玄注引郑司农曰："衽席，单席也。"贾公彦疏："衽席者，亦燕寝中卧席……司农云'单席'，则卧之簟席。"钱玄《三礼名物通释·衣服·䩞鞥》："衽席之制，床上版曰第，亦曰箦。第上之席曰莞，亦曰簟。簟上加衽，衽即褥。"《韩诗外传》卷二："姬（樊姬）曰：'妾得侍于王，执巾栉，振衽席，十有一年矣。'"

【椸】《白虎通·嫁娶》："又曰：父子不同椸。"（10-492）

衣架。《说文·木部》："椸，衣架也。"《礼记·曲礼上》："男女不杂坐，不同椸枷。"郑玄注："椸，可以枷衣者。"陆德明释文："椸……衣架也。枷，本又作'架'。"

【席】《白虎通·丧服》："既虞，寝有席，疏食水饮，朝一哭，夕一哭而已。"（11-516）

《说文·巾部》："席，籍也。"《玉篇·巾部》："席，床席也。"《增韵·昔部》："藁秸曰荐，莞蒲曰席。"《周礼·春官·司几筵》："设莞筵纷纯，加缫席画纯。"贾公彦疏："初在地者一重即谓之筵，重在上者，即谓之席。"《孟子·滕文公上》："皆衣褐，捆屦织席以为食。"《史记·孙子吴起列传》："卧不设席，行不骑乘，亲裹赢粮，与士卒分劳苦。"

【信】《白虎通·崩薨》："诸侯以瑞珪为信，今死矣，嗣子谅闇，三年之后，当乃更爵命，故归之，推让之义也。"（11-542）

符契，凭证。《正字通·人部》："符契曰信。"《周礼·地官·司徒》："掌节，上士二人"郑玄注："节犹信也，行者所执之信。"《墨子·号令》："大将使人行，守操信符。信不合，及号不相应者，伯长以上辄止之。"《史记·刺客列传》："今行而毋信，则秦未可亲也。"

【瓦】《白虎通·崩薨》："虞尚质，故用瓦。"（11-555）

用土烧制之器物。《说文·瓦部》："瓦，土器已烧之总名。"段注："凡土器，未烧之素皆谓之坏（坯），已烧皆谓之瓦。"《周礼·春官·大卜》："大卜掌三兆之法：一曰玉兆，二曰瓦兆，三曰原兆。"贾公彦疏："或解以为玉、瓦、原之色。"《荀子·性恶》："夫陶人埏埴而生瓦。"

【胶】《白虎通·崩薨》："谓聖木相周，无胶漆之用也。"（11-555）

黏性物质。有用动物的皮或角熬制而成，也有植物分泌。《说文·月部》："胶，昵也，作之以皮。"《广韵·效韵》："胶，胶黏物。"《周礼·考工记·弓人》："鹿胶青白，马胶赤白，牛胶火赤。"郑玄注："皆谓煮用其皮或用角。"

【漆】《白虎通·崩薨》："谓聖木相周，无胶漆之用也。"（11-555）

用漆树汁制成之涂料。《玉篇·桼部》："桼，木汁，可以髤物。今为漆。"《尚书·禹贡》："厥贡漆丝，厥筐织文。"《史记·货殖列传》："夫岁孰取谷，予之丝漆。"

【薪】《白虎通·崩薨》："太古之时，穴居野处，衣被带革，故死衣之以薪，内藏不饰。"（11-556）

《说文·艸部》："薪，荛也。"《玉篇·艸部》："薪，柴也。"《诗经·周南·汉广》："翘翘错薪，言刈其楚。"《左传·昭公二十年》："薮之薪蒸，虞候守之。"陆德明释文："粗曰薪，细曰蒸。"《礼记·月令》："（季冬之月）乃命四监收秩薪柴，以共郊庙及百祀之薪燎。"郑玄注："大者可析谓之薪，小者合束谓之柴。薪施炊爨，柴以给燎。"

七、丧葬用品类

【尸柩】《白虎通·爵》："父没称子某者何？屈于尸柩也。"（1-26）

盛有尸体之棺材。《礼记·丧大记》："君吊，见尸柩而后踊。"《汉书·霍光传》："载光尸柩以辒辌车。"

【明器】《白虎通·三教》："夏后氏用<u>明器</u>，殷人用祭器，周人兼用之何谓？"（8-372）

即冥器。专为随葬而制作的器物，以为死者来生之用。《仪礼·既夕礼》："陈明器于乘车之西。"郑玄注："明器，藏器也。"《礼记·檀弓上》："夫明器，鬼器也；祭器，人器也。"《列子·杨朱》："相捐之道，非唯不相哀也，不含珠玉，不服文锦，不陈牺牲，不设明器也。"

【苴杖】《白虎通·丧服》："布衰裳、麻绖、箭笄、绳缨、<u>苴杖</u>，为略及本经者，亦示也。"（11-510）

古代居父丧时孝子所用之竹杖。《礼记·问丧》："或问曰：杖者何也？曰：竹、桐一也。故为父苴杖，苴杖，竹也。为母削杖，削杖，桐也。"《荀子·礼论》："齐衰苴杖，居庐食粥，席薪枕块，所以为至痛饰也。"杨倞注："苴杖，谓以苴恶色竹为之杖。"

【块】《白虎通·丧服》："寝苫枕<u>块</u>，哭无时，不脱绖带。"（11-516）

土块，服丧时用作枕头。《仪礼·既夕礼》："居倚庐，寝苫枕块。"郑玄注："块，墣也。"

【苫】《白虎通·丧服》："寝<u>苫</u>枕块，哭无时，不脱绖带。"（11-516）

古代居丧时，供孝子睡觉之草垫。《玉篇·艸部》："苄，犹苫也，草自藉也。或作苫。"《仪礼·丧服》："居倚庐，寝苫枕块。"郑玄注："苫，编藁。"贾公彦疏："外寝苫者，哀亲之在草。"

【墓】《白虎通·丧服》："既除丧，乃归哭于<u>墓</u>何？"（11-531）

坟墓。封土隆起曰坟，平曰墓。后统称为墓。《说文·土部》："墓，丘也。"段玉裁注："丘自其高言，墓自其平言，浑言之则曰丘墓也。"《广雅·释邱》："墓，冢也。"王念孙疏证："盖自秦以前，皆谓葬而无坟者为墓，汉则坟墓通称。"《尚书·武成》："释箕子囚，封比干墓。"《汉书·刘向传》："孔子葬母于防，称古墓而不坟……孔子流涕曰：'吾闻之，古者不修墓。'"颜师古注："墓，谓圹穴也。"

【纩[1]】《白虎通·崩薨》："一日之时，属<u>纩</u>于口上，以俟绝气。"（11-546）

丝绵絮。《说文·糸部》："纩，絮也。"《小尔雅·广服》"纩，绵也。絮之细者曰纩。"《尚书·禹贡》："厥篚纤纩。"孔传："纩，细绵。"《左传·宣公十二年》："王巡三军，拊而勉之。三军之士，皆如挟纩。"杜预注："纩，绵也，言说以忘寒。"

【绋】《白虎通·崩薨》："绋者，所以牵持棺者也。"（11-551）

下葬时引柩入穴之绳索，泛指牵引棺材之大绳。亦作"綍"。《释名·释丧制》："从前引之曰绋。绋，发也，发车使前也。"《玉篇·糸部》；"绋，引棺索也。"《左传·昭公三十年》："先君有所助执绋矣。"杜预注："绋，挽索也。"《礼记·曲礼上》："助葬必执绋。"郑玄注："引车索。"陆德明释文"绋，引棺。本亦作引车索。"《礼记·杂记下》："升正柩，诸侯执綍五百人。四綍，皆衔枚。"郑玄注："庙中曰綍，在涂曰引。"

【棺】《白虎通·崩薨》："所以有棺椁何？所以掩藏形恶也。"（11-553）

装殓死人之器物。《说文·木部》："棺，关也。所以掩尸。"《周易·系辞下》："古之葬者，厚衣之以薪，葬之中野，不封不树，丧期无数。后世圣人易之以棺椁，盖取诸大过。"《仪礼·聘礼》："士介死，为之棺敛之。"

【椁】《白虎通·崩薨》："椁之为言廓，所以开廓辟土，无令迫棺也。"（11-553）

古套于棺外之大棺。《周礼·地官·闾师》："不树者无椁，不蚕者不帛。"郑玄注："椁，周棺也。"《庄子·天下》："天子棺椁七重，诸侯五重，大夫三重，士再重。今墨子独生不歌，死不服，桐棺三寸而无椁。"《史记·滑稽列传》："臣请以雕玉为棺，文梓为椁。"

【墍周】《白虎通·崩薨》："夏后氏益文，故易之以墍周。"（11-555）

烧土为砖绕于棺材四周。亦称"土周"。《礼记·檀弓上》："有虞氏瓦棺，夏后氏墍周，殷人棺椁，周人墙置翣。"郑玄注："火熟曰墍，烧土冶以周于棺也。或谓之土周。"《淮南子·泛论训》："夏后氏墍周。"高诱注："夏后氏世无棺椁，以瓦广二尺，长四尺，侧身累之以蔽土，曰墍周。"

【翣】《白虎通·崩薨》："周人浸文，墙置翣，加巧饰。"（11-555）

古出殡之棺饰，状如掌扇。《说文·羽部》："翣，棺饰也。天子八，诸侯六，大夫四，士二。下垂。"《礼记·礼器》："天子崩，七月而葬，五重八翣；诸侯五月而葬，三重六翣；大夫三月而葬，再重四翣。"《左传·襄公二十五年》："崔氏侧庄公于北郭。丁亥，葬诸士孙之里，四翣，不跸，下车七乘，不以兵甲。"杜预注："丧车之饰，诸侯六翣。"

【瓦棺】《白虎通·崩薨》："有虞氏瓦棺，今以木何？"（11-555）

古代陶制葬具。《礼记·檀弓上》："有虞氏瓦棺。"郑玄注："始不用薪也，有虞氏上陶。"《后汉书·王堂传》："年八十六卒。遗令薄敛，瓦棺以葬。"

【墙²】《白虎通·崩薨》："周人浸文，墙置翣，加巧饰。"（11-555）

古代柩车饰件，棺罩四周之帷幔。《释名·释丧制》：" （舆棺之车）其盖曰柳……其旁曰墙，似屋墙也。"《仪礼·既夕礼》："奠席于柩西，巾奠乃墙。"郑玄注："墙，饰柩也。"贾公彦疏："墙即帷荒，与棺为饰。"《礼记·檀弓上》："孔子之丧，公西赤为志焉。饰棺墙，置翣。"郑玄注："墙之障柩，犹垣墙障家。墙，柳衣。"

第八节 饮食类名物词

饮食类名物词指与食品和饮品直接相关词汇。此类名物词计有 24 个，其中单音词 17 个，双音词 7 个。具体分为食品类名物词和饮品类名物词两类。

一、食品类

【食】《白虎通·号》："卧之詓詓，行之吁吁，饥即求食，饱即弃余，茹毛饮血，而衣皮苇。"（2-50）

饭食。《说文·食部》："食，亼米也。"段注："亼，集也，集众米而成食也。皀者，谷之馨香也。故其义曰亼米。"《玉篇·食部》："食，饭食。"《周礼·天官·膳夫》："膳夫掌王之食饮膳羞。"郑玄注："食，饭也。"《汉书·司马迁传》："墨者亦上尧、舜，言其德行，曰'堂高三尺，土阶三等，茅茨不剪，采椽不斫；饭土簋，啜土刑，粝粱之食，藜藿之羹。'"颜师古注："食，饭也。"

【肉】《白虎通·号》："古之人民，皆食禽兽肉。"（2-51）

供食用之动物肉。《说文·肉部》："肉，胾肉。"段注："胾、大脔也。谓鸟兽之肉。……人曰肌。鸟兽曰肉。"《周易·噬嗑》："噬干肉。"《礼记·孔子闲居》："觞酒豆肉。"

【稷¹】《白虎通·社稷》："稷，五谷之长，故立稷而祭之也。"（2-83）

谷物名。清 程瑶田《九谷考》："稷、斋，大名也。黏者为秫，北方谓之高粱。"《广雅·释草》："稷穰谓之稂。"王念孙疏证："稷，今人谓之高粱。高粱之种，先于诸谷，故《月令·孟春》'首种不入'注引旧说，以首种为稷也。"《尚书·君陈》："黍稷非馨，明德唯馨。"《诗经·王风·黍离》："彼黍离离，彼稷之苗。"朱熹集传："黍，谷名。苗似芦，高丈余。稷，亦谷也。一名穄，似黍而小。或曰粟也。"《汉书·郊祀志下》："稷者，百谷之主，所以奉宗庙，共粢盛，人所食以生活也。"

【谷】《白虎通·社稷》："人非土不立，非谷不食，土地广博，不可遍敬。"（3-83）

粮食作物之总称。《说文·禾部》："谷，续也。百谷之总名。"《玉篇·禾部》："谷，五谷也。"《尚书·洪范》："百谷用不成。"《周礼·天官·大宰》："三农生九谷。"郑玄引郑司农云："九谷，黍，稷，秫，稻，麻，大小豆，大小麦。"《孟子·梁惠王上》："不违农时，谷不可胜食也。"

【麦】《白虎通·五行》："言阳气尚有，任生荠麦也，故阴拒之也。"（4-186）

草本植物。籽实用来磨成面粉或酿酒。《说文·麦部》："麦，芒谷，秋种厚埋，故谓之麦。"《诗经·王风·丘中有麻》："丘中有麦，彼留子国。"《礼记·月令》："孟夏麦秋至，断薄刑。"

【膳】《白虎通·谏诤》："宰所以撤膳何？阴阳不调，五谷不熟，故王者为不尽味而食之。"（5-238）

饭食。《说文·月部》："膳，具食也。"《左传·闵公二年》："太子奉冢祀、社稷之粢盛，以朝夕视君膳者也。"《礼记·玉藻》："膳于君，有荤桃茢。"郑玄注："膳，美食也。"

【穟】《白虎通·封禅》："有三苗异亩而生，同为一穟，大几盈车，长几充箱，民有得而上之者，成王召周公而问之。"（6-287）

谷类结实之顶端部分。同"穗"。《说文·禾部》："采，禾成秀也，人所以收也。"《尚书·禹贡》："二百里纳铚。"孔传"铚刈谓禾穗。"陆德明释文："穗亦作穟"。《诗经·王风·黍离》："彼黍离离，彼稷之穗。"毛传："穗，秀也。"《尚书大传》卷四："成王时有苗异茎而生，同为一穟。"

【秬／黑黍】《白虎通·考黜》："秬者，黑黍，一稃二米。"（7-309）

黍之一种，可用来酿酒。亦作"鬯"。《尔雅·释草》："秬，黑黍。"陆德明释文："秬，黑黍也。或云，今蜀黍也，米白谷黑。"邢昺疏引李巡曰："黑名秬黍，秬即黑黍之大名也。"《说文·鬯部》："鬯，黑黍也。一稃二米，以酿也。"《诗经·大雅·生民》："诞降嘉种，维秬维秠。"毛传："秬，黑黍也。"《吕氏春秋·本味》："饭之美者，玄山之禾，不周之粟，阳山之穄，南海之秬。"高诱注："秬，黑黍也。"

【稃】《白虎通·考黜》："秬者，黑黍，一稃二米。"（7-309）

谷壳麸糠。同"稃"。《集韵·虞韵》："稃，《说文》：'穅也'一曰秠，一稃二米。或作稃。"《说文·禾部》："稃，穅也。"徐锴系传："稃即米壳。草木之花房为柎，麦之皮为麸，音义皆同。"《尔雅·释草》："秠，一稃二米。"邢昺疏："稃，皮也。"《广韵·虞韵》："稃，谷皮也。"《诗经·大雅·生民》："维秬维秠"毛传："秠，一稃二米也。"陆德明释文："稃，糠也。"

【米】《白虎通·考黜》："秬者，黑黍，一稃二米。"（7-309）

去皮的谷实；特指去皮的稻实。《说文·米部》："米，粟实也。"《周礼·地官·舍人》："掌米粟之出入，辨其物。"贾公彦疏："九谷之中，黍、稷、稻、粱、苽、大豆，六者皆有米，麻与小豆、小麦，三者无米，故云'九谷六米'。"孙诒让正义："已舂者为米，未舂者为粟。"

《史记·货殖列传》："楚、汉相距荥阳也，民不得耕种，米石至万。"

【禾】《白虎通·八风》："凉风至黍禾干。"（8-343）

小米。《说文·禾部》："禾，嘉谷也。"段注："嘉谷亦谓禾，民食莫重于禾，故谓之嘉谷。嘉谷之连稿者曰禾，……米曰粱，今俗云小米是也。"《尚书·微子之命》："唐叔得禾，异亩同颖，献诸天子。"孙星衍疏："禾，即今之小米也。"《诗经·豳风·七月》："十月纳禾稼，黍稷重穋，禾麻菽麦。"陈奂传疏："禾者，今之小米。"马瑞辰通释引戴侗《六书故》云："北方多陆土，其谷多粱粟，故粱粟专以禾称。"《管子·封禅》："古之封禅，鄗上之黍，北里之禾，所以为盛。"《吕氏春秋·审时》："是以得时之禾，长秱长穗，大本而茎杀，疏穖而穗大，其粟圆而薄糠，其米多沃而食之强。"《淮南子·坠形》："洛水轻利而宜禾，渭水多力而宜黍。"

【黍】《白虎通·八风》："凉风至黍禾干。"（8-343）

糜稷一类草本植物之籽实。《说文·禾部》："黍，禾属而黏者也。以大暑而种，故谓之黍，从禾，雨省声。孔子曰：黍可为酒，禾入水也。"《尔雅翼》："黍，大体似稷，故古人并言黍稷，今人谓黍为黍穄。"李时珍《本草纲目·谷二·稷》："稷与黍，一类二种也。黏者为黍，不黏者为稷。稷可作饭，黍可酿酒。犹稻之有粳与糯也……今俗通呼为黍子，不复呼稷矣。"《诗经·王风·黍离》："彼黍离离，彼稷之穗。"

【枣】《白虎通·瑞贽》："妇人之贽以枣栗腶修者，妇人无专制之义，御众之任。"（8-358）

枣树之果实。《说文·束部》："枣，羊枣也。"朱骏声《说文通训定声》："《尔雅》枣有十一名，羊枣其一也。"《诗经·豳风·七月》："八月剥枣，十月获稻，为此春酒，以介眉寿。"

【栗】《白虎通·瑞贽》："妇人之贽以枣栗腶修者，妇人无专制之义，御众之任。"（8-358）

栗树之果实《礼记·曲礼下》："妇人之挚，椇、榛、脯、修、枣、栗。"

【腶修】《白虎通·瑞贽》："故后夫人以枣栗腶修者，凡内修阴也。"

（8-359）

　　捣碎加以姜桂之干肉。《仪礼·有司》："（主妇）入于房，取糗与腶修，执以出。"郑玄注："腶修，捣肉之脯。"陆德明释文："加姜桂以脯而锻之曰腶修。"《礼记·郊特牲》："大飨，尚腶修而已矣。"

　　【疏食】《白虎通·丧服》："既虞，寝有席，<u>疏食</u>水饮，朝一哭，夕一哭而已。"（11-516）

　　蔬菜和谷类。《礼记·丧服》："寝有席，食疏食。"《淮南子·主术训》："春伐枯槁，夏取果蓏，秋畜疏食，冬伐薪蒸，以为民资。"高诱注："菜蔬曰疏，谷食曰食。"《汉书·地理志下》："巴、蜀、广汉本南夷，秦并以为郡，土地肥美，有江水沃野，山林竹木疏食果实之饶。"颜师古注："疏，菜也。"

　　【脯／干肉】《白虎通·瑞贽》："腶修者，<u>脯</u>也。"（8-359）；《丧服》："二十五月而大祥，饮醴酒，食<u>干肉</u>。"（11-517）

　　肉干。《说文·肉部》："脯，干肉也。"《诗经·大雅·凫鹥》："尔酒既湑，尔殽伊脯。"《汉书·东方朔传》："生肉为脍，干肉为脯。"《周易·噬嗑》："噬干肉，得黄金，贞厉，无咎。"《周礼·天官·腊人》："腊人，掌干肉。"郑玄注："大物解肆干之，谓之干肉。"

　　【菜】《白虎通·丧服》："既练，舍外寝，居垩室，始食<u>菜</u>果，反素食，哭无时。"（11-517）

　　蔬菜类植物总称。《小尔雅·广物》："菜谓之蔬。"《国语·楚语下》："庶人食菜，祀以鱼。"《论语·乡党》："虽蔬食菜羹，瓜祭，必齐如也。"

　　【素食】《白虎通·丧服》："既练，舍外寝，居垩室，始食菜果，反<u>素食</u>，哭无时。"（11-517）

　　平时常吃之食物。《仪礼·丧服》："既练，舍外寝，始食菜果，饭素食，哭无时。"郑玄注："素，犹故也，谓复平生时食也。"

　　【馔】《白虎通·阙文》："故座尸而食之，毁损其<u>馔</u>。"（12-580）

　　食物；菜肴。《玉篇·食部》："馔，饭食也。"《论语·乡党》："有盛馔，必变色而作。"《仪礼·燕礼》："膳宰具官馔于寝东。"

二、饮品类

【醴酒】《白虎通·封禅》："状若醴酒，可以养老也。"（6-287）

甜酒。《礼记·丧大记》："始食肉者，先食干肉；始饮酒者，先饮醴酒。"《仪礼·士丧礼》："奠于尸东，执醴酒，北面西上。"唐玄应《一切经音义》卷二二："醴，甜美也，言其水甘如醴酒。"

【秬鬯】《白虎通·考黜》："能诛有罪者赐鈇钺，能征不义者赐弓矢，孝道备者赐秬鬯。"（7-303）

古代以黑黍和郁金香草酿造之酒，用于祭祀降神及赏赐有功诸侯。亦称作"鬯"。《尚书·洛诰》："予以秬鬯二卣，曰明禋，拜手稽首，休享。"《诗经·大雅·江汉》："厘尔圭瓒，秬鬯一卣，告于文人。"《礼记·表记》："天子亲耕，粢盛秬鬯，以事上帝。"《史记·晋世家》："秬鬯一卣，珪瓒，虎贲三百人。"

第九节　服饰类名物词

服饰类名物词指与衣帽、饰品、服饰材料相关之词汇。此类名物词主要分布于第十卷，共计 85 个名物词，其中单音词 32 个，双音词 51 个，三音节词 2 个，具体分为体服、佩饰、服饰原料三小类。

一、体服类

【士服】《白虎通·爵》："世子上受爵命，衣士服何？"（1-32）

士人所着之服饰。《礼记·丧服小记》："父为士，子为天子诸侯，则祭以天子诸侯，其尸服以士服。"

【冕服】《白虎通·爵》："吉冕服受铜，称王以接诸侯。"（1-37）

古代大夫以上所着礼冠与服饰。凡吉礼皆戴冕。《尚书·太甲》："惟三祀，十有二月朔，伊尹以冕服奉嗣王归于亳。"《国语·周语上》："太宰以王命命冕服。"韦昭注："冕，大冠；服，鷩衣。"

【冕】《白虎通·爵》："释冕藏铜反丧服，明未称王以统事也。"（1-37）

古时天子、诸侯等行朝仪、祭礼时所戴之礼帽。《说文·冃部》："冕，大夫以上冠也。"徐锴系传："冕，冠上加之也。长六寸，前狭圆，后广方，朱绿涂之。前后邃延，斿其前，垂珠也……以黄绵缀冕两旁，下系玉瑱，又谓之珥，细长而锐若笔头，以属耳中，无作聪明乱旧章，虚己以待人之意也。"《玉篇·冃部》："冕，冠冕也。"《字汇·冂部》："古者诸侯、大夫皆有冕，但以斿之多寡别耳。"《左传·桓公二年》："衮、冕、黻、珽。"孔颖达疏："冠者，首服之大名；冕者，冠之别号……《世本》云：'黄帝作冕。'宋仲子云：'冕，冠之有斿者。'"

【皮弁】《白虎通·三军》："王者征伐，所以必皮弁素帻何？"(5-201)

古冠名，用白鹿皮制成。《周礼·春官·司服》："视朝，则皮弁服。"孙诒让正义："皮弁为天子之朝服，《论语·乡党篇》'吉月必朝服而朝'，《集解》孔安国云：'吉月，月朔也。朝服，皮弁服。'《曾子问》孔疏引郑《论语注》同。盖以彼月吉诸侯视朔，当服皮弁，而皮弁为天子之朝服，故亦通称朝服。"《周礼·夏官·弁师》："王之皮弁，会五采玉璂，象邸，玉笄。"

【素帻】《白虎通·三军》："王者征伐，所以必皮弁素帻何？"(5-201)

白色包头巾。古代用于凶、丧事。素帻词条首例出自《白虎通·三军》。《后汉书·舆服志》："古者有冠无帻……秦加武将首饰为绛袙，以表贵贱。其后稍稍作颜题。汉兴，续其颜，却摞之，施巾连题。却覆之，今丧帻是其制也，名之曰帻。帻者，赜也，头首严赜也。至孝文，乃高颜题，续之为耳，崇其巾为屋，合后施收上下，群臣贵贱皆服之。文者长耳，武者短耳。尚书赜收，方三寸，名曰纳言。未冠童子帻无屋，以示未成人也。"帻初为卑贱之服，后由于汉元帝壮发，以帻掩盖便始带帻，文武百官皆随之。帻是韬发之用，故帻上可再带冠，巾为士以下阶层包裹在头上的服饰，帻可青、赤、黄等，武吏常赤帻。素帻是用未经染色的布制成的包头巾，在凶、丧之礼方放能佩戴。《后汉书·舆服志》："期丧起耳有收，素帻亦如之，礼轻重有制，变除从渐，文也。"《世说新语·纰漏》："武帝崩，选百二十挽郎，一时之秀彦，育长亦在其中。"余嘉锡笺疏引高阆仙曰："《北堂书钞·设官部八》引《续汉书·百官志》曰：'辒车拂挽为公卿子弟，六卿。十人挽两边。白素帻，委貌冠，都布衣也。'（今续汉志无此文）可见挽郎之设，起于后汉。"；又"《续汉书·礼仪志下·大丧礼》曰：'……公卿以下子弟凡三百人，皆素帻，委貌冠，衣素裳。'"按，虽然素释为白，素为帛之本色，白色是人工染色的。在先秦白色服饰曾是天子贵族在重要礼仪场合所服。如《吕氏春秋·孟秋纪》："天子居总章左个，乘戎路，驾白骆，载白旂，衣白衣，服白玉。"而素色服饰在凶、丧礼中使用，为表活人的哀思，所用之物都是最质朴简陋的，没有过多修饰，故此丧礼中所谓白色服饰实为布帛之本色。另外，方玉润和姚际恒等认为先秦时期素衣、素冠等为常服，非凶服，到了汉代"素帻"就已经毋庸置疑为丧服了，尤其后汉出现挽郎制，皆素帻。

【衣服】《白虎通·辟雍》："大夫老妇，死以大夫礼葬，车马衣服如之何？"（6-253）

衣裳、服饰。《诗经·小雅·大东》："西人之子，粲粲衣服。"《史记·赵世家》："法度制令各顺其宜，衣服器械各便其用。"

【祭服】《白虎通·耕桑》："天子亲耕以供郊庙之祭，后亲桑以供祭服。"（6-276）

古代祭祀时所穿之礼服。《国语·周语上》："晋侯端委以入。"三国吴韦昭注："说云：'衣玄端，冠委皃，诸侯祭服也。'"《诗经·豳风·七月》："为公子裳"。毛传："祭服，玄衣纁裳。"孔颖达疏："玄黄之色施于祭服。"《周礼·天官·内宰》："中春，诏后，帅外内命妇始蚕于北郊，以为祭服。"贾公彦疏："《礼记·祭义》亦云：'蚕事既毕，遂朱绿之，玄黄之'以为祭服。此亦当染之以为祭服也。"

【重裘】《白虎通·三纲六纪》："友饥为之减餐，友寒为之不重裘。"（8-378）

厚毛皮衣。汉贾谊《新书·谕诚》："重裘而立，犹懵然有寒气，将奈我元元之百姓何？"

【衣】《白虎通·衣裳》："衣者，隐也。裳者，彰也。"（9-433）

衣，本义为上衣，后泛指衣服。《说文·衣部》："上曰衣，下曰裳。"《诗经·豳风·七月》："无衣无褐，何以卒岁！"《诗经·邶风·绿衣》：

"绿衣黄裳。"毛传："上曰衣，下曰裳。"汉扬雄《法言·修身》："惜乎衣未成而转为裳也。"

【裳】《白虎通·衣裳》："衣者，隐也。裳者，彰也。"（9-433）

下身所着之裙，男女皆服。《说文·衣部》："常，下裙也，从巾尚声。常或从衣。"《诗经·小雅·斯干》："乃生男子，载寝之床。载衣之裳，载弄之璋。"钱玄《三礼名物通释·衣服·衣裳》："古时衣与裳有分者，有连者。男子之礼服，衣与裳分；燕居得服衣裳连者，谓之深衣。妇人之礼服及燕居之服，衣裳均连。"

【缁衣】《白虎通·衣裳》："古者缁衣羔裘，黄衣狐裘。"（9-433）

古以黑帛制作之朝服。《诗经·郑风·缁衣》："缁衣之宜兮，敝予又改为兮。"毛传："缁，黑也，卿士听朝之正服也。"

【黄衣】《白虎通·衣裳》："古者缁衣羔裘，黄衣狐裘。"（9-433）

天子表于狐裘外之黄色罩衣。《礼记·玉藻》："（君子）狐裘，黄衣以裼之。锦衣狐裘，诸侯之服也。犬羊之裘不裼。"《论语·乡党》："缁衣，羔裘；素衣，麑裘；黄衣，狐裘。"杨伯峻注："这三句表示衣服里外的颜色应该相称。古代穿皮衣，毛向外，因之外面一定要用罩衣，这罩衣就叫裼衣。这里的'缁衣'、'素衣'、'黄衣'的衣指的正是裼衣。"

【裘】《白虎通·衣裳》："裘，所以佐女功助温也。"（9-433）

以毛皮制成之御寒衣服。《说文·衣部》："裘，皮衣也。从衣求声。一曰象形，与衰同意。求，古文省衣。"徐锴系传："古文求，此与裘意同。"《诗经·小雅·都人士》："彼都人士，狐裘黄黄。"《诗经·豳风·七月》："一之日于貉，取彼狐狸，为公子裘。"《礼记·玉藻》："君之右虎裘，厥左狼裘。"

【羔裘】《白虎通·衣裳》："古者缁衣羔裘，黄衣狐裘。"（9-433）

以紫羔为皮衣。古时为诸侯、卿、大夫之朝服。《诗经·郑风·羔裘》："羔裘如濡，洵直且侯。"《论语·乡党》："缁衣，羔裘；素衣，麑裘；黄衣，狐裘。"刘宝楠正义："郑玄注云：'缁衣羔裘，诸侯视朝之服，亦卿、大夫、士祭于君之服。'……经传凡言羔裘，皆谓黑裘，若今称紫羔矣。"《韩非子·外储说》："（孙叔敖）冬羔裘，夏葛衣，面有饥色，

113

则良大夫也。"

【狐裘】《白虎通·衣裳》:"古者缁衣羔裘,黄衣狐裘。"(9-433)

以狐皮为外衣。《诗经·秦风·终南》:"君子至止,锦衣狐裘。"朱熹集传:"锦衣狐裘,诸侯之服也。"《史记·田敬仲完世家》:"狐裘虽敝,不可补以黄狗之皮。"

【狐白】《白虎通·衣裳》:"故天子狐白,诸侯狐黄,大夫狐苍,士羔裘,亦因别尊卑也。"(9-434)

以狐腋白毛皮制成之外衣。亦称"狐白裘"。《礼记·玉藻》:"士不衣狐白。"《汉书·匡衡传》:"夫富贵在身而列士不誉,是有狐白之裘而反衣之也。"颜师古注:"狐白,谓狐掖下之皮,其色纯白,集以为裘,轻柔难得,故贵也。"《礼记·玉藻》:"君衣狐白裘,锦衣以裼之。"《史记·孟尝君列传》:"此时孟尝君有一狐白裘,直千金,天下无双。"裴骃集解引韦昭曰:"以狐之白毛皮为裘,谓集狐腋之毛,言美而难得者。"《管子·轻重戊》:"代之出狐白之皮,公其贵买之。"

【领】《白虎通·五刑》:"犯宫者履杂扉,犯大辟者布衣无领。"(9-439)

衣领。《释名·释衣服》:"领,颈也,以壅颈首也。亦言总领衣体为端首也。"《荀子·劝学》:"若挈裘领,诎五指而顿之,顺者不可胜数也。"

【布衣】《白虎通·五刑》:"犯宫者履杂扉,犯大辟者布衣无领。"(9-439)

以粗麻布缝制之衣服。《大戴礼记·曾子制言中》:"布衣不完,蔬食不饱,蓬户穴牖,日孜孜上仁。"《后汉书·礼仪志下》:"佐史以下,布衣冠帻。"

【扉】《白虎通·五刑》:"犯宫者履杂扉,犯大辟者布衣无领。"(9-439)

草鞋。同"菲"。《仪礼·丧服》:"菅屦者,菅菲也。"胡培翚正义:"周公时谓之屦,后世或谓丧屦为菲。菲者,扉之假借字。"《礼记·杂记下》:"童子哭不偯、不踊、不杖、不菲、不庐。"《汉书·刑法志》:

"所谓'象刑惟明'者，言象天道而作刑，安有菲履赭衣者哉？"颜师古注："菲，与'屝'通。"

【冠】《白虎通·嫁娶》："男子幼娶必冠，女子幼嫁必笄。"（9-456）

帽之总称。《说文·冖部》："絭也，所以絭发。从冖，元。冠有法制，故从寸。"徐锴系传："取其在首，故从元。古亦谓冠为元服。"《释名·释首饰》："冠，贯也，所以贯韬发也"《急就篇》卷三："冠帻簪簧结发纽。"颜师古注："冠者，冕之总名，备首饰也。"《礼记·曲礼上》："为人子，父母存，冠衣不纯素。"

【笄²】《白虎通·嫁娶》："男子幼娶必冠，女子幼嫁必笄。"（9-456）

簪子，古代用以挽发，亦用来固着弁、冕。《说文·竹部》："笄，簪也。"朱骏声《说文通训定声》："笄有二：髻内安发之笄，男女皆有之；固冕、弁之笄，惟男子有之。又冕、弁则有笄，贯之于其左右，屈组为纮，垂为饰。冠无笄，则缨而结其绦。"《释名·释首饰》："笄，系也，所以系冠使不坠也。"《仪礼·士冠礼》："皮弁笄，爵弁笄。"郑玄注："笄，今之簪。"

【小功】《白虎通·嫁娶》："外属小功已上，亦不得娶也。"（10-478）

五服之四等服。其服以熟麻布制成，较大功为细，较缌麻为粗。服期五月。《仪礼·丧服》："小功布衰裳，澡麻带绖，五月者。"贾公彦疏："但言小功者，对大功是用功粗大，则小功是用功细小精密者也。"

【缌麻】《白虎通·嫁娶》："与君有缌麻之亲者，教于公宫三月。"（10-485）

五服之五等服，以细麻布制成，服期三月。《仪礼·丧服》："缌麻三月者。"《谷梁传·庄公三年》："改葬之礼缌"杨士勋疏："五服者，案丧服有斩衰、齐衰、大功、小功、缌麻是也。"汉贾谊《新书·六术》："丧服称亲疏以为重轻，亲者重，疏者轻，故复有粗衰，齐衰，大红，细红，缌麻，备六，各服其所当服。"

【葛屦】《白虎通·绋冕》："以礼士冠经曰夏葛屦，'冬皮屦'，明非岁之正月也。"（10-496）

以葛草为鞋。《诗经·齐风·南山》："葛屦五两，冠緌双止。"《诗经·魏风·葛屦》："纠纠葛屦，可以履霜。"《仪礼·士丧礼》："夏葛屦，冬白屦。"

【服】《白虎通·绋冕》："言腰中辟积，至质不易之<u>服</u>，反古不忘本也。"（10-497）

衣服。《广韵·屋韵》："服，亦衣服。"《诗经·曹风·候人》："彼其之子，不称其服。"

【素积】《白虎通·绋冕》："<u>素积</u>者，积素以为裳也。"（10-497）

腰间有褶裥之素裳，是古代一种礼服。亦作"素绩"。《礼记·郊特牲》："三王共皮弁素积。"孙希旦集解："素积，以素缯为裳而襞积之也。素言其色，积言其制。"《汉书·外戚传下·孝平王皇后》："（太后）遣长乐少府夏侯藩……及太卜、太史令以下四十九人，赐皮弁素绩。"颜师古注："素绩谓素裳也，朱衣而素裳。绩字或作积。积谓襞积之，若今之襈为也。"

【辟积】《白虎通·绋冕》："言腰中<u>辟积</u>，至质不易之服，反古不忘本也。"（10-497）

衣服之褶裥。亦作"襞襀"。《正字通》："襞，通辟"《史记·司马相如传》："襞积褰绉，纡徐委曲，郁桡溪谷。"颜师古注："襞积，即今之裙褶。"

【麻冕】《白虎通·绋冕》："<u>麻冕</u>者何？周宗庙之冠也。"（10-498）

麻布帽，古时一种礼服。亦作"麻絻"。《尚书·顾命》："王麻冕黼裳，由宾阶隮。"《论语·子罕》："子曰：'麻冕，礼也。'"朱熹集注："麻冕，缁布冠也。"《荀子·礼论》："大路之素未集也，郊之麻絻也，丧服之先散麻也，一也。"杨倞注："麻絻，缉麻为冕，所谓大裘而冕，不用衮龙之属也。"

【冔】《白虎通·绋冕》："谓之<u>冔</u>者，十二月之时，阳气受化诩张，而后得牙，故谓之冔。"（10-499）

殷代冠名。《仪礼·士冠礼》："周弁，殷冔，夏收。"郑玄注："冔名出于幠。幠，覆也，言所以自覆饰也。"《诗经·大雅·文王》："厥作裸将，常服黼冔。"毛传："冔，殷冠也。夏后氏曰收，周曰冕。"蔡邕《独断》卷下："冕冠周曰爵弁，殷曰冔，夏曰收。皆以三十升漆布为壳，广八寸，长尺二寸，加冕缯其上。"

【收】《白虎通·绋冕》："谓之<u>收</u>者，十三月之时，阳气收本，举生万物而达出之，故谓之收。"（10-499）

夏代冠名。《释名·释首饰》："收，夏后氏冠名也。言收敛发也。"《礼记·王制》："夏后氏收而祭，燕衣而养老。"郑玄注："收，言所以收敛发也。"《史记·五帝本纪》："黄收纯衣，彤车乘白马。"裴骃集解引《太古冠冕图》："夏名冕曰收。"司马贞索隐："收，冕名。其色黄，故曰黄收，象古质素也。"

【弁】《白虎通·绋冕》："乍但言<u>弁</u>，周之冠色所以爵何？"（10-502）

古贵族之帽，通常穿礼服时用之。文冠着爵弁；武冠戴皮弁。《说文·兒部》："弁，本作覍。冕也，象形。或作弁。"《释名·释首饰》："弁如两手相合抃。时也以爵韦为之，谓之爵弁。以鹿皮为之，谓之皮弁。以韎韦为之也谓之韦弁。"《诗经·小雅·頍弁》："有頍者弁。"毛传："弁，皮弁也。"《礼记·杂记上》："大夫冕而祭于公，弁而祭于己。"郑玄注："弁，爵弁也。"《仪礼·士冠礼》："周弁，殷冔，夏收。"贾公彦疏："弁是古冠之大号。"

【委貌】《白虎通·绋冕》："<u>委貌</u>者，何谓也？周朝廷理政事、行道德之冠名。"（10-501）

古冠名，以皂绢为之。《释名·释首饰》："委貌，冠形，委曲之貌，上大下小也。"《仪礼·士冠礼》："委貌，周道也。"郑玄注："委，犹安也，言所以安正容貌。"《后汉书·舆服志》："委貌冠、皮弁冠同制，长七寸，高四寸，制如覆杯，前高广，后卑锐，……委貌以皂绢为之，皮弁以鹿皮为之。"

【章甫】《白虎通·绋冕》："殷统十二月为正，其饰微大，故曰<u>章甫</u>。"（10-501）

殷代常用黑布礼冠。《释名·释首饰》云："章甫，殷冠名也。甫，丈夫也。服之所以表章丈夫也。"《礼记·儒行》："丘少居鲁，衣逢掖之衣；长居宋，冠章甫之冠。"孙希旦集解："章甫，殷玄冠之名，宋人冠之。"《汉书·贾谊传》："章父荐屦，渐不可久兮。"颜师古注："章父，殷冠名也……父读曰甫。"

【毋追】《白虎通·绋冕》："夏统十三月为正，其饰最大，故曰毋追。"（10-501）

夏时一种黑布礼冠，前似覆杯宽而圆，后有冠饰高而扁。《仪礼·士冠礼》："委貌，周道也；章甫，殷道也；毋追，夏后氏之道也。"郑玄注："毋，发声也。追犹堆也。夏后氏质，以其形名之。"《周礼·天官·追师》："追师掌王后之首服。"郑玄注引郑司农曰："追，冠名。"

【爵弁】《白虎通·绋冕》："爵弁者，何谓也？其色如爵头，周人宗庙士之冠也。"（10-502）

古时比冕次一级之礼冠。爵，通"雀"。如雀头色，赤而微黑。亦称"雀弁"。《尚书·顾命》："二人雀弁，执惠，立于毕门之内。"孔颖达疏引郑玄曰："赤黑曰雀，言如雀头色也。雀弁，制如冕，黑色，但无藻耳。"《仪礼·士冠礼》："爵弁服：纁裳、纯衣、缁带、韎韐。"郑玄注："爵弁者，冕之次，其色赤而微黑，如爵头然。或谓之緅。其布三十升。"贾公彦疏："爵弁制大同，唯无旒，又为爵色为异。……其爵弁则前后平，故不得冕名。以其尊卑次于冕，故云爵弁冕之次也。云'其色赤而微黑，如爵头然，或谓之緅'者，七入为缁，若以纁入黑则为绀，以绀入黑则为緅，是三入赤，再入黑，故云其色赤而微黑也。云'如爵头然'者，以目验爵头，赤多黑少，故以爵头为喻也。以緅再入黑汁，与爵同，故取《钟氏》：'緅色解之。'"《礼记·檀弓上》："天子之哭诸侯也，爵弁绖缁衣。"陈澔集说："爵弁，弁之色如爵也。"

【斩衰】《白虎通·丧服》："诸侯为天子斩衰三年何？"（11-504）

五服之一等服，五服中最重者。服制三年。《周礼·春官·司服》："凡丧，为天王斩衰，为王后齐衰。"《汉书·霍光传》："昌邑王典丧，服斩缞，亡悲哀之心。"

【素服】《白虎通·丧服》："则民始哭素服，先葬三月成齐衰，期月以成礼葬君也。"（11-506）

本色或白色衣服。居丧或遭遇凶事时所穿。《礼记·郊特牲》："皮弁素服而祭，素服以送终也。"郑玄注："素服，衣裳皆素。"《史记·李斯列传》："赵高诈诏卫士，令士皆素服持兵内乡。"

【齐衰】《白虎通·丧服》："则民始哭素服，先葬三月成齐衰，期月以成礼葬君也。"（11-506）

五服之二等服。以粗麻布制成，以其缉边缝齐，服期三年。《仪礼·丧服》："同居，则服齐衰期，异居，则服齐衰三月。"《史记·赵世家》："赵武服齐衰三年，为之祭邑，春秋祠之，世世勿绝。"

【大功】《白虎通·丧服》："大功已下月数，故以闰月除。"（11-509）

五服之三等服，服期九月。《礼记·丧大记》："大功布衰九月者，皆三月不御于内。"

【衰裳】《白虎通·丧服》："布衰裳，麻绖，箭笄，绳缨，苴杖，为略及本经者，亦示也。"（11-510）

居丧所着之衣裳。《仪礼·丧服》："丧服，斩衰裳。"郑玄注："凡服上曰衰，下曰裳。"《礼记·礼运》："三年之丧，与新有昏者，期不使以衰裳入朝，与家仆杂居齐齿，非礼也，是谓君与臣同国。"《周礼·地官·闾师》："不绩者不衰。"贾公彦疏："其妇人不绩其麻者，死则不为之着衰裳以罚之也。"

【衰麻】《白虎通·丧服》："丧礼必制衰麻何？"（11-510）

衰衣麻绖。《礼记·乐记》："衰麻哭泣，所以节丧纪也。"《淮南子·说山训》："祭之日而言狗生，取妇夕而言衰麻。"

【隆服】《白虎通·丧服》："故生则尊敬而亲之，死则哀痛之，恩深义重，故为之隆服，入则绖，出则否也。"（11-525）

最重之孝服。隆服词条首例出自《白虎通·丧服》。

【凶服】《白虎通·丧服》："凶服不敢入公门者，明尊朝廷，吉凶不相干。"（11-529）

凶礼凶事时所着之服。《周礼·春官·司服》："司服掌王之吉凶衣服，辨其名物，与其用事。"郑玄注："祭祀、视朝觐、凶吊之事，衣服各有所用。"孙诒让正义："'掌王之吉凶衣服'者，此皆王执大礼、临大事之服。……服弁服至素服为凶服，凶礼凶事服之。"《周礼·春官·司

119

服》："其凶服，加以大功、小功。"郑玄注："丧服，天子诸侯齐斩而已，卿大夫加以大功、小功，士亦如之，又加缌焉。"《论语·乡党》："凶服者式之。"何晏集解引孔安国曰："凶服，送死之衣物。"

【丧服】《白虎通·丧服》："此谓远出归后葬，丧服以礼除。"（11-531）

居丧所着之衣。《周礼·天官·阍人》："丧服、凶器不入宫。"

【玄冠】《白虎通·崩薨》："玄冠不以吊者，不以吉服临人凶，示助哀也。"（11-545）

古朝服冠名，黑色。《仪礼·士冠礼》："主人玄冠，朝服，缁带，素韠。"郑玄注："玄冠，委貌也。"《论语·乡党》："羔裘、玄冠不以吊。"杨伯峻注："羔裘玄冠都是黑色的，古代都用作吉服。"《荀子·大略》："天子山冕，诸侯玄冠，大夫裨冕，士韦弁，礼也。"

【吉服】《白虎通·崩薨》："玄冠不以吊者，不以吉服临人凶，示助哀也。"（11-545）

冠娶或迎立新君等吉事场合所穿之礼服。《周礼·春官·司服》："王之吉服，祀昊天上帝，则服大裘而冕，祀五帝亦如之。"《后汉书·孝安帝纪》："皇太后御崇德殿，百官皆吉服。"

二、佩饰类

【衮龙】《白虎通·考黜》："言成章，行成规，衮龙之衣服表其德。"（7-307）

卷龙，天子衣服上之图案。《周礼·春官·司服》："享先王则衮冕。"郑玄注引郑司农曰："衮，卷龙衣也。"孙诒让正义："案卷龙者，谓画龙于衣，其形卷曲，其字《礼记》多作卷。郑《王制》注云：'卷俗读也，其通则曰衮。'是衮虽取卷龙之义，字则以衮为正，作卷者借字也。"

【结】《白虎通·衣裳》："缋绩为结于前，下垂三分，身半，绅居二焉。"（9-435）

结成之物。《左传·昭公十一年》："衣有襘，带有结。"汉王充《论衡·实知》："儿说善解结，结无有不可解。"

【鞶带】《白虎通·衣裳》："男子所以有鞶带者，示有金革之事也。"

(9-435)

皮制大带，为古代官员之服饰。《周易·讼》："或锡之鞶带，终朝三褫之。"孔颖达疏："鞶带，谓大带也。"《左传·桓公二年》："鞶、厉、游、缨，昭其数也。"杜预注："鞶，绅带也。一名大带。"孔颖达疏："以带束腰，垂其余以为饰，谓之绅，上带为革带，故云：鞶，绅带。"

【佩】《白虎通·衣裳》："所以必有佩者，表德见所能也。"（9-435）

古系于衣带之饰品。《诗经·秦风·渭阳》："我送舅氏，悠悠我思。何以赠之，琼瑰玉佩。"《左传·定公三年》："蔡昭侯为两佩与两裘，以如楚，献一佩一裘于昭王。"杜预注："佩，佩玉也。"

【绅】《白虎通·衣裳》："下垂三分，身半，绅居二焉。"（9-435）

古代士大夫束于腰间，一头下垂之大带。《论语·卫灵公》："子张书诸绅。"邢昺疏："此带束腰，垂其余以为饰，谓之绅。"《礼记·玉藻》："绅长，制：士三尺，有司二尺有五寸。"郑玄注："绅，带之垂者也。"

【带】《白虎通·衣裳》："所以必有绅带者，示敬谨自约整也。"（9-435）

用以束衣之物，古人冠必有带。《说文·巾部》："带，绅也。男子鞶带，妇人带丝，象系佩之形。佩必有巾，故带从巾。"《诗经·卫风·有狐》："心之忧矣，之子无带。"毛传："带，所以申束衣也。"《礼记·玉藻》："凡带有率，无箴功。"孔颖达疏："谓其带既褌，亦以箴缲缉其侧，但缲襮之，无别裨饰之箴功。"

【琨】《白虎通·衣裳》："能本道德则佩琨。"（9-436）

美玉，可做佩玉。《尚书·禹贡》："厥贡惟金三品、瑶、琨、筱簜。"孔传："瑶、琨皆美玉。"孔颖达疏："美石似玉者也……王肃云：'瑶、琨，美石次玉者也。'"《文选》张衡《思玄赋》："献环琨与琛缡兮，申厥好以玄黄。"刘良注："环、琨，皆玉佩。"

【白玉】《白虎通·衣裳》："天子佩白玉，诸侯佩玄玉，大夫佩水苍玉，士佩瓀文石。"（9-437）

白璧，古天子佩玉。《礼记·月令》："（孟秋之月）衣白衣，服白

121

玉。"《楚辞·九歌·湘夫人》:"白玉兮为镇,疏石兰兮为芳。"

【玄玉】《白虎通·衣裳》:"天子佩白玉,诸侯佩<u>玄玉</u>,大夫佩水苍玉,士佩瓀文石。"(9-437)

黑色玉,诸侯之佩玉。《楚辞·招魂》:"红壁沙版,玄玉梁些。"《吕氏春秋·孟冬纪》:"天子居玄堂左个,……衣黑衣,服玄玉,食黍与彘,其器宏以弇。"

【水苍玉】《白虎通·衣裳》:"天子佩白玉,诸侯佩玄玉,大夫佩<u>水苍玉</u>,士佩瓀文石。"(9-437)

杂有斑纹之深青色玉石。古大夫佩玉。《礼记·玉藻》:"公侯佩山玄玉而朱组绶;大夫佩水苍玉而纯组绶。"郑玄注:"玉有山玄、水苍者,视之文色所似也。"孔颖达疏:"玉色似山之玄而杂有文,似水之苍而杂有文。"

【瓀文石】《白虎通·衣裳》:"天子佩白玉,诸侯佩玄玉,大夫佩水苍玉,士佩<u>瓀文石</u>。"(9-437)

次于玉之宝石。亦称"瓀玟""瓀石"。瓀文石词条首例出自《白虎通·衣裳》。《礼记·玉藻》:"士佩瓀玟而缊组绶。"孔颖达疏:"瓀玟,石次玉者。"《山海经·中山经》:"虢水出焉,而北流注于洛,其中多瓀石。"

【巾】《白虎通·五刑》:"犯墨者蒙<u>巾</u>,犯劓者以赭着其衣。"(9-439)

供擦拭、覆盖、包裹、佩带之一方布帛。《说文·巾部》:"巾,佩巾也。"《仪礼·士丧礼》:"沐,巾一;浴,巾二。"郑玄注:"巾,所以拭污垢。"《周礼·天官·幂人》:"幂人掌共巾幂。"郑玄注:"共巾可以覆物。"《急就篇》卷二:"靸、鞮、卬角、褐、袜、巾。"颜师古注:"巾者,一幅之巾,所以裹头也。一曰裹足之巾,若今人裹足布也。"

【帨】《白虎通·嫁娶》:"母施衿结<u>帨</u>曰:'勉之敬之,夙夜无违宫事。'"(9-462)

佩巾。古代女子出嫁时,为母所亲授,用以擦拭不洁。《诗经·召南·野有死麕》:"无感我帨兮,无使龙也吠。"毛传:"帨,佩巾也。"《仪礼·士昏礼》:"母施衿结帨曰:'勉之敬之,夙夜无违宫事。'"郑玄

注："帨，佩巾也。"《礼记·内则》："女子设帨于门右。"郑玄注："帨，事人之佩巾也。"

【衿】《白虎通·嫁娶》："母施衿结帨曰：'勉之敬之，夙夜无违宫事。'"（9-461）

衣上带纽扣之带。《尔雅·释器》："衿谓之袸。"邢昺疏："衿，衣小带也，一名袸。"《仪礼·士昏礼》："母施衿结帨曰：'勉之敬之，夙夜无违宫事。'"胡培翚正义："衿，衣小带。"

【鞶】《白虎通·嫁娶》："父诫于阼阶，母诫于西阶，庶母及门内施鞶，申之以父母之命，"（10-462）

古代男子束衣之腰带，革制，常以佩玉饰之。《左传·桓公二年》："鞶、厉、游、缨，昭其数也。"杜预注："鞶，绅带也。一名大带。"孔颖达疏："以带束腰，垂其余以为饰，谓之绅，上带为革带，故云：鞶，绅带。"

【旒】《白虎通·绋冕》："垂旒者，示不视邪，纩塞耳，示不听谗也。"（10-499）

古代帝王贵族冠冕前后之装饰，以丝绳系玉串而成。同"瑬"。《礼记·玉藻》："天子玉藻，十有二旒。"《孔子家语·入官》："古者圣主冕而前旒，所以蔽明也。"

【绋】《白虎通·绋冕》："绋者，何谓也？绋者，蔽也，行以蔽前者尔。"（10-493）

古代大夫以上祭祀或朝觐时遮蔽于衣前之服饰。同"市""韍"。《礼记·玉藻》："一命缊韍幽衡，再命赤韍幽衡，三命赤韍葱衡。"郑玄注："此玄冕爵弁服之韠，尊祭服，异其名耳。韍之言亦蔽也。"孔颖达疏："他服称韠，祭服称韍。"《礼记·明堂位》："有虞氏服韍。"郑玄注："韍，冕服之韠也。舜始作之，以尊祭服。"《汉书·王莽传上》："于是莽稽首再拜，受绿韍衮冕衣裳。"颜师古注："此韍谓蔽膝也。"

【朱绋】《白虎通·绋冕》："天子朱绋，诸侯赤绋。"（10-493）

古诸侯官服上红色蔽膝。朱绋词条首例出自《白虎通·绋冕》。绋，同"市""绂""韍""韨"。《周易·困》："困于酒食，朱绂方来。

利用享祀，征凶无咎。"程颐传："朱绂，王者之服，蔽膝也。"《文选》江淹《杂体诗》："朱韨咸耄士，长缨皆俊人。"李善注引郑玄曰："芾，太古蔽膝之象。韨与芾古字通。"《文选》韦孟《讽谏诗》："黼衣朱韨，四牡龙旗。"李善注引应劭曰："朱韨，上广一尺，下广二尺，长三尺，以皮为之，古者上公服之。"在文献中"朱绂"一为天子之服，二为上公之服。高亨、朱熹等认为是大夫以上可着，班固、程颐等认为是天子之服。按，朱为大红色，赤为火焰的颜色。杨宽根据《诗经》《礼记》等文献记载认为朱绂是四染而成，赤绂是三染而成，朱比赤深。《诗经·小雅·斯干》："其泣喤喤，朱芾斯皇，室家君王。"郑玄笺："芾者，天子纯朱，诸侯黄朱。"黄朱实为赤色即火焰的颜色。朱、赤虽然相近，但是如若细化，仍有差别。朱骏声《说文通训定声》："天子朱市，诸侯赤，卿大夫葱衡。"

【赤绂】《白虎通·绂冕》："天子朱绂，诸侯赤绂。"（10-493）

赤色蔽膝，为大夫以上所服。《诗经·曹风·候人》："彼其之子，三百赤芾。"郑玄笺："芾，冕服之韠也……大夫以上，赤芾乘轩。"《诗经·小雅·采芑》："服其命服，朱芾斯皇，有玱葱珩"。《礼记·玉藻》："载曰：'一命缊韨幽衡，再命赤韨幽衡，三命赤韨葱衡'"。

【葱衡】《白虎通·绂冕》："天子大夫赤绂葱衡，士韎韐。"（10-494）

古代用以使冠冕固着于发上之簪。《周礼·天官·追师》："掌王后之首服，为副编次追衡笄。"郑玄注："衡，维持冠者。"《左传·桓公二年》："衮、冕、黻、珽、带、裳、幅、舄、衡、紞、纮、綖，昭其度也。"杨伯峻注："此四物皆冕之饰。衡及横笄。笄音鸡，簪也。笄有二，有安发之笄，有固冠之笄。衡笄，固冠之笄，长一尺二寸，天子以玉，诸侯以似玉之石。"

【韎韐】《白虎通·绂冕》："天子大夫赤绂葱衡，士韎韐。"（10-494）

赤色皮蔽膝。亦称"韎韐带"。《诗经·小雅·瞻彼洛矣》："韎韐有奭。"毛传："韎韐者，茅搜染草也。一曰韎韐所以代韠也。"《仪礼·士丧礼》："设韐带，搢笏。"郑玄注："韐带，韎韐缁带，不言韎缁者，省文，亦欲见韐自有带，韐带用革。"《左传·成公十六年》："有韎韦之跗注，君子也。"杜预注："韎，赤色。"孔颖达疏："贾逵云：一染曰韎。"

【纩²】《白虎通·绋冕》："垂旒者，示不视邪，纩塞耳，示不听谗也。"（10-499）

古人冠冕上垂于两侧之物，多以玉、石、贝等制成。《晏子春秋·外篇上九》："冕前有旒，恶多所见也；纩纮珫耳，恶多所闻也。"

【箭笄】《白虎通·丧服》："布衰裳、麻绖，箭笄，绳缨，苴杖，为略及本经者，亦示也，故总而载之。"（11-510）

古代女子服丧时所用之竹制簪子。《礼记·丧服小记》："箭笄终丧三年，齐衰三月，与大功同者绳屦。"

【麻绖】《白虎通·丧服》："布衰裳，麻绖，箭笄，绳缨，苴杖，为略及本经者，亦示也。"（11-510）

服丧期间系于头或腰之葛麻布带。亦称"绖"。《说文·糸部》："绖，丧首戴也。"《玉篇·糸部》："绖，麻带也。"《六书故·工事六》："绖，丧服也。在首为首绖，以象领。在要为要绖以象大带。以麻葛为之。"《庄子·天道》："哭泣衰绖隆杀之服。"《仪礼·丧服》："丧服，斩衰裳，苴绖，杖，绞带。"郑玄注："麻在首在要（腰）皆绖。"《礼记·檀弓上》："孔子之丧，二三子皆绖而出。"

【绳缨】《白虎通·丧服》："布衰裳，麻绖，箭笄，绳缨，苴杖，为略及本经者，亦示也。"（11-510）

古代斩衰服之帽缨。《仪礼·丧服》："丧服，斩衰裳，苴绖杖绞带，冠绳缨菅屦者。"贾公彦疏："云冠绳缨者，以六升布为冠；又屈一条绳为武，垂下为缨……则知此绳缨不用苴麻用枲麻。"《礼记·丧服》："父母之丧，衰冠、绳缨、菅屦。"孙希旦集解："绳缨，斩衰冠之缨。"

【腰绖】《白虎通·丧服》："腰绖者，以代绅带也。"（11-511）

古时丧服系于腰间之麻带或草带。《仪礼·丧服》："苴绖杖绞带，冠绳缨，菅屦者。"郑玄注："麻在首在腰，皆曰绖……首绖象缁布冠之缺项，要绖象大带。"《仪礼·士丧礼》："苴绖大鬲，下本在左，要绖小焉。"胡培翚正义："要绖，即带也。"

【绖带】《白虎通·丧服》："寝苦枕块，哭无时，不脱**绖带**。"（11-516）

丧服之麻布带。《史记·孝文本纪》："绖带无过三寸。"《仪礼·士虞礼》："丈夫说绖带于庙门外。"

三、服饰原料

【皮毛】《白虎通·号》："衣**皮毛**，饮泉液，吮露英，虚无寥廓，与天地通灵也。"（2-46）

禽兽皮和毛之总称。可作为制衣材料。《周礼·天官·兽人》："凡兽入于腊人，皮毛筋角，入于玉府。"《后汉书·鲜卑传》："又有貂豽鼲子，皮毛柔蝡，故天下以为名裘。"

【皮】《白虎通·号》："茹毛饮血，而衣**皮**苇"（2-51）

皮革。《说文·皮部》："皮，剥取兽革者，谓之皮。"徐锴系传："生曰皮，理之曰革，柔之曰韦。"《尚书·禹贡》："梁州，厥贡熊罴狐狸织皮。"孔传："贡四兽之皮，织金罽。"《周礼·天官·司裘》："掌皮掌秋敛皮，冬敛革，春献之。"郑玄注："有毛为皮，去毛为革。"

【布】《白虎通·乡射》："侯者以**布**为之。布者，用人事之始也。"（5-244）

用麻、葛、丝、毛及棉等纤维织成之面料。《说文·巾部》："布，枲织也。"段注："古者无今之木绵布，但有麻布及葛布而已。"《释名·释彩帛》："布，布也。布列众缕为经，以纬横成之也。又太古衣皮，女工之事始于是，施布其法度，使民尽用之也。"《小尔雅·广服》："麻、纻、葛、曰布。"《诗经·卫风·氓》："抱布贸丝。"毛传："布，币也。"孔颖达疏："此布币谓丝麻布帛之布。"

【朱丝】《白虎通·灾变》："社者，众阴之主，以**朱丝**萦之，鸣鼓攻之，以阳责阴也。"（6-273）

红色丝绳。《战国策·楚策四》："不知夫子发方受命乎宣王，系己以朱丝而见之也。"《淮南子·说山训》："圣人用物若用朱丝约刍狗，若为土龙以求雨。"

【纴】《白虎通·姓名》："十五通乎织**纴**纺绩之事，思虑定，故许

嫁，笄而字。"（8-416）

用以织布帛之丝缕。《说文·糸部》："纴，机缕也。"《左传·成公二年》："孟孙请往赂之，以执斲、执针、织纴，皆百人。"杜预注："织纴，织缯布者。"《礼记·内则》："执麻枲，治丝茧，织纴组紃，学女事，以共衣服。"孔颖达疏："纴为缯帛。"《汉书·严助传》："男子不得耕稼种树，妇人不得纺绩织纴。"颜师古注："机缕曰纴。"

【絺绤】《白虎通·衣裳》："以为絺绤蔽形，表德劝善，别尊卑也。"（9-432）

葛布之统称。葛之细者曰絺，粗者曰绤。《周礼·地官·掌葛》："掌葛掌以时征絺绤之材于山农。"《淮南子·主术训》："黼黻文章，絺绤绮绣。"高诱注："白与黑为黼，青与赤为黻。絺绤，葛也。精曰絺，粗曰绤，五采具曰绣。"

【缋】《白虎通·衣裳》："缋绘为结于前，下垂三分，身半，绅居二焉。"（9-435）

布帛头尾。《说文·糸部》："缋，织余也。"段注："此亦兼布帛言之也……缋之言遗也，故训为织余。今亦呼为机头，可用系物及饰物。"《急就篇》："承尘户帘条缋总。"颜师古注："缋为条祖之属也。"《礼记·玉藻》："缁布冠缋緌。"

【纪】《白虎通·五经》："周衰道失，纲散纪乱，五教废坏，故五常之经咸失其所，象易失理。"（9-445）

丝缕头绪。《说文·糸部》："纪，丝别也。"王筠句读："纪者，端绪之谓也。"《方言》卷十："缫、末、纪，绪也。南楚皆曰缫。或曰端，或曰纪，或曰末，皆楚转语也。"《淮南子·泰族训》："茧之性为丝，然非得工女煮以热汤而抽其统纪，则不能成丝。"

【韦】《白虎通·绋冕》："绋以圭为之者，反古不忘本也。"（10-495）
去毛熟治之兽皮。《正字通·韦部》："韦，柔皮。熟曰韦，生曰革。"《仪礼·聘礼》："君使卿韦弁。"郑玄注："皮韦同类，取相近耳。"贾公彦疏："有毛则曰皮，去毛熟治则曰韦。本是一物，有毛无毛为异，故云取相近耳。"汉桓宽《盐铁论·散不足》："士则单复木具，盘韦柔革。"

【素】《白虎通·绂冕》："素积者，积素以为裳也。"（10-497）

本色生帛。《说文·素部》："素，白致缯也。"《小尔雅·广服》："缟之粗者曰素。"《礼记·杂记下》："纯以素，纰以五采。"孔颖达疏："素，谓生帛。"

【玄纁】《白虎通·嫁娶》："纳征玄纁束帛俪皮。"（10-457）

黑色和浅红色之布帛。《尚书·禹贡》："厥篚玄纁玑组。"《左传·哀公十一年》："公使大史固归国子之元，置之新箧，襚之以玄纁，加组带焉。"杨伯峻注："此谓以红黑色与浅红色之帛作垫。"

【麻】《白虎通·绂冕》："冕所以用麻为之者，女功之始，示不忘本也。"（10-499）

大麻，可供纺织。《诗经·陈风·东门之池》："东门之池，可以沤麻。"

第十节　居室类名物词

居室类名物词是指与宫室、建筑直接相关之词汇，此类名物词计有 77 个，其中单音词 34 个，双音词 43 个。具体分为政事之所、生活居所、治丧之所三小类。

一、政事之所

【朝/朝廷】《白虎通·爵》："故夫尊于朝，妻荣于室，随夫之行。"（1-21）；《谥》："朝廷本所以治政之处。"（2-76）

君王接受朝见和处理政务之所。《广韵·宵韵》："朝，朝廷也。"《礼记·曲礼下》："在朝言朝。"郑玄注："朝，谓君臣谋政事之处也。"《论语·乡党》："其在宗庙朝廷，便便言，唯谨尔。"邢昺疏："朝廷，布政之所。"《淮南子·主术训》："是故朝廷芜而无迹，田野辟而无草。"

【阼阶/阼】《白虎通·爵》："君降立于阼阶南，南向，所命北面，史由君右执策命之。"（1-23）；《爵》："践阼为主，南面朝臣下。"（1-40）

堂前东面之台阶。天子、诸侯、大夫、士皆以阼为主人之位。《尚书·顾命》："大辂在宾阶面，缀辂在阼阶面。"《仪礼·士冠礼》："主人玄端爵韠，立于阼阶下，直东序西面。"郑玄注："阼，犹酢也，东阶所以答酢宾客也。"贾谊《新书·礼》："礼，天子适诸侯之宫，诸侯不敢自阼阶。阼阶者，主之阶也。"

阼，《集韵·铎韵》："阼，东阶。"《礼记·曲礼下》："践阼，临祭祀。"孔颖达疏："阼，主人阶，天子祭祀升阼阶。"《吕氏春秋·安死》："其设阙庭为宫室，造宾阼也若都邑。"

【社²】《白虎通·社稷》："故封土立社，示有土也。"（3-83）

社坛，祭祀社神之所。《左传·昭公十七年》："伐鼓于社。"《公羊传·哀公四年》："社者，封也。"何休注："封土为社。"

【外门】《白虎通·社稷》："社稷在中门之外，外门之内何？"（3-87）

天子之皋、库二门，诸侯之库门。外门内，中门外为社稷所在。《礼记·明堂位》："大庙，天子明堂；库门，天子皋门；雉门，天子应门。"郑玄注："言庙及门如天子之制也。天子五门：皋、库、雉、应、路。鲁有库、雉、路，则诸侯三门与！"《仪礼·士冠礼》："宾如主人服，赞者玄端从之，立于外门之外。"《史记·万石张叔列传》："万石君徙居陵里。内史庆醉归，入外门不下车。"

【中门】《白虎通·社稷》："社稷在中门之外，外门之内何？"（3-87）

天子五门之一。亦作"雉门"。《周礼·天官·阍人》："掌守王宫之中门之禁。"郑玄注："中门，于外内为中，若今宫阎门。郑司农云：'王有五门：外曰皋门，二曰雉门，三曰库门，四曰应门，五曰路门……玄谓雉门，三门也。'"贾公彦疏："后郑义以雉门为中门，周人外宗庙，故知雉门外，库门内之左右也。"

【墙¹】《白虎通·社稷》："当近君，置宗庙之墙南。"（3-87）

垣蔽。《说文·土部》："墙，垣蔽也。"《尔雅·释宫》："墙谓之墉。"《尚书·五子之歌》："峻宇雕墙。"《诗经·郑风·将仲子》："将仲子兮，无逾我墙。"毛传："墙，垣也。"

【稷²】《白虎通·社稷》："为社立祀（稷），始谓之稷，语不自

变有内外。"（2-89）

祭祀谷神之所。《汉书·郊祀志下》："圣汉兴，礼仪稍定，已有官社，未立官稷，遂于官社后立官稷……后稷配食。"又："稷种谷树。"颜师古注："谷树，楮树也。其子类谷，故于稷种。"

【堂】《白虎通·礼乐》："歌者在堂上，舞在堂下何？"（3-115）

阶上室外正厅为"堂"。通常是行吉凶大礼之所，不住人。《说文·土部》："堂，殿也。正寝曰堂。"段注："堂之所以称殿者，正谓前有陛，四缘皆高起……古曰堂，汉以后曰殿。古上下皆称堂，汉上下皆称殿，至唐以后，人臣无有称殿者。"《诗经·唐风·蟋蟀》："蟋蟀在堂。"《礼记·礼器》："天子之堂九尺……士三尺。"《论语·先进》："由也升堂矣，未入于室也。"

【府】《白虎通·封公侯》："故列土为疆非为诸侯，张官设府非为卿大夫，皆为民也。"（4-141）

官署。汉至南北朝多指高级官员及诸王治事之所。《广雅·释官》："州、郡、县、府，官也。"王念孙疏证："皆为官舍也。"《周礼·天官·大宰》："以八法治官府。"郑玄注："百官所居曰府。"

【辟雍】《白虎通·乡射》："天子临辟雍，亲袒割牲，尊三老，父象也。"（5-249）

西周天子所设大学。亦作"辟廱"。《广雅·释官》："廱，官也。"王念孙疏证："谓官舍也。大学在郊，天子曰辟雍。"《诗经·大雅·灵台》："于论鼓钟，于乐辟廱。"《礼记·王制》："大学在郊，天子曰辟廱，诸侯曰頖宫。"《汉书·平帝纪》："安汉公奏立明堂、辟廱。"

【大学】《白虎通·辟雍》："古者所以年十五入大学何？"（6-253）

古设于京城之最高学府。西周已有太学之名。亦作"太学"。《礼记·王制》："小学在公宫南之左，大学在郊。"《大戴礼记·保傅》："束发而就大学，学大艺焉，履大节焉。"卢辩注："大学，王宫之东者。束发，谓成童。"《汉书·礼乐志》："古之王者莫不以教化为大务，立大学以教于国，设庠序以化于邑。"

【小学】《白虎通·辟雍》："小学，经艺之宫。"（6-257）

实施初级教育的学校。《尚书大传》："公卿之太子，大夫元士嫡子，年十三始入小学，见小节而履小义。"

【宫³】《白虎通·辟雍》："小学，经艺之宫。"（6-257）

学宫。《诗经·大雅·思齐》："雝雝在宫，肃肃在庙。"郑玄注："宫谓辟廱宫也。"《太平御览》卷五三五引《五经通义》："三王教化之宫，总名为学。"

【泮宫】《白虎通·辟雍》："诸侯曰泮宫者，半于天子宫也。"（6-260）

西周诸侯所设学宫。亦作"頖宫"。《诗经·鲁颂·泮水》："既作泮宫，淮夷攸服。"《礼记·王制》："大学在郊，天子曰辟廱，诸侯曰頖宫。"孔颖达疏："云'頖之言班也，所以班政教也'者，頖是分判之义，故为班。于此学中施化，使人观之，故云'所以班政教也。'"《汉书·郊祀志上》："周公相成王，王道大洽，制礼作乐，天子曰明堂辟雍，诸侯曰泮宫。"

【庠】《白虎通·辟雍》："乡曰庠，里曰序。"（6-261）

古代学校，特指乡学。《礼记·学记》："古之教者，家有塾，党有庠，术有序，国有学。"孔颖达疏："庠，学名也，于党中立学教闾中所升者也。"

【序】《白虎通·辟雍》："乡曰庠，里曰序。"（6-261）

古代学校。《玉篇·广部》："序，学也。"《礼记·王制》："夏后氏养国老于东序，养庶老于西序。"郑玄注："东序，大学，在国中，王宫之东。西序，小学，在西郊。"《周礼·地官·州长》："春秋以礼会民而射于州序。"郑玄注："序，州党之学也。"《孟子·滕文公上》："夏曰校，殷曰序，周曰庠。"

【灵台】《白虎通·辟雍》："天子所以有灵台者何？"（6-263）

台名，古代天子观察天文气象之台。《后汉书·肃宗孝章帝纪》："礼毕，登灵台，望云物。大赦天下。"《文选》张衡《东京赋》："左制辟雍，右立灵台。"薛综注："司历纪候节气者曰灵台。"

【明堂】《白虎通·辟雍》："明堂上圆下方，八窗四闼，布政之宫。"（6-265）

古帝王宣明政教之所。凡朝会、祭祀、庆赏、选士、养老、教学等大典皆在此举行。《孟子·梁惠王下》："夫明堂者，王者之堂也。"

【西阶】《白虎通·王者不臣》："觐则待之于阼阶，升阶自<u>西阶</u>，为庭燎，设九宾，享礼而后归。"（7-321）

堂西之阶。示尊礼之位。《礼记·曲礼上》："主人就东阶，客就西阶。客若降等，则就主人之阶。"《史记·魏公子传》："赵王扫除自迎，执主人之礼，引公子就西阶。"

【城郭】《白虎通·商贾》："不周风至，则筑宫室，修<u>城郭</u>。"（7-346）

城墙。城指内城之墙，郭指外城之墙。《礼记·礼运》："大人世及以为礼，城郭沟池以为固。"孔颖达疏："城，内城；郭，外城也。"《逸周书·籴匡》："宫室城廓修为备，供有嘉菜，于是日满。"孔晁注："廓与郭同。"

【郭门】《白虎通·宗族》："夫子过郑，与弟子相失，独立<u>郭门</u>外。"（8-393）

外城之门。《左传·昭公二十年》："寅闭郭门，踰而从公。"

【观】《白虎通·嫁娶》："所以必更筑<u>观</u>者何？尊之也。"（10-480）

楼台。《左传·哀公元年》："昔阖庐食不二味，居不重席，室不崇坛，器不彤镂，宫室不观，舟车不饰，衣服财用，择不取费。"杜预注："观，台榭。"《史记·司马相如列传》："灵圉燕于闲观。"

【公门】《白虎通·丧服》："凶服不敢入<u>公门</u>者，明尊朝廷，吉凶不相干。"（11-529）

古称国君之外门为"公门"。《礼记·曲礼下》："龟策、几杖、席盖、重素、袗絺绤，不入公门。"《谷梁传·庄公元年》："主王姬者，必自公门出。"《史记·张释之冯唐列传》："遂劾不下公门不敬，奏之。"

【市朝】《白虎通·丧服》："望国境则哭，过<u>市朝</u>则否。"（11-530）

市场和朝廷。《周礼·考工记·匠人》："面朝后市，市朝一夫。"戴震《考工记图》引徐昭庆曰："朝者官吏所会，市者商旅所聚，必须有一夫百亩之地，然后足以容之。"《礼记·檀弓下》："君之臣不免于罪，则将肆诸市朝而妻妾执。"郑玄注："肆，陈尸也。大夫以上于朝，士以下于市。"

【中庭】《白虎通·崩薨》："主人居中庭，从哭。"（11-544）

古代庙堂前阶下正中部分。为朝会或授爵行礼时臣下站立之处。《礼记·檀弓上》："孔子哭子路于中庭。"陈澔集说："哭于中庭，于中庭南面而哭也。不于阼阶下者，别于兄弟之丧也。"《管子·中匡》："管仲反入，倍屏而立，公不与言；少进中庭，公不与言。"

【两楹】《白虎通·崩薨》："夏后氏殡于阼阶，殷人殡于两楹之间，周人殡于西阶之上何？"（11-550）

正厅之中的两根柱子。两楹于房屋正中，为举行重大仪式和重要活动之地，后指停放棺柩、举行祭奠之所。《礼记·檀弓上》："殷人殡于两楹之间。"《公羊传·定公元年》："正棺于两楹之间，然后即位。"汉刘向《九叹·愍命》："戚宋万于两楹兮，废周邵于迟夷。"

【塾】《白虎通·阙文》："所以必有塾何？"（12-595）

宫门外两侧房屋，为臣僚等候朝见皇帝之处。《说文·土部》："塾，门侧堂也。"《尔雅·释宫》："门侧之堂谓之塾。"《尚书·顾命》："先辂在左塾之前，次辂在右塾之前。"

【阙】《白虎通·阙文》："门必有阙者，阙者所以饰门，别尊卑也。"（11-596）

宫门、城门两侧之高台。《说文·门部》："阙，门观也。"《六书故·工事一》："宫城上为楼观，阙其下为门，所谓阙门也。"《诗经·郑风·子衿》："挑兮达兮，在城阙兮。"高亨注："阙，城门两边的高台。"

二、生活居所

【室】《白虎通·爵》："故夫尊于朝，妻荣于室，随夫之行。"（1-21）

房间、内室。《论语·先进》："由也，升堂矣，未入于室也。"《礼记·问丧》："入门而弗见也，上堂又弗见也，入室又弗见也。"

【小寝】《白虎通·爵》："故《春秋》鲁僖公三十三年十二月乙巳，公薨于小寝。"（1-29）

天子、诸侯之寝宫。《左传·僖公三十三年》："公如齐……反，薨于小寝。"杨伯峻注:"小寝,为诸侯之燕寝。"《礼记·玉藻》:"大夫退,然后适小寝,释服。"郑玄注:"小寝,燕寝也。"

【穴】《白虎通·号》:"故黄金弃于山,珠玉捐于渊,岩居穴处,衣皮毛,饮泉液,吮露英,虚无寥廓,与天地通灵也。"（2-46）

洞窟。《广韵·屑韵》:"穴,窟也。"《周易·系辞》:"上古穴居而野处,后世圣人易之以宫室。"《墨子·辞过》:"古之民未知为宫室时,就陵阜而居穴而处。"

【岩】《白虎通·号》:"故黄金弃于山,珠玉捐于渊,岩居穴处,衣皮毛,饮泉液,吮露英,虚无寥廓,与天地通灵也。"（2-46）

石窟;洞穴。古可住人。《庄子·在宥》:"故贤者伏处大山嵁岩之下。"王先谦集解:"山以大言,岩以深言。"《楚辞》东方朔《七谏·哀命》:"处玄舍之幽门兮,穴岩石而窟伏。"王逸注:"岩,穴也。"

【闺门】《白虎通·谥》:"夫人一国之母,修闺门之内,则群下亦化之,故设谥以彰其善恶。"（2-74）

宫苑、内室之门。后指妇女居住之所。《礼记·乐记》:"在闺门之内,父子兄弟同听之,则莫不和亲。"《淮南子·主术训》:"人主深居隐处以避燥湿,闺门重袭以避奸贼。"

【门²】《白虎通·社稷》:"在门东,明自下之无事处也。"（3-87）

《说文·门部》:"门,闻也。"段注:"闻者,谓外可闻于内,内可闻于外也。"《玉篇·门部》:"门,人所出入也。在堂房曰户,在区域曰门。"唐慧琳《一切经音义》卷十四引《字书》:"一扇曰户,两扉曰门。"《韩非子·亡征》:"公婿公孙与民同门,暴慠其邻者,可亡也。"

【屋¹】《白虎通·社稷》:"社无屋何?达天地气。"（3-89）

屋顶。《诗经·豳风·七月》:"昼尔于茅,宵尔索绹,亟其乘屋,其始播百谷。"《谷梁传·文公十三年》:"大室屋坏者,有坏道也。"范宁注:"屋者,主于覆盖。"

【井²】《白虎通·乡射》:"春夏事急,浚井次墙,至有子使父,弟使兄,故以事闲暇,复长幼之序也。"（5-247）

水井。《说文·井部》："井，本作'丼'，八家一井，象构韩形。罋象也。古者伯益初作井。凡井之属皆从井。"《周易·井》："改邑不改井。"孔颖达疏："古者穿地取水，以瓶引汲，谓之为井。"《荀子·荣辱》："短绠不可以汲深井之泉。"

【垣】《白虎通·辟雍》："其余雍之言垣，宫名之别尊卑也。"（6-260）

矮墙。《说文·土部》："垣，墙也。"段注："此云垣者，墙也，浑言之；墙下曰：垣，蔽也，析言之。……垣自其大言之，墙自其高言之。"《释名·释宫室》："垣，援也。人所依阻以为援卫也。"《尚书·梓材》："若作室家，既勤垣墉，惟其涂塈茨。"陆德明释文引马融注："卑曰垣，高曰墉。"《左传·僖公五年》："逾垣而走，披斩其袪，遂出奔翟。"

【窗】《白虎通·辟雍》："八窗四闼，布政之宫，在国之阳。"（6-265）

窗户。写作"囱"。《说文·穴部》："窗，本作囱。在墙曰牖，在户曰囱。或作窗。"《释名·释宫室》："窗，聪也。于外窥内为聪明也。"《周礼·冬官·考工记》："四旁两夹窗。"郑玄注："助户为明。亦作牕。"汉 王充《论衡·别通》："凿窗启牖，以助户明也。"

【闼】《白虎通·辟雍》："八窗四闼，布政之宫，在国之阳。"（6-265）

内门；小门。后泛指门。《说文·门部》："闼，门也。"《广雅·释宫》："闼谓之门。"《诗经·齐风·东方之日》："彼姝者子，在我闼兮。"毛传："闼，门内也。"《史记·樊郦滕灌列传》："哙乃排闼直入，大臣随之。"张守节正义："闼，宫中小门。"

【户²】《白虎通·辟雍》："三十六户法三十六雨，七十二牖法七十二风。"（6-266）

单扇门。亦泛指门户。《说文·户部》："户，护也。半门曰户。"《诗经·唐风·绸缪》："绸缪束楚，三星在户。"朱熹集传："户，室户也。户必南出，昏见之星至此，则夜分矣。"《论语·雍也》："谁能出不由户？"刘宝楠正义引《一切经音义》："一扇曰户，两扇曰门。"

【牖】《白虎通·辟雍》："三十六户法三十六雨，七十二牖法七十二风。"（6-266）

窗户。《说文·片部》："牖，穿壁以木为交窗也。"段注："交窗者，以木横直为之，即今之窗也。在墙曰牖，在屋曰窗。"《尚书·顾命》："牖间南向，敷重篾席。"孔颖达疏："牖，谓窗也。"

【楔】《白虎通·灾变》："谓夫人击镜，孺人击杖，庶人之妻楔搔。"（6-275）

门两边之木柱。《说文·木部》："楔，欙也。"《尔雅·释宫》："枨谓之楔。"郭璞注："门两旁木。"郝懿行义疏引《论语》皇侃疏云："门左右两棖边各竖一木，名之为枨，枨以御车过恐触门也。"

【庖厨】《白虎通·封禅》："孝道至，则萐莆生庖厨。"（6-285）

厨房。《孟子·梁惠王上》："君子之于禽兽也，见其生，不忍见其死；闻其声，不忍食其肉。是以君子远庖厨也。"

【房户】《白虎通·封禅》："继嗣平则宾连生于房户。"（6-286）

门户。《史记·吕太后本纪》："高后女主称制，政不出房户，天下晏然。"

【庭】《白虎通·封禅》："王者使贤不肖位不相逾，则平路生于庭。"（6-286）

堂前地，院子。写作"廷"。《说文·广部》："庭，宫中也。"《仪礼·燕礼》："宾入及庭，公降一等揖之。"《楚辞》刘向《九叹·思古》："甘棠枯于丰草兮，藜棘树于中庭。"王逸注："堂下谓之庭。"《论语·八佾》："八佾舞于庭。"

【园】《白虎通·巡狩》："黄帝之时，凤凰蔽日而至，东方止于东园，食常竹实，栖常梧桐，终身不去。"（6-288）

园圃。《诗经·郑风·将仲子》："将仲子兮，无逾我园，无折我树檀。"朱熹集传："园者圃之藩，其内可种木也。"

【仓廪】《白虎通·考黜》："能使人富足衣食，仓廪实，故赐衣服，以彰其体。"（7-304）

贮藏粮食之仓库。《礼记·月令》："季春之月……命有司发仓廪，赐贫穷，振乏绝。"孔颖达疏引蔡邕曰："谷藏曰仓，米藏曰廪。"《墨子·非乐上》："以实仓廪府库，此其分事也。"

【墙屋】《白虎通·考黜》："阳达于墙屋，阴入于渊泉"（7-309）

房屋。《诗经·小雅·十月之交》："彻我墙屋，田卒污莱。"《左传·昭公二十三年》："叔孙所馆者，虽一日必葺其墙屋，去之如始至。"《孟子·离娄下》："修我墙屋，我将反。"

【著】《白虎通·王者不臣》："朝则迎之于著，觐则待之于阼阶。"（7-321）

古代宫室大门与屏风之间曰著。国君视朝和人臣列位之地。《左传·昭公十一年》："朝有著定，会有表。会朝之言，必闻于表著之位。"杜预注："著定，朝内列位常处谓之表著。"孔颖达疏："著定谓伫立定处，故谓朝内列位常处也。"《国语·周语上》："大夫、士日恪位著，以儆其官。"韦昭注："著，音宁。中廷之左右曰位，门屏之间曰著也。"

【囷仓】《白虎通·八风》："昌盍风至，则申象刑，饰囷仓。"（7-345）

粮仓。《礼记·月令》："（孟秋之月）筑城郭，建都邑，穿窦窖，修囷仓。"《管子·任法》："人主有能用其道者，不事心，不劳意，不动土，而土地自辟，囷仓自实。"

【宫室】《白虎通·商贾》："不周风至，则筑宫室，修城郭。"（7-346）

房屋之通称。《周易·系辞下》："上古穴居而野处，后世圣人易之以宫室，上栋下宇，以待风雨。"

【燕寝】《白虎通·姓名》："质略，故于燕寝。"（8-407）

古代帝王居息之宫室。《周礼·天官·女御》："女御掌御叙于王之燕寝。"《礼记·曲礼下》："天子有后，有夫人。"孔颖达疏："《周礼》王有六寝，一是正寝，余五寝在后，通名燕寝。"王国维《观堂集林·明堂庙寝通考》："古之燕寝有东宫，有西宫，有南宫，有北宫。其南宫之室谓之适室，北宫之室谓之下室，东西宫之室则谓之侧室。四宫相背于外，四室相对于内，与明堂、宗庙同制。其所异者，唯无太室耳。"

【路寝】《白虎通·嫁娶》："不于路寝，路寝本所以行政处，非妇人之居也。"（10-480）

古代天子、诸侯处理政事之宫室。亦称"大寝"。《诗经·鲁颂·閟宫》："松桷有舄，路寝孔硕。"毛传："路寝，正寝也。"《文选》张衡《西京赋》："正殿路寝，用朝群辟。"薛综注："周曰路寝，汉曰正殿。"

【舍】《白虎通·嫁娶》："小寝则嫌群公子之舍，则已卑矣。"（10-480）

旅馆，客舍。《周礼·天官·掌舍》："掌舍掌王之会同之舍。"《逸周书·大聚》："二十里有舍。"朱右曾校释："舍，庐舍，可以止宿，便行旅也。"

【公宫】《白虎通·嫁娶》："与君有缌麻之亲者，教于公宫三月。"（10-485）

君王宫殿。《左传·僖公二十四年》："吕、郤畏逼，将焚公宫而弑晋侯。"

【闺阃】《白虎通·嫁娶》："闺阃之内，衽席之上，朋友之道焉。"（10-487）

宫院或后宫；内室。亦特指妇女居之所。闺阃词条首例出自《白虎通·嫁娶》。《资治通鉴·齐明帝建武元年》："帝王之子，生长富厚；朝出闺阃，暮司方岳，防骄翦逸，积代常典。"

【壁】《白虎通·丧服》："居外门内东壁下为庐。"（11-516）

墙。《说文·土部》："壁，垣也。"《释名·释宫室》："壁，辟也，所以辟御风寒也。"《六书故·地理一》："古者筑垣墉周宇以为宫，后世编苇竹以障楹间，涂之以泥曰壁。"《仪礼·特牲馈食礼》："馔爨在西壁。"郑玄注："西壁，堂之西墙下。"《史记·张耳陈余列传》："汉八年，上从东垣还，过赵，贯高等乃壁人柏人，要之置厕。"司马贞索隐："谓于柏人县馆舍壁中着人，欲为变也。"宋李诫《营造法式·壕寨制度·墙》："墙，其名有五：一曰墙，二曰墉，三曰垣，四曰土寮，五曰壁。"

【中溜²】《白虎通·崩薨》："人死必沐浴于中溜何？"（11-547）

室中央。《公羊传·哀公六年》："于是使力士举巨囊，而至于中溜。"徐彦疏引庾蔚曰："复地上累土，穴则穿地也。复穴皆开其上取明，故雨溜之，是以因名中室为中溜也。"《楚辞》刘向《九叹·愍命》："刺谗贼于中廇兮，选吕管于榛薄。"王逸注："中廇，室中央也。"

【榱桷】《白虎通·阙文》："仰视榱桷，俯视几筵，其器存，"（12-580）

屋椽。《孔子家语·五仪解》："君子入庙，如右，登自阼阶，仰视榱桷，俯察几筵。"

【屏】《白虎通·阙文》："所以设屏何？屏所以自障也。"（12-597）

照壁。对门之小墙。《荀子·大略》："天子外屏，诸侯内屏，礼也。不欲见外也；内屏，不欲见内也。"杨倞注："屏谓之树，郑康成云，若今之浮思也。"

【外屏】《白虎通·阙文》："天子德大，故外屏。"（12-597）

天子门屏。屏，对着门之小墙，后称照壁。《淮南子·主术训》："天子外屏，所以自障。"高诱注："屏，树垣也，门内之垣谓之树。"

【内屏】《白虎通·阙文》："诸侯德小，所照见近，故内屏。"（12-597）

古代诸侯府第于大门内筑小墙作为屏蔽。《荀子·大略》："天子外屏，诸侯内屏，礼也。外屏，不欲见外也；内屏，不欲见内也。"郑玄注《礼记·郊特牲》"大夫之僭礼也。"曰："天子外屏，诸侯内屏，大夫以帘，士以帷。"

三、治丧之所

【庙】《白虎通·爵》："封诸侯于庙者，示不自专也。"（1-23）

古时供祀先祖神位之屋舍。《说文·广部》："庙，尊先祖貌也。"段注："古者庙以祀先祖，凡神不为庙也。为神立庙者，始三代以后。"《诗经·大雅·思齐》："雝雝在宫，肃肃在庙。"

【宗庙】《白虎通·社稷》："宗庙俱太牢，社稷独少牢何？"（3-85）

古代帝王、诸侯祭祀祖宗之庙宇。《国语·鲁语上》："夫宗庙之有昭穆也，以次世之长幼，而等冑之亲疏也。"《史记·魏公子列传》："今秦攻魏，魏急而公子不恤，使秦破大梁而夷先王之宗庙，公子当何面目立天下乎？"《孝经·感应》："宗庙致敬，鬼神著矣。"

【太社】《白虎通·社稷》："太社为天下报功，王社为京师报功。"（3-85）

古代天子为群姓祈福、报功而设立的祭祀土神、谷神之所。亦写作"大社"。太社词条首例出自《白虎通·社稷》。《后汉书·志九》："建武二年，立太社稷于雒阳，在宗庙之右。"颜师古引马融《周礼》注曰："社稷在右，宗庙在左。或曰，王者五社，太社在中门之外，惟松；东社八里，惟柏；西社九里，惟栗；南社七里，惟梓；北社六里，惟槐。"《史记·三王世家》："受兹青社"。张晏曰："王者以五色土为太社，封四方诸侯，各以其方色土与之，苴以白茅，归以立社。"司马贞《索隐》引蔡邕《独断》云："皇子封为王，受天子太社之土。若封东方诸侯，则割青土，藉以白茅，授之以立社，谓之'茅土'。齐在东方，故云青社。"《潜夫论·正卷二》："多受茅土"。汪继培笺引《独断》云："天子太社，以五色土为坛。皇子封为王者，受天子之社土，以所封之方色，东方受青，南方受赤，他如其方色。苴以白茅授之。各以其所封方之色归国以立社，故谓之受'茅土'。汉兴，以王子封为王者得茅土。其他功臣及乡亭他姓公侯，各以其户数租入为限，不受茅土，亦不立社也。"按，祭祀土神之场所早已有之，然太社称呼起于汉代，源于汉时"太"字使用频率增加，另外，太乃大之极也，更是儒家为强调王者独尊地位之缘故。

【王社】《白虎通·社稷》："太社为天下报功，<u>王社</u>为京师报功。"（3-85）

天子为京师祀土神、谷神之所。亦为"帝社"。《礼记·祭法》："王为群姓立社曰大社。王自为立社曰王社。"孔颖达疏："王社所在《书》《传》无文，或云与大社同处，王社在大社之西。崔氏并云：'王社在藉田。'"蔡邕《独断》："天子之社曰王社，一曰帝社。有命将行师，必于此社授以政。"

【坛】《白虎通·社稷》："其<u>坛</u>大如何？《春秋文义》曰：'天子之社稷广五丈，诸侯半之。'"（3-91）

高台。古代祭祀天地、帝王、远祖或举行朝会、盟誓及拜将之所。《玉篇·土部》："坛，封土祭处。"《尚书·金縢》："公乃自以为功，为三坛同墠。"孔传："坛，筑土。"陆德明释文引马融曰："坛，土堂也"《左传·襄公二十八年》："子产相郑伯以如楚，舍不为坛。"《谷梁传·定公十年》："两君就坛，两相相揖。"范宁注："将欲行盟会之礼。"

【祢／祢庙】《白虎通·三军》："王者将出，辞于<u>祢</u>。"（5-202）；

《嫁娶》："遣女于祢庙者，重先人之遗体。"（10-461）

祢，亲庙；父庙。《说文·示部》："祢，亲庙也。"《周礼·春官·甸祝》："舍奠于祖庙，祢亦如之。"郑玄注引郑司农曰："祢，父庙。"孙诒让《周礼正义》引《左传·襄公十三年》孔疏曰："祢，近也。于诸庙，父最为近也。"《汉书·韦贤传》："既去祢祖，惟怀惟顾。"颜师古注："父庙曰祢，言其去父祖旧居，所以怀顾也。"

祢庙，父庙，亦称"考庙"。《左传·襄公十二年》："凡诸侯之丧，异姓临于外，同姓临于宗朝。同宗于祖庙，同族于祢庙。"杜预注："父庙也。同族谓高祖以下。"《左传·襄公十三年》："所以从先君于祢庙者。"杜预注："从先君代为祢庙。"孔颖达疏："《祭法》云，诸侯立五庙，曰：考庙、王考庙、皇考庙、显考庙、祖考庙。此云祢庙，即彼考庙也……祢，近也。于诸庙，父最为近也。"《仪礼·既夕礼》："朝于祢庙。"

【祖庙】《白虎通·三军》："独于祖庙何？制法度者，祖也。"（5-207）

天子供祀祖先之宫庙。《周礼·春官·甸祝》："舍奠于祖庙。"《礼记·郊特牲》："卜郊受命于祖庙，作龟于祢宫，尊祖亲考之义也。"

【亲庙】《白虎通·姓名》："《礼服传》曰：'子生三月则父名之于祖庙。'于祖庙者，谓子之亲庙也。"（9-407）

父庙；昭庙穆庙之合称。亲庙词条首例出自《白虎通·姓名》。《汉书·王莽传》："予伏念皇初祖考黄帝，皇始祖考虞帝，以宗祀于明堂，宜序于祖宗之亲庙。其立祖庙五，亲庙四，后夫人皆配食。"《后汉书·志九》："当除今亲庙四。孝宣皇帝以孙后祖，为父立庙于奉明，曰皇考庙，独群臣侍祠。愿下有司议先帝四庙当代亲庙者及皇考庙事。"按，秦代一改之前庙制，汉代经过秦祸以后庙制也无先例可循，天子亲庙具体数量不尽相同。故汉高祖、汉元帝、汉光武帝等都进行过变革，尤其刘秀称帝后在洛阳修建高庙置汉十一帝神主于其中，另修四亲庙，祭祀其高、曾、祖、父，招致儒学之士的反对。故亲庙有昭穆庙合称之义。

【倚庐】《白虎通·丧服》："孝子必居倚庐何？"（11-514）

古人为父母守丧时居住之简陋草房。亦称"庐"。《左传·襄公十七年》："齐晏桓子卒，晏婴粗缞斩，苴绖、带、杖，菅屦，食鬻，居倚庐，寝苫、枕草。"《仪礼·既夕礼》："居倚庐。"郑玄注："倚木为庐，在中门外，东方北户。"

【垩室】《白虎通·丧服》："练而居垩室，无饰之室。"（11-515）

古时居丧者所居住之屋，四壁用白泥涂之。《礼记·丧大记》："既练，居垩室，不与人居。"《礼记·杂记下》："三年之丧，言而不语，对而不问，庐垩室之中，不与人坐焉。"

【外寝】《白虎通·丧服》："既练，舍外寝，居垩室。"（11-517）

中门外房屋，为治丧者所居。《仪礼·丧服》："既练，舍外寝。始食菜果，饭素食，哭无时。"郑玄注："舍外寝于中门之外屋，下垒墼为之，不涂塈，所谓垩室也。"

【太庙】《白虎通·丧服》："太庙火，日食，后之丧，雨霑服失容，并废朝。"（11-530）

帝王之祖庙。《论语·八佾》："子入太庙，每事问。"《礼记·月令》："天子居明堂太庙。"

第十一节　身体类名物词

身体类名物词是指与肢体、脏器相关之词汇。主要分布于第八卷，共计 54 个名物词，其中单音词 36 个，双音词 18 个。具体分为脏器、肢体、疾病三类。

一、脏器类

【脾】《白虎通·五祀》："故《月令》春言其祀户，祭先脾。"（2-80）

脾脏。《说文·肉部》："脾，土藏也。"徐锴系传："脾主信藏志，信生于土。"《释名·释形体》："脾，裨也。在胃下。裨助胃气，主化谷也。"《礼记·月令》："孟春之月，祭先脾。"

【肾】《白虎通·五祀》："冬言其祀井，祭先肾。"（2-80）

肾脏。《说文·肉部》："肾，水藏也。"徐锴系传："按肾主智藏精，皆水之为也。"《尚书·盘庚下》："今予其敷心腹肾肠，历告尔百姓于朕志。"《礼记·月令》："孟冬之月，祭先肾。"郑玄注："阴位在下，肾亦在下。"

【心】《白虎通·五祀》："中央言其祀中溜，祭先心。"（2-80）

心脏。《说文·心部》："心，人心，土藏，在身之中。"徐锴系传："心为大火，然则心属火也。"《礼记·月令》："季夏祭先心。"郑玄注："五藏之次，心次肺，至此则心为尊也。"《吕氏春秋·季夏纪》："其祀中溜，祭先心。"高诱注："祭祀之肉先进心。"

【肺】《白虎通·五祀》："夏言其祀灶，祭先肺。"（2-80）

呼吸器官。《说文·肉部》："肺，金藏也。"《正字通》："肺主藏魄，六叶两耳，凡八叶，附脊第三椎，配胸中与大肠表里，为阳中大阴，通于秋气。"《礼记·曲礼》："年谷不登，君膳不祭肺。"郑玄注："礼，食杀牲则祭先。有虞氏以首，夏后氏以心，殷人以肝，周人以肺。不祭肺，谓不杀牲为盛馔也。"《诗经·大雅·桑柔》："自有肺肠，俾民卒狂。"

【肝】《白虎通·五祀》："秋言其祀门，祭先肝。"（2-80）

肝脏。《说文·肉部》："肝，木藏也。"《释名·释形体》："肝，干也。五行属木，故其体状有枝干也。凡物以大为干。"《仪礼·士昏礼》："赞从肝从。"郑玄注："肝炙也，饮酒宜有肴以安之。"

【大肠】《白虎通·性情》："六府者，何谓也？谓大肠、小肠、胃、膀胱、三焦、胆也。"（8-386）

六腑之一，主吸水和成便。《素问·灵兰秘典论》："大肠者，传道之官，变化出焉。"

【小肠】《白虎通·性情》："六府者，何谓也？谓大肠、小肠、胃、膀胱、三焦、胆也。"（8-386）

小肠位于腹中，与大肠相连。《史记·扁鹊仓公列传》："六府谓大小肠、胃、胆、膀胱、三焦也。"

【胃】《白虎通·性情》："六府者，何谓也？谓大肠、小肠、胃、膀胱、三焦、胆也。"（8-386）

消化器官。《说文·肉部》："胃，谷府也。"《释名·释形体》：

"胃，围也，围受食物也。"《韩非子·五蠹》："民食果蓏蚌蛤，腥臊恶臭而伤害腹胃，民多疾病。"

【膀胱】《白虎通·性情》："六府者，何谓也？谓大肠、小肠、胃、膀胱、三焦、胆也。"（8-386）

贮尿器官。《史记·扁鹊仓公列传》："夫以阳入阴中，动胃繵缘，中经维络，别下于三焦膀胱。"张守节《正义》引《八十一难经》："膀胱者，津液之府也。"《太平御览》卷三六三引《韩诗外传》："膀胱，精液之府也。"

【三焦】《白虎通·性情》："六府者，何谓也？谓大肠、小肠、胃、膀胱、三焦、胆也。"（8-386）

上焦、中焦、下焦之合称。《史记·扁鹊仓公列传》："别下于三焦、膀胱。"张守节《正义》引《八十一难》："三焦者，水谷之道路，气之所终始也。上焦在心下下鬲，在胃上口也；中焦在胃中脘，不上不下也。下焦在脐下，当膀胱上口也。"

【胆】《白虎通·性情》："六府者，何谓也？谓大肠、小肠、胃、膀胱、三焦、胆也。"（8-386）

胆囊。《说文·肉部》："胆，连肝之府。"《史记·越王勾践世家》："越王勾践反国，乃苦身焦思，置胆于坐，坐卧即仰胆，饮食亦尝胆也。"

【肠】《白虎通·丧服》："所以结之何？思慕肠若结也。"（11-511）

内脏之一，主消化。《说文·肉部》："肠，大小肠也。"汉 司马迁《报任安书》："是以肠一日而九回，居则忽忽若有所亡，出则不知其所往。"

二、肢体类

【毛】《白虎通·号》："饥即求食，饱即弃余，茹毛饮血，而衣皮苇。"（2-50）

动物毛发。《说文·毛部》："毛，眉发之属及兽毛也。"徐灏注笺："人、兽曰毛，鸟曰羽，浑言通曰毛。"《诗经·小雅·小弁》："不属于毛。"《左传·僖公十四年》："皮之不存，毛将安傅？"《礼记·礼运》："古者未有火化，食草木之实，鸟兽之肉，饮其血，茹其毛。"

【血】《白虎通·号》："饥即求食，饱即弃余，茹毛饮血，而衣皮苇。"（2-50）

血液。《说文·血部》："血，祭所荐牲血也。"段注："不言人血者，为其字从皿，人血不可入于皿，故言'祭所荐牲血'，然则人何以亦名血也，以物之名加之人。古者茹毛饮血，用血报神，因制血字，而用加之人。"《释名·释形体》："血，衊也，出于肉，流而衊衊也。"《周易·归妹》："士刲羊，无血。"汉 扬雄《法言·渊骞》："原野厌人之肉，川谷流人之血。"

【口】《白虎通·礼乐》："中心喜乐，口欲歌之，手欲舞之，足欲蹈之。"（3-96）

《说文·口部》："口，人所以言食也。"《史记·苏秦列传》："宁为鸡口，无为牛后。"张守节正义："鸡口虽小，犹进食；牛后虽大，乃出粪也。"

【手】《白虎通·礼乐》："手欲舞之，足欲蹈之。"（3-96）

人体手腕以下指掌部分。《说文·手部》："手，拳也。"段注："今人舒之为手，卷之为拳，其实一也。"《释名·释形体》："手，须也，事业所须也。"《急就篇》："捲（拳）、捥（腕）、节、爪、拇、指、手。"颜师古注："及掌谓之手。"《诗经·邶风·击鼓》："执子之手，与子偕老。"

【足】《白虎通·礼乐》："手欲舞之，足欲蹈之。"（3-96）

人体下肢之总称。后又专指踝骨以下部分。《说文·足部》："足，人之足也。在下。"《释名·释形体》："足，续也，言续胫也。"《尚书·说命上》："若跣弗视地，厥足用伤。"孔传："跣必视地，足乃无害。"《楚辞·渔父》："沧浪之水浊兮，可以濯吾足。"

【耳】《白虎通·致仕》："七十阳道极，耳目不聪明。"（6-251）

耳朵。《说文·耳部》："耳，主听也。"《诗经·小雅·无羊》："尔牛来思，其耳湿湿。"《孟子·滕文公下》："三日不食，耳无闻，目无见也。"

【目】《白虎通·致仕》："七十阳道极，耳目不聪明。"（6-251）

眼睛。《说文·目部》："目，人眼。"《周易·鼎》："巽而耳目聪明。"《国语·吴语》："（伍员）将死，曰：'以悬吾目于东门，以见越之入，吴国之亡也。'"汉 王充《论衡·命义》："非正色目不视，非正声耳不听。"

【齿】《白虎通·辟雍》："以为八岁毁齿，始有识知，入学学书计。"（6-253）

门牙。《说文·齿部》："齿，口断骨也。象口齿之形。"《急就篇》："鼻口唇舌断牙齿。"颜师古注："齿者总谓口中之骨，主齛啮者也。"《诗经·卫风·硕人》："领如蝤蛴，齿如瓠犀。"

【骨】《白虎通·蓍龟》："干草枯骨，众多非一，独以蓍龟何？"（7-329）

骨头。《说文·骨部》："骨，肉之核也。"段注："核，实也，肉中骨曰核。"《左传·哀公二年》："敢告无绝筋，无折骨，无面伤。"

【戴干】《白虎通·圣人》："颛顼戴干，是谓清明，发节移度，盖象招摇。"（7-337）

一种奇异相貌，指头部有肉突起如干戈对立。《春秋元命包》："帝喾戴干，是谓清明。"

【龙颜】《白虎通·圣人》："黄帝龙颜，得天匡阳，上法中宿，取象文昌。"（7-337）

眉骨圆起。《史记·高祖本纪》："高祖为人，隆准而龙颜，美须髯，左股有七十二黑子。"

【骈齿】《白虎通·圣人》："帝喾骈齿，上法月参，康度成纪，取理阴阳。"（7-338）

牙齿重叠。《竹书纪年》卷上："帝喾高辛氏，生而骈齿，有圣德。"

【眉】《白虎通·圣人》："尧眉八彩，是谓通明，历象日月，璇、玑、玉衡。"（7-338）

眉毛。《说文·眉部》："眉，目上毛也。"《谷梁传·文公十一年》："叔孙得臣，最善射者也。射其目，身横九亩，断其首而载之，眉见于轼。"

【瞳子】《白虎通·圣人》："舜重瞳子，是谓滋凉，上应摄提，以

象三光。"（7-339）

瞳孔，泛指眼睛。《淮南子·修务训》："舜二瞳子，是谓重明。"

【泪】《白虎通·性情》："目为之候何？目能出泪，而不能内物，木亦能出枝叶，不能有所内也。"（8-384）

眼泪。《玉篇·水部》："泪，涕泪也。"《集韵·至韵》："泪，目液也。"《楚辞·九章·悲回风》："孤子唫而抆泪兮，放子出而不还。"《战国策·燕策三》："高渐离击筑，荆轲和而歌，为变徵声，士皆垂泪涕泣。"司马相如《长门赋》："左右悲而垂泪兮，涕流离而从横。"

【舌】《白虎通·性情》："口为之候何？口能啑尝，舌能知味，亦能出音声，吐滋液。"（8-385）

舌头。《说文·舌部》："舌，在口所以言也，别味也。"《释名·释形体》："舌，泄也，舒泄所当言也。"《诗经·大雅·抑》："莫扪朕舌，言不可逝矣。"孔颖达疏："摸索其舌，是手持之也。"《仪礼·少牢馈食礼》："佐食，上利，升牢，心舌载于肵俎。"郑玄注："心、舌知滋味。"《史记·张仪列传》："张仪谓其妻曰：'视吾舌尚在不？'其妻笑曰：'舌在也。'仪曰：'足矣。'"

【鼻】《白虎通·性情》："鼻为之候何？鼻出入气，高而有窍。"（8-385）

古作"自"。甲骨文作"𦣹"，像鼻子。《说文·鼻部》："鼻，引气自畀也。"《荀子·荣辱》："鼻辨芬芳腥臊。"《孟子·离娄下》："西子蒙不洁，则人皆掩鼻而过之。"

【滋液】《白虎通·性情》："口能啑尝，舌能知味，亦能出音声，吐滋液。"（8-385）

渗透的汁液，有时特指唾液。《史记·司马相如列传》："滋液渗漉，何生不育！"

【迹】《白虎通·姓名》："周姓姬氏，祖以履大人迹生也。"（9-405）

脚印。《说文·辵部》："迹，步处也。"《庄子·天运》"夫迹，履之所出，而迹岂履哉！"

【头／首】《白虎通·姓名》："何以言首？谓头也。"（8-414）

头顶。《说文·页部》："头，首也。"《释名·释形体》："头，独也，于体高而独也。"《左传·襄公十九年》："荀偃瘅疽，生疡于头。"《礼记·玉藻》："头容直。"《史记·高祖本纪》："（汉高祖）至栎阳，存问父老、置酒，枭故塞王欣头栎阳市。"《说文·首部》："首，头也。"《周易·未济》："初六，濡其首。"《诗经·邶风·静女》："爱而不见，搔首踟蹰。"

【膑²】《白虎通·五刑》："腓者，脱其膑也。"（9-440）

膝盖骨。《史记·秦本纪》："王与孟说举鼎，绝膑。"《文选》潘岳《西征赋》："筑声厉而高奋，狙潜铅以脱膑。"李善注引郭璞《三苍解诂》曰："膑，膝盖。"

【势】《白虎通·五刑》："丈夫淫，割去其势也。"（9-441）

人及动物之睾丸。《字汇·力部》："势，阳气也。宫刑：男子割势。势，外肾也。"《太平御览》卷六四八引汉郑玄《尚书刑德放》："割者，丈夫淫，割其势也已。"

【筋骨】《白虎通·嫁娶》："男三十筋骨坚强，任为人父。"（9-453）

身体。《荀子·劝学》："蚓无爪牙之利，筋骨之强，上食埃土，下饮黄泉，用心一也。"《孟子·告子下》："故天将降大任于是人也，必先苦其心志，劳其筋骨，饿其体肤，空乏其身。"《史记·赵世家》："赵武啼泣顿首，固请曰：'武愿苦筋骨以报子至死，而子忍去我死乎！'"

【肌肤】《白虎通·嫁娶》："女二十肌肤充盈，任为人母，合为五十，应大衍之数，生万物也。"（9-453）

肌肉与皮肤。《史记·孝文本纪》："夫刑至断支体，刻肌肤，终身不息，何其楚痛而不德也，岂称为民父母之意哉！"

【发】《白虎通·绋冕》："所以有冠者何？冠者，卷也，所以卷持其发者也。"（10-495）

头发。《说文·髟部》："发，根也。"《释名·释形体》："发，拔也。拔擢而出也。"《玉篇·髟部》："首上毛也。"《诗经·小雅·都人士》："彼君子女，卷发如虿。"汉王充《论衡·无形》："人少则发黑，老则发白，白久则黄。"

【遗体】《白虎通·嫁娶》："遣女于祢庙者，重先人之遗体，不敢自专，故告祢也。"（10-461）

身体，因是父母留下的骨肉，故谓"遗体"。《礼记·祭义》："行父母之遗体，敢不敬乎？"《汉书·霍光传》："中孺趋入拜谒，将军迎拜，因跪曰：'去病不早自知为大人遗体也。'"

【面】《白虎通·丧服》："财少恃力，面垢作身，不言而事具者，故号哭尽情。"（11-518）

脸。《说文·面部》："面，颜前也。"段注："颜者，两眉之中间也。颜前者，谓自此而前则为目、为鼻、为目下、为颊之间，乃正乡人者。"《周易·革》"上六，君子豹变，小人革面。"孔颖达疏："小人革面者，小人处之但能变其颜面容色顺上而已。"《墨子·非攻》："镜于水，见面之容；镜于人，则知吉与凶。"《韩非子·观行》："古之人目短于自见，故以镜观面。"

【身】《白虎通·丧服》："财少恃力，面垢作身，不言而事具者，故号哭尽情。"（11-518）

人体躯干，头以下部分。金文"身"写作，突出腹部，示躯干形。《说文·身部》："身，躬也。象人之身。"《楚辞·九歌·国殇》："首身离兮心不惩。"《山海经·南山经》："其神状皆鸟身而龙首。"

【身体】《白虎通·崩薨》："欲言身体发肤俱受之父母，其痛一也。"（11-536）

人或动物全身。《战国策·楚策四》："襄王闻之，颜色变作，身体战栗。"《汉书·王商传》："为人多质有威重，长八尺余，身体鸿大。"

【发肤】《白虎通·崩薨》："欲言身体发肤俱受之父母，其痛一也。"（11-536）

头发与皮肤。《孝经·开宗明义》："身体发肤，受之父母，不敢毁伤，孝之始也。"

【尸】《白虎通·崩薨》："棺之为言完，所以载尸令完全也。"（11-553）

尸体。后作"屍"。《左传·隐公元年》："赠死不及尸。"杜预注："尸，未葬之通称。"《礼记·曲礼下》："在床曰尸，在棺曰柩。"

三、疾病类

【病】《白虎通·考黜》："有狂易之病，蜚亡而死，由不绝也。"（7-315）

重病。《玉篇·疒部》："病，疾甚也。"《论语·子罕》"子疾病，子路使门人为臣。"何晏集解："包曰：疾甚曰病。"

【喑】《白虎通·考黜》："诸侯喑聋跛蹙恶疾不免黜者何？尊人君也。"（7-315）

哑。通"瘖"。《韩非子·六反》："人皆寐，则盲者不知；皆嘿，则喑者不知。"《后汉书·袁闳传》："遂称风疾，喑不能言。"

【聋】《白虎通·考黜》："诸侯喑聋跛蹙恶疾不免黜者何？尊人君也。"（7-315）

听觉失灵或闭塞。《说文·耳部》："聋，无闻也。"《广雅·释训》："聋、聩，疾也。"王念孙疏证："聋、聩，皆不能听之疾。"《左传·僖公二十四年》："耳不听五声之和为聋，目不别五色之章为昧。"《韩非子·解老》："耳不能别清浊之声则谓之聋。"

【跛】《白虎通·考黜》："诸侯喑聋跛蹙恶疾不免黜者何？尊人君也。"（7-315）

足瘸。《说文·足部》："跛，行不正也。"《周易·履》："眇能视，跛能履。"《礼记·问丧》："跛者不踊。"《公羊传·成公二年》："则客或跛或眇，于是使跛者迓跛者，使眇者迓眇者。"

【蹙】《白虎通·考黜》："诸侯喑聋跛蹙恶疾不免黜者何？尊人君也。"（7-315）

瘸腿，足不能行。《玉篇·足部》："蹙，跛甚者。"《墨子·尚贤下》："王公大人，骨肉之亲，蹙瘖聋，暴为桀纣，不加失也。"《文选》枚乘《七发》："当是之时，虽有淹病滞疾，犹将伸伛起蹙，发瞽披聋而观望之矣。"李善注："蹙，跛不能行也。"

【疾】《白虎通·阙文》："天子疾，称不豫。"（12-599）

古指轻病，后泛指病。《说文·疒部》："疾，病也。"段注："析言之则病为疾加，浑言之则疾亦病也。"《尚书·金縢》："既克商二年，王有疾，弗豫。"《周易·复》："出入无疾。"

【不豫】《白虎通·阙文》："天子疾，称<u>不豫</u>。"（12-599）

天子有病之讳称。《史记·鲁周公世家》："武王有疾，不豫，群臣惧。"《逸周书·五权》："维王不豫，于五日召周公旦。"朱右曾校释："天子有疾称不豫。"

【负子】《白虎通·阙文》："诸侯称<u>负子</u>。"（12-599）

诸侯患病之称。亦称"负兹"。负子词条首例出自《白虎通》。《公羊传·桓公十六年》："（卫侯朔）属负兹舍，不即罪尔。"何休注："属，托也。天子有疾称不豫，诸侯称负兹。"徐彦疏："诸侯言负兹者，谓负事繁多，故致疾。"

【负薪】《白虎通·阙文》："天子疾，称不豫。……大夫称<u>负薪</u>。"（12-599）

大夫（士）患病之谦辞。《礼记·曲礼上》："君使士射，不能，则辞以疾，言曰：'某有负薪之忧。'"《史记·平津侯主父列传》："臣弘行能不足以称，素有负薪之病，恐先狗马填沟壑，终无以报德塞责。"

【犬马】《白虎通·阙文》："天子疾，称不豫。……士称<u>犬马</u>。"（12-599）

士（大夫）生病之婉辞。《公羊传·桓公十六年》："属负兹舍，不即罪尔"何休注："天子有疾称不豫，诸侯称负兹，大夫称犬马，士称负薪。"徐彦疏："大夫言犬马者，代人劳苦，行役远方，故致疾。"张衡《东京赋》："值余有犬马之疾，不能究其精详。"

小　结

通过对《白虎通》名物词进行分类明确所指内容之后，发现如下特点：

1.《白虎通》作为东汉历史上一次自上而下的思想统一大会会议成果，其内容涉及众多名物词。在 11 大类中，器物类名物词 122 个，占总数 18.6%，宗教类名物词 90 个，占总数 13.9%，服饰类名物词 85 个，占总数 12.98%，居室类名物词 77 个，占总数 11.8%。可以看出《白虎通》着力于衣、食、住、行及思想观念几个方面阐述，映射出汉代严格的封建等级观念以及浓厚的谶纬思想。这些名物词能够蠡测东汉社会发展状况以及其至上而下需要解决的社会问题。因此深入研究名物词不仅是语义学范畴，它还反映出时代的社会生活、礼俗习惯、思想观念等。

2.首例词条出现于《白虎通》的名物词共计 31 个，分别是孔穴、蓂莆、太平、平露、宾连、薏苡、黑丹、明珠、崇城、干城、荆火、祭尸、祖载、腓辟、软轮、轴车、麐鹿、离皮、瑞珪、马缰、石泥、金绳、符信、素帻、隆服、瓀文石、朱绂、闱阃、太社、亲庙、负子。其中与谶纬思想相关的有：蓂莆、太平、平露、宾连、薏苡、黑丹、明珠；与占卜祭祀相关的有：荆火、祭尸、祖载、轴车、素帻、隆服、太社、亲庙；与礼俗相关的有：软轮、麐鹿、离皮、瑞珪、石泥、金绳、符信、瓀文石、负子。首例词鲜明地揭示了东汉政治生活的重心所在。在释义过程中对部分首例名物词做以重点分析，找出其在后代使用情况。从首例名物词使用频率来看，大多数使用率并不高。这应源于《白虎通》成书后流传受阻。首例名物词全部为复音词，一个多音节其余均为双音节。可见，东汉时创造新词以双音节为主要形式，鲜少新创单音词。这无疑揭示东汉时期的词汇发展变化特点，为后来魏晋大量合成造词提供镜鉴作用。

第三章 《白虎通》双音节名物词成词与构成机制

东汉时期是语言发展历程中一个特殊阶段。一种观点认为东汉是上古汉语之下限，一种观点认为东汉是中古汉语之源起。但是有一点是学术界公认的：东汉时期是我国汉语词汇复音化的一个重要发展阶段。《白虎通》作为东汉礼典正是处于词语复音化的爆发期，因此该书之名物词附着了那个时期的语言发展特点。这一章我们通过对《白虎通》双音节名物词数量统计、结构分析，总结双音节名物词成词与构成机制。

第一节 并列式双音节名物词

并列式复音词也称联合式复音词，是复音词中数量较多的一类。在《白虎通》中主要是指并列式双音节名物词。所谓并列式双音节名物词是指名物词中那些由两个并列语素组成的双音词。名词应是率先进入双音化的一类词，早在甲骨文中就有记载，如一些人名、族名、地名等。而并列式构词法是汉语构词的一种重要方式，也是出现最早的一种类型。根据《白虎通》中并列式双音节名物词两个构词语素之间的关系，可具体分为三种类型：同义并列双音词、近义并列双音词、类义并列双音词。

经测查在《白虎通》名物词中有314个双音词，名物词复音化程度较高。这一节我们对《白虎通》中并列双音节名物词构词语素进行义素分析，梳理其成词过程中哪些义素对新词词义产生影响并总结并列式双音节名物词的成词特点和构词规律。

一、同义并列双音词

同义并列双音词是指组成双音词的两个构词语素关系并列、词义相同，包括同义并列合成词和同义并列单纯词两类。

（一）同义并列合成词

同义并列合成词是指合成词的两个构词语素词义相同，关系并列。

【星辰】

星，甲骨文写作"𤯓"，《说文·晶部》："星，万物之精，上为列星。从晶生声。一曰象形。"从造字义来看，星所指为宇宙中闪亮的小天体（视觉效果为小者）。如《诗经·大雅·云汉》："瞻卬昊天，有嘒其星。"《诗经·召南·小星》："嘒彼小星，三五在东。"《尚书·尧典》："日中星鸟，以殷仲春。"孔传："星，南方朱雀七宿。"星在使用时经常指个体，如《周礼·春官·保章氏》："掌天星，以志星、辰、日、月之变动。"郑玄注："星，谓五星；辰，日月所会。"贾公彦疏："'星谓五星'者，按《天文志》谓东方岁，南方荧惑，西方太白，北方辰，中央镇星。"由此可见，星的义素分析应为：（个体）＋（闪光）＋（小）＋（天体）。

辰，《说文·辰部》："辰，震也。三月阳气动，雷电振，民农时也。"金文写作"𠨷"。辰的早期字形是手持原始生产工具在掘土，这种工具有可能是石块，有可能是蚌壳。从字形与词义的关系上看，辰当是"蜃"的古字。又如农业的"农"，由"辰"参与构字。因农事耕作与时令有紧密关系，时令又是由观测星象运行所来，如时间上的"晨"，也由"辰"参与构字，故后来"辰"用来表示星辰之辰。《尚书·胤征》："辰弗集于房。"孔传："辰，日月所会。"《左传·昭公七年》："公曰：'多语寡人辰，而莫同，何谓辰？'对曰：'日月之会是谓辰，故以配日。'"杜预注："一岁日月十二会，所会谓之辰。"日、月交会为朔，十二地支来源于此。后"辰"又由日月所会转指日、月、星。如《左传·昭公十七年》："在此月也，日过分而未至，三辰有灾。"杜预注："三辰，日、月、星也。"后辰成为天体的统称。故辰的义素分析应为：（群体）＋（发光）＋（天体）。

从辞书和古注中，可以明确星、辰同义，经常连用凝固成同义并列双音词，星辰成词后泛指所有星（不包括日、月）。星的"宇宙中闪亮的小天体"义位和辰的"日、月、星"义位结合。星辰义素分析为：（群体）＋（闪光）＋（小）＋（天体），双音词放弃星的"个体"义素，辰的"群体"

义素成为新词的遗传义素，双音词组成合成词后词义泛化。如《尚书·尧典》："历象日月星辰。"又如《尚书·洪范》："五祀：一曰岁，二曰月，三曰日，四曰星辰，五曰历数。"

生成图示为：

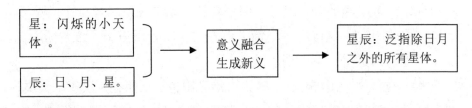

【丘山】

丘，因地势而自然形成的小土山。《说文·丘部》："丘，土之高也，非人所为也。"《尔雅·释丘》："非人为之丘。"郭璞注："地自然生。"邢昺疏引李巡云："谓非人力所为，自然生者。"《尚书·禹贡》："桑土既蚕，是降丘宅土。"孔传："地高曰丘。"《史记·司马相如列传》："以登介丘。"裴骃集解引《汉书音义》："丘，山也。"丘的义素分析为：（自然形成）＋（小）＋（土山）＋（地貌）。

山，《说文·山部》："有石而高。"王筠句读："无石曰丘，有石曰山。"《尚书·旅獒》："为山九仞，功亏一篑。"《庄子·大宗师》："夫藏舟于壑，藏山于泽，谓之固矣。"从文献用例可知，山相对较高，丘则较低。山的义素分析为：（高）＋（石）＋（山）＋（地貌）。

丘山，义为山岳。《庄子·则阳》："丘山积卑而为高，江河合水而为大。"《荀子·修身》："累土而不辍，丘山崇成。"

丘、山组合形成同义并列关系的双音词，义为山岳。"高"义素成为遗传义素被保留，放弃丘的"小""土"义素。"山丘"也可以写作"山邱"。

生成图示为：

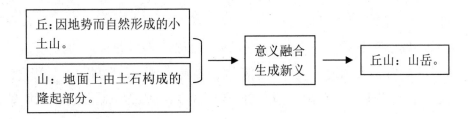

【田畴】

田，《说文·田部》："田，陈也，树榖曰田。象四口，十，阡陌之制也。"郭沫若《奴隶制时代》："卜辞中常见的田字就是一个方块田的图画。"蒋礼鸿《读字肊记》"有树谷之田字，有猎禽之田字，形同而非一字也。""田即网也，田所以取鸟兽，因之凡取鸟兽皆曰田矣。"后来写作"畋"。田，指耕种用的田地。《诗经·小雅·甫田》："无田甫田，维莠骄骄。"孔疏："上田谓垦耕，下田谓土地。"

畴，《说文·田部》："畴，耕治之田也。"而在《汉书·天文志》："入国邑，视封疆田畴之整治。"颜师古注引如淳曰："蔡邕云：麻田曰畴。"《国语·周语下》："田畴荒芜，资用乏匮。"韦昭注："麻地为畴。"《礼记·月令》："可以粪田畴。"孔颖达疏引蔡（邕）曰："谷田曰田，麻田曰畴。"所以浑言耕地，析言田为谷田，畴为麻田。故"田"的义素分析：（种谷）＋（土地），畴的义素分析：（种麻）＋（土地）。二者结合成并列双音词，指称义素成为遗传义素，放弃各自的区别性义素。田畴，义指耕地。汉 贾谊《新书·铜布》："铜布于下，采铜者弃其田畴，家铸者损其农事，谷不为则邻于饥。"

生成图示为：

田：谷田。	
畴：麻田。	

意义融合生成新义 → 田畴：耕地。

【封疆】

封，疆界；田界。甲骨文为 🌿，像植树于土堆之形。"封"原为动词，封土植树、挑沟垒土标出界线叫"封"。"封"的疆界义是动词义的名物化。《说文·土部》："封，爵诸侯之土也。从之，从土，从寸，守其制度也。"许慎的释义是封之引申义。《小尔雅·广诂》："封，界也。"《左传·僖公三十年》："（晋）又欲肆其西封。"杜预注："封，疆也"。《周礼·地官·大司徒》："凡造都鄙，制其地域，而沟封之。"郑玄注："封，起土界也。土在沟上谓之封，封上树木以为固也。"古代以城郭、沟池、树渠为设险置守方法。所以封的义素分析为：（累土）＋（边界）＋（土地所有权的标记）。

疆，也可写作"畺"。国界；边界。《说文·田部》："疆，界也。"《尔雅·释诂下》："疆，垂也。"郝懿行《尔雅义疏》："疆者，《说文》作畺，或作疆，云：'界也'"。《左传·桓公十七年》："夏，及齐师战于奚，疆事也。"《礼记·曲礼下》："大夫私行，出疆必请，反必有献。"孔颖达疏："疆，界也。"故疆的义素分析为：（国家）＋（边界）＋（土地所有权的标记）。

封、疆在辞书古注中经常是同训，为同义词。封、疆成为构词语素是二者的重叠义素"边界""土地所有权的标记"起到凸显作用，成为遗传义素保留于新词中，而区别性义素"累土""国家"则被放弃。新词词义为各种界域之标记，地界、田界、国界均可，范围较广。如《史记·商君列传》："为田开阡陌封疆，而赋税平。"张守节正义："封，聚土也；疆，界也：谓界上封记也。"《汉书·天文志》："故候息耗者，入国邑，视封畺田畴之整治，城郭室屋门户之润泽，次至车服畜产精华。实息者吉，虚耗者凶。"

生成图示为：

【苑囿】

苑，养禽兽植树木之所。《说文·艸部》："苑，所以养禽兽囿也。"段注："古谓之囿，汉谓之苑。"唐玄应《一切经音义》卷十二引《三苍》："养马林木曰苑。"《吕氏春秋·重己》："昔先圣王之为苑囿园池也，足以观望劳形而已矣。"《史记·高祖本纪》："诸故秦苑囿园池，皆令人田之。"苑的义素分析为：（圈定）＋（养禽兽）＋（种树木）＋（园林）。

囿，古代有围墙的园林，用以畜养禽兽以供贵族玩赏。汉以后称"苑"。甲骨文写作"𢉖"金文写作"𢉘"。《说文·口部》："囿，苑有垣也。"

王筠句读："以苑释囿者,《周礼·囿人》注:'囿,今之苑。'然则古名囿,汉名苑也。"《诗经·大雅·灵台》:"王在灵囿,麀鹿攸伏。"毛传:"囿,所以域养鸟兽也。"《国语·周语中》:"薮有圃草,囿有林池。"韦昭注:"囿,苑也。""战国以前'囿'还带有贵族专用的自然狩猎区的意味,划定范围较大"。囿的义素分析为:(圈定) + (围墙) + (养禽兽) + (种树木) + (游猎) + (统治者专属) + (园林)。

囿、苑产生时代有差异,辞书古注中经常互训,为同义词。苑、囿组成并列双音词,词义为古代畜养禽兽供帝王玩乐的园林。苑囿的义素分析为:(圈定) + (养禽兽) + (种树木) + (供玩乐) + (帝王专属) + (园林)。构词语素的指称义素"园林"成为遗传义素在双音词中保留,成词后凸显了"游猎""帝王专属"义素。汉 董仲舒《春秋繁露·王道》:"桀纣皆圣王之后,骄溢妄行。侈宫室,广苑囿,穷五采之变,极饰材之工。"

生成图示为:

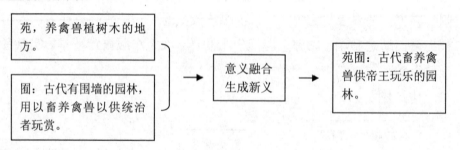

【币帛】

币,篆文写作"帀",造字义为一块方巾。《说文·巾部》:"币,帛也。"段注:"帛者,缯也。"徐灏笺:"币,本缯帛之名,因车马玉帛同为聘享之礼,故浑言之皆称币。"《尚书·召诰》:"我非敢勤,惟恭奉币,用供王能祈天永命。"孔传:"惟恭敬奉其币帛用供待王,能求天长命。"《仪礼·士相见礼》:"凡执币者,不趋,容弥蹙以为仪。"胡培翚正义:"散文则玉亦称币,《小行人》合六币是也;对文则币为束帛、束锦、皮马及禽贽之属是也。"故币的义素分析为:(聘享) + (缯)。

帛,甲骨文写作"帛",义为白色绸布。《说文·巾部》:"帛,缯也。从巾,白声。"段注:"《系部》曰:'缯,帛也。'《聘礼》《大宗伯》

注皆云：'帛，今之璧色缯也。'"徐灏笺："帛者缣素之通名。璧色，白色也，故从白。"《左传·闵公二年》："卫文公大布之衣，大帛之冠。"杜预注："大帛，厚缯。"《汉书·朱建传》："臣衣帛，衣帛见；衣褐，衣褐见，不敢易衣。"后"帛"以五匹为束用于聘问或祭祀。故有"束帛"。《尚书大传》卷一："舜修五礼五玉三帛。"《周礼·春官·大宗伯》："孤执皮帛。"郑玄注："皮帛者，束帛而表以皮为之。"《论语·阳货》："礼云礼云，玉帛云乎哉？"何晏集解引郑玄曰："帛，束帛之属。"《仪礼·士昏礼》："皮帛必可制。"郑玄注："皮帛，俪皮、束帛也。"帛的构词能力较强，它可以组成束帛、皮帛、玉帛。作为构词语素，帛是以"白色缯"义位参与构词。故帛的义素分析为：（白色）+（聘享）+（缯）。

币、帛互训，故为同义词。经常连用凝固成并列双音词，所指为缯帛，用于聘享。区别性义素"聘享"在双音词成词中意义凸显。

生成图示为：

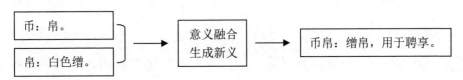

【榱桷】

榱，即椽，放在檩上支撑屋面之木条。《说文·木部》："榱，秦名为屋椽，周谓之榱，齐鲁谓之桷。"段注："（榱）椽也。二字依《韵会》补。秦名屋椽也。周谓之椽。齐鲁谓之桷。上二句各本作秦名为屋椽。周谓之榱。大误。今依《左传·桓十四年》音义、《周易·渐卦》音义正，谓屋椽，秦名之曰榱，周曰椽，齐鲁曰桷也。各本妄改……榱之言差次也。自高而下、层次排列如有等衰也。"《左传·襄公三十一年》："栋折榱崩，侨将厌焉。"《史记·司马相如列传》："重坐曲阁，华榱璧珰。"《急就篇》卷三："榱椽槫栌瓦屋梁。"颜师古注："榱即椽也，亦名为桷。"宋李诫《营造法式·大木作制度二·椽》："椽，其名有四……三曰榱。"桷，方形的椽子。《说文·木部》："桷，榱也，椽方曰桷。《春秋传》曰：'刻桓宫之桷。'"段注："桷之言棱角也，椽方曰桷，则知桷圜曰椽矣。"

《尔雅·释宫》："桷谓之榱。"陆德明释文引字林云："周人名椽曰榱，齐鲁名榱曰桷。"《诗经·鲁颂·閟宫》："松桷有舄，路寝孔硕。"毛传："桷，榱也。"《汉书·货殖传序》："及周室衰，礼法堕，诸侯刻桷丹楹，大夫山节藻棁。"桷与角同源，屋部见母，棱角义。榱、桷同为椽，但析言桷曰方椽。榱的义素分析为：（秦语）＋（椽）。桷的义素分析为：（齐鲁语）＋（方形）＋（椽）。

榱、桷同训，组成同义双音词，义为屋椽。成词之后只取两个构词语素之指称义素，放弃区别性义素，词义泛化。如《孔子家语·五仪解》："君子入庙，如右，登自阼阶，仰视榱桷，俯察几筵。"

生成图示为：

榱：椽。		
桷：方椽。	意义融合生成新义	榱桷：各种屋椽。

【仓廪】

仓，谷仓。甲骨文作"𩖕"，造字义为存储谷物的、用墙围筑的简易建筑。《说文·仓部》："仓，谷藏也。"段注："苍黄者、匆遽之意。刈获贵速也。故谓之仓。"《诗经·小雅·楚茨》："我仓既盈，我庾维亿。"《国语·越语下》："除民之装害，以避天殃。田野开辟，府仓实，民众殷。"韦昭注："货财曰府，米粟曰仓。"故仓的义素分析为：（有盖）＋（贮谷）＋（建筑）。

廪，米仓。甲骨文作"𠔼"。陈梦家《殷墟卜辞综述》："（卜辞）亩，象露天的谷堆之形。今天的北方农人在麦场上，作一圆形的低土台，上堆麦秆麦壳，顶上作一亭盖形，涂以泥土，谓之'花篮子'，与此相似。亩是积谷所在之处，即后世仓廪之廪。"从造字来看，廪的功能就是藏谷。《说文·亩部》："亩，谷所振入，宗庙粢盛，仓黄亩而取之，故谓之亩。"段注："从入。谷所入、故从入。从回。回之训转也。而此从回之意则如下所云。象屋形。谓外囗。舍下云囗、象筑。此云象屋者、屋在上者也。亩之户牖多在屋。中有户牖。谓内囗。小徐曰：'户牖以防蒸热也。'"

《广雅·释宫》："廪,仓也。"《诗经·周颂·丰年》："亦有高廪。"毛传:"廪,所以藏齍盛之穗也。"《汉书·昭帝纪》:"朕虚仓廪。"颜师古注:"仓,新谷所藏也。廪,谷所振入也。"《汉书·五行志》:"御廪,夫人、八妾所舂米,藏以奉宗庙也。""仓"尽是收藏脱过粒的谷物;"廪"则是收藏舂出的米的。故廪的义素分析为:(有屋顶)+(有户牖)+(贮米)+(建筑)。

仓、廪可互训,经常连用故凝固为同义并列双音词。义为贮藏粮食之仓库。合成新词后,新词继承构词语素的指称义素,区别性义素减少,词义扩大。《墨子·非乐上》:"士君子……内治官府,外收敛关市山林泽梁之利,以实仓廪府库,此其分事也。"《管子·牧民》:"仓廪实而知礼节,衣食足而知荣辱。"

生成图示为:

仓:谷仓。
廪:米仓。
意义融合生成新义
仓廪:粮仓。

【衣服】

衣,古代通常用布帛、皮革或各种纤维质料做成。《说文·衣部》:"衣,依也。上曰衣,下曰裳。"王筠句读:"衣,析言之则分衣裳,浑言之则曰衣。"《诗经·邶风·绿衣》:"绿兮衣兮,绿衣黄裳。"毛传:"上曰衣,下曰裳。"又如《诗经·秦风·无衣》:"岂曰无衣,与子同袍。"《论语·里仁》:"士志于道,而耻恶衣恶食者,未足与议也。"《礼记·儒行》:"易衣而出,并日而食。"衣则是浑言。故衣的义素分析为:(蔽体)+(御寒)+(缝制)+(用品)。

服,指古代衣服、宫室、车马、器物等。《广韵·屋韵》:"服,亦衣服。"《老子》八十章:"甘其食,美其服。"《周礼·春官·都宗人》:"正都礼与其服。"郑玄注:"服,谓衣服及宫室车旗。"《国语·鲁语下》:"今大夫而设诸侯之服,有其心矣。"《山海经·西山经》:"是司帝之百服。"郭璞注:"服,器服也。"服的义素分析为：（人所穿用）＋（蔽体）＋（御寒）＋（缝制）＋（品物）。

《古辞辨》中有如下阐述："'衣'由不断扩大、泛化而指衣物，'服'则由动词转而指所服衣物：由于来源不同'衣'限于蔽体之物；'服'则可以超出衣物，饰物、佩玉等也都可以称'服'。'衣服'连用时，二者除来源外并没有什么差别，可以作为双音节词看待，如《荀子·王制》：'衣服有制，公室有度。'"从义素角度分析就更清晰。衣服的义素分析为：（饰物）＋（蔽体）＋（品物）。衣的"蔽体"义素凸显成为遗传义素在新词中继续保留，服的"人所用"义素缩小为"饰物"义素，词义所指范围缩小为衣裳饰物。

生成图示为：

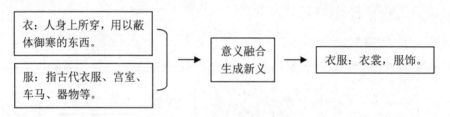

（二）同义并列单纯词

同义并列单纯词是指双音词中的两个构词语素是不自由语素，两个语素关系并列。

【招摇】

招摇，星名。即北斗第七星摇光。招、摇二字在辞书中的解释没有与星名有关义项，亦可写作摇光、瑶光、招遥。可见，招摇是不可分拆解释。《礼记·曲礼上》："行，前朱雀而后玄武，左青龙而右白虎，招摇在上，急缮其怒。"郑玄注："招摇星在北斗杓端主指者。"孔颖达疏："招摇，北斗七星也。"招，章母宵部。摇，余母宵部。二字同属宵部，属于叠韵联绵词。

【麒麟】

麒麟，古代传说中的一种动物，形状像鹿，象征祥瑞。如《管子·封禅》："今凤凰麒麟不来，嘉谷不生。"唐慧琳《一切音义》卷十一："麒，麒麟。"《苍颉篇》云："牡曰麒，牝曰麟。"《史记·司马相如列传》："兽则麒麟角。"司马贞索隐："张揖曰：'雄曰麒，雌曰麟。'郭璞云：'麒，似麟而无角。'"麟在先秦文献中有单独使用的情况，义为麒麟。如《诗经·周南·麟之趾》："麟之趾，振振公子。"《公羊传·哀公十四年》："麟者，仁兽也。"麒却鲜少有单独使用的情况。麒麟连用情况远多于麟单独使用情况。

【梧桐】

梧，《说文·木部》："梧，梧桐木。一名櫬。"桐，古书中多指梧桐，还有油桐和泡桐。《穆天子传》卷五："乃树之桐。"郭璞注："因以树梧桐，桐亦响木也。"故梧、桐所指为一物，不可分拆解释，是一个单纯词。

【毋追】

毋，毋追。追，在《汉语大字典》等辞书中没有"毋追"之义。毋追可写作"牟追""毋頧"。《礼记·郊特牲》："冠义，始冠之缁布之冠也…委貌，周道也；章甫，殷道也；毋追，夏后氏之道也。"郑玄注："常所服以行道之冠也，或谓'委貌'为'玄冠'也。"

【薏苡】

薏苡，一种粮食，即薏米。《尔雅·释艸》："其茎茄，其叶蕸，其本蔤，其华菡萏，其实莲，其根藕，其中的，的中薏。"薏的释义为莲心。《诗经·周南·芣苢》："采采芣苢，薄言采之。"苢指车前草。辞书释义与粮食义无关。薏、苡是不自由语素，薏苡是单纯词。

【蓂荚】

蓂，蓂荚。古代传说中的瑞草。亦作"历荚"。《文选》张协《七命》："悲蓂荚之朝落，悼望舒之夕缺。"李善注："《田俅子》曰：'尧为天子，蓂荚生于庭，为帝成历。'"荚，《说文·艸部》："荚，草实。"《广雅·释草》："豆角谓之荚。"通过辞书的解释，可以看出蓂荚是一个单纯词，两个语素不能拆分。

【蓂莆】

蓂，《说文·艸部》："蓂，蓂莆，瑞草也。尧时生于庖厨，扇暑而凉。从艸，冥声。"莆，在《汉语大字典》中释为"蓂莆"。两个语素所指为一物，确为单纯词。蓂莆，也作"蓂脯"。《论衡·是应》："儒者言蓂脯生于庖厨者，言厨中自生肉脯，薄如蓮形，摇鼓生风，寒凉食物，使之不臭。"

蓂荚、蓮莆首词条就出自《白虎通》，我们对这其进行分析发现，虽然二者均为单纯词，每个音节不能单独表义，结合成一个整体，才能表示意义。但是汉代造词选字时已经考虑到两个字不仅记录语音，还要在用字上体现出该名物的特点。如，蓮（葽）、莆二字都有铺展的隐含义，蓂暗示十五日发生变化，荚彰显夹阶而生又形似豆荚。两个词既满足记录语音要求，在阅读文献时又能看词知义。之所以能够一举两得，重要的一个原因是汉人看到了汉字词根义的隐含存在。

总之，同义并列双音词是在并列式双音词中数量较多的一类，也是比较高产的一种构词方式。从义素分析角度来看，同义并列双音词往往将两个构词语素的指称义素继承下来成为新词的指称义素，区别性义素消失或变化，造成新词词义所指范围变大，发生词义泛化现象。

二、近义并列双音词

近义并列双音词是指构成双音词的两个参构语素意义相近但又具有一定的区别性特征，常归为同一个类属，因经常一起连用后结构凝固，成为近义并列双音词。

【绤绤】

绤，细葛布。《说文·糸部》："绤，细葛也。"段注："绤，细葛也。葛者，绤绤草也。其缉绩之一如麻枲。其所成之布，细者曰绤，粗者曰绤。《小尔雅·广服》："葛之精者曰绤。"《尚书·禹贡》："厥贡盐绤。"孔传："绤，细葛。"《诗经·周南·葛覃》："为绤为绤，服之无斁。"毛传："精曰绤，粗曰绤。"绤的义素分析为：（细）+（葛）+（布）。绤的义素分析为：（粗）+（葛）+（布）。

绤、绤词义相近，上古时期又经常连用，故而凝固成词，义为葛布。《周礼·地官·掌葛》："掌葛掌以时征绤绤之材于山农。"双音词保留构词语素的指称义素，继承二者区别性义素中的共有项，放弃差异项。

生成图示为：

【绅带】

绅，古代官员束腰的大带，一端下垂。《说文·系部》："绅，大带也。"段注："古有革带，以系佩韨，而后加之大带，绅则大带之垂者也。……许但云大带。亦是浑言不析言。盖许意以革带统于大带，以带之垂者统于带，立言，不分别也。"《论语·乡党》："加朝服，拖绅。"何晏注："绅，大带。"《史记·仲尼弟子列传》："子张书诸绅。"裴骃集解引孔安国曰："绅，大带也。"而《礼记·玉藻》："绅长，制：士三尺，有司二尺有五寸。"郑玄注："绅，带之垂者也。"《礼记·杂记上》："申加大带于上。"郑玄注："此带亦以素为之。申，重也，重于革带也。革带以佩韨。必言重加大带者，明虽有变，必备此二带也。"此二例中绅则为"带之下垂者"。钱玄《三礼通论》曰："束腰之带有二：一曰革带，在内，所以佩韨及杂佩。一曰大带，在外，垂其余以为饰。垂者谓之绅，亦谓之厉。大带亦称鞶带。"析言，绅为大带之下垂部分，地位不同形制不同。故绅的义素分析为：（官员）＋（统于大带）＋（带）。

带，大带，束衣的腰带。《说文·巾部》："带，绅也。"段注："古有大带，有革带；革带以系佩韨，而加之大带，则革带统于大带，故许于绅于鞶，皆曰大带。"《诗经·卫风·有狐》："心之忧矣，之子无带。"毛传："带，所以申束衣。"《诗经·曹风·鸤鸠》："淑人君子，其带伊丝。"郑玄笺："谓大带也。大带用素丝，有杂色饰焉。"《礼记·玉藻》："天子素带，朱里终辟，而素带终辟。大夫素带，辟垂。士练带，率下辟。居士锦带。弟子缟带。"《文选》左思《蜀都赋》："舆辇杂沓，冠带混并。"李善注引刘逵曰："带，大带以束身也。"故带的义素分析为：（束衣）＋（于腰）＋（带）。

绅、带为近义词。二者经常连用，故凝固成词，词义为古时士大夫束腰之大带。如《孔子家语·五仪解》："然则章甫、绚履、绅带、搢笏者，皆贤人也。"绅、带组合以后，"官员"义素凸显。

生成图示为：

三、类义并列双音词

类义并列双音词指的是构成并列双音词的两个语素，意义往往彼此相关，拥有一个共同的上位概念，具有同类性质，它们代表的对象或现象因为某种联系而经常用在一起，因使用频繁和意义变化，由并列短语演变成为一个双音词。

【几筵】

几，古人席地而坐时供倚靠的器具。《说文·几部》："几，踞几也。"徐锴系传："人所凭坐也。"王筠句读："踞几，似是汉语，以今名说古名也。"陈衍辨证："几制本蟠膝抱腰，与踞形悉合矣。"《尚书·顾命》："相被冕服，凭玉几。"《诗经·大雅·行苇》："或肆之筵，或授之几。"郑玄笺："年稚者为设筵而已，老者加之以几。"孔颖达疏："几者所以安身，少不当凭几。"《周礼·春官·司几筵》："司几筵掌五几、五席之名物，辨其用与其位。"郑玄注："五几，左右玉、雕、彤、漆、素。"《史记·吴王濞列传》："今吴王前有太子之郄，诈称病不朝，于古法当诛，文帝弗忍，因赐几杖。"故几的义素分析为：（坐）＋（倚靠）＋（器具）。

筵，垫底的竹席。古人席地而坐，设席不止一层。紧靠地面的一层为筵，筵上称席。《说文·竹部》："筵，竹席也。从竹，延声。"段注："《周礼·春官·司几筵》（郑玄）注曰：'筵亦席也。铺陈曰筵，藉之曰席。'然其言之，筵席通矣。"《仪礼·士冠礼》："蒲筵二在南。"郑玄注："筵，席也。"《诗经·小雅·宾之初筵》："宾之初筵。"郑玄笺："筵，席也。"故筵的义素分析为：（竹制）＋（垫底）＋（用于坐）＋（器具）。

几、筵相关，皆指与座位有关的器具，后指灵坐。但是几、筵构成类义双音词，放弃筵的区别性义素"竹制"和"垫底"，新增"供神主"义素。词义特指。如《周礼·春官·司几筵》："司几筵下士二人。"郑玄注："筵亦席也。铺陈曰筵，藉之曰席。筵铺于下，席铺于上，所以为位也。"

生成图示为：

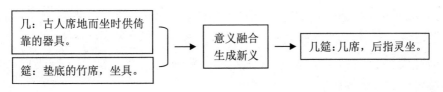

【衽席】

衽，床褥。《龙龛手鉴·衣部》："衽，卧席也。"《礼记·曲礼上》："请席何乡，请衽何趾。"郑玄注："衽，卧席也。"《史记·鲁仲连邹阳列传》："摄衽抱机，视膳于堂下。"张守节正义："衽，卧席也。"《后汉书·皇后纪序》："高祖帷薄不修，孝文衽席无辩。"钱玄《三礼名物通释·衣服·韨舄》："衽席之制，床上版曰第，亦曰簀。第上之席曰莞，亦曰簟。簟上加衽，衽即褥。"故衽的义素分析为：（用于睡卧）＋（缝制）＋（铺展）＋（用品）。

席，席子，用芦苇、竹篾、蒲草等编成的坐卧铺垫用具。《说文·巾部》："席，籍也。《礼》：'天子、诸侯席，有黼绣纯饰。'"《玉篇·巾部》："席，床席也。"《周礼·春官·司几筵》："设莞筵纷纯，加缫席画纯。"贾公彦疏："地者一重即谓之筵，重在上者，即谓之席。"《孟子·滕文公上》："皆衣褐，捆屦织席以为食。"席的义素分析为：（坐/卧）＋（编制）＋（用具）。

衽、席组成近义双音词，词义为卧席，这样双音词区别性义素变化，词义扩大。如《韩诗外传》卷二："姬（樊姬）曰：'妾得侍于王，执巾栉，振衽席，十有一年矣。'"

生成图示为：

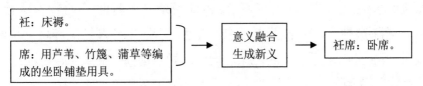

【绳缨】

绳，绳子。用两股以上的棉、麻等搓拧成的条状物。《急就篇》十四："累繘绳索绞纺纑。"颜师古注："绳谓紃两股以上总而合之者也……一曰麻丝曰绳，草谓之索。"《小尔雅·广器》："绦，索也。大者谓之索；小者谓之绳。"《广雅·释诂》三："绳，索也。"《周易·系辞下》："上古结绳而治，后世圣人易之以书契。"故绳的义素分析：（拧成）+（用来捆绑）+（条状物）。

缨，系帽的带子。《说文·系部》："缨，冠系也。"段注："冠系，可以系冠者也。系者，系也。以二组系于冠，卷结颐下，是谓缨。"《孟子·离娄上》："清斯濯缨，浊斯濯足矣。"《楚辞·招魂》："放陈组缨，班其相纷些。"洪兴祖补注："缨，冠系也。"《史记·卫康叔世家》："子路曰：'君子死，冠不免。'结缨而死。"故缨的义素分析为：（系帽）+（带子）。

绳、缨组合成词后，义为古代斩衰服的帽缨。如《礼记·丧服四制》："父母之丧，衰冠、绳缨、菅屦。"孙希旦集解："绳缨，斩衰冠之缨。"新词增加了一个区别性义素"斩衰服"。

生成图示为：

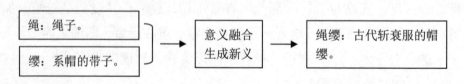

绳：绳子。 ⟶ 意义融合生成新义 ⟶ 绳缨：古代斩衰服的帽缨。
缨：系帽的带子。

【秬鬯】

秬，《说文·禾部》："秬，黑黍也。本作秬。或从禾作秬。"《说文·鬯部》："秬，黑黍也。一稃二米，以酿也。秬，秬或从禾。"《尔雅·释草》："秬，黑黍。"陆德明释文："秬，黑黍也。或云，今蜀黍也，米白谷黑。"邢昺疏引李巡曰："黑黍，一名秬黍，秬即黑黍之大名也。"《诗经·大雅·生民》："诞降嘉种，维秬维秠。"毛传："秬，黑黍也。"《吕氏春秋·本味》："饭之美者，玄山之禾，不周之粟，阳山之穄，南海之秬。"高诱注："秬，黑黍也。"故秬的义素分析为：（可酿酒）+（黑色）+（黍）。

鬯，郁金草。《玉篇·鬯部》："鬯，香草也。"《尚书·洛诰》："以秬鬯二卣曰明禋。"孔传："黑黍曰秬，酿以鬯草。"《周易·震》："不丧匕鬯。"王弼注："鬯，香酒，奉宗庙之盛也"。《诗经·大雅·江汉》："厘尔圭瓒，秬鬯一卣。"毛传："鬯，香草也。筑煮合而郁之曰鬯。"《周礼·春官·鬯人》："凡王吊临共介鬯。"郑玄注引郑司农云："鬯，香草。"鬯的义素分析为：（可酿酒）＋（芳香）＋（草）。

秬、鬯组合成类义并列双音词，义为古代以黑黍和郁金香草酿造的酒，可用于祭祀降神或赏赐有功的诸侯。义素分析为：（香草）＋（黑黍）＋（祭神／赏赐）＋（酒）。作为参构语素的秬、鬯区别性义素"酿酒"成为新词的遗传义素，词义间接生成。

生成图示为：

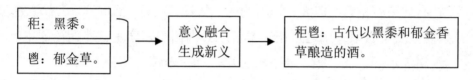

【弓矢】

弓，射箭或打弹的兵器。多用坚韧的木条弯成弧形，两端系弦，张弦发射。清 段玉裁《说文解字注·弓部》："弓，穹也，以近穷远者象形。"《周礼·夏官·司弓矢》："司弓矢掌六弓四弩八矢之法……王弓、弧弓，以授射甲革椹质者；夹弓、庾弓，以授射犴侯鸟兽者；唐弓、大弓，以授学射者。"故弓的义素分析为：（用来射箭）＋（兵器）。

矢，箭。以竹为箭，以木为矢。《说文·矢部》："矢，弓弩矢也。从入，象镝栝羽之形。古者夷牟初作矢。"《方言》卷九："箭，自关而东谓之矢。"《周易·系辞下》："弦木为弧，剡木为矢。"《诗经·大雅·公刘》："弓矢斯张，干戈戚扬。"《汉书·李广传》："（李广）以为虎而射之，中石没矢。"故矢的义素分析为：（用弓发射）＋（武器）。

弓、矢互为搭配，又经常连用凝固成词，亦是九赐之一。弓矢的义素分析为：（九赐之一）＋（弓矢）。新增区别性义素"九赐之一"。

生成图示为：

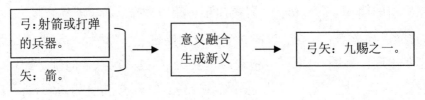

【主祏】

主，木主；神主。《周礼·春官·司巫》："祭祀则共匰主。"郑玄注："主，谓木主也。"《公羊传·文公二年》："丁丑，作僖公主。"何休注："为僖公庙作主也。主状正方，穿中央，达四方。天子长尺二寸，诸侯长一尺。"故主的义素分析为：（死人）+（木制）+（牌位）。

祏，古代宗庙中藏神主的石匣。《说文·示部》："祏，宗庙主也。周礼有郊宗石室。一曰大夫以石为主。从示，从石，石亦声。"徐灏注笺："宗庙主藏于石室，谓之宗祏。浑言之，则祏曰宗庙主，非谓祏即主也。"《玉篇·示部》："祏，庙主石室也。"《左传·庄公十四年》："先君桓公命我先人典司宗祏。"故祏的义素分析为：（宗庙）+（收藏）+（神主）+（石制）+（匣子）。

主的"木主"义位与祏的"藏神主的石匣"义位组合，二者意义相关组成双音词，义为古代宗庙中所藏的神主。《左传·昭公十八年》："使祝史徙主祏于周庙。"杜预注："祏，庙主石函。"孔颖达："每庙木主皆以石函盛之，当祭则出之。事毕则纳于函，藏于庙之北壁之内，所以辟火灾也。"主祏的义素分析为：（藏于宗庙）+（牌位）。主的所指义素"牌位"和祏的区别义素"收藏"在双音词词义中更凸显。

生成图示为：

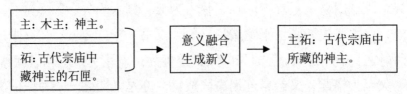

类义并列双音词两个构词语素虽然意义相关，拥有同一个上位词，但是两个语素在双音词词义中所占比重并不一致。如，几筵中"几"重于

"筵"，弓矢中"弓"重于"矢"，绳缨中"缨"重于"绳"，柜鬯中"鬯"重于"柜"，主祐中"主"重于"祐"。这个特点在同义并列双音词和近义并列双音词中体现不明显。

《白虎通》中并列式双音节名物词 62 个，数量仅次于修饰补充式双音节名物词。同义并列双音词是比较特殊的一类，它的成词与"句法无关，是通过词法途径产生的。"并列双音词往往词义泛化，如若新增区别性义素，词义所指范围会比两个单音词词义之和范围缩小。并列双音词（除同义并列单纯词）在成词时更多是把两个构词语素的指称义素聚合，区别性义素消失，造成新词义比两个单音词词义之和范围变大。虽然义素不参与构词，但是通过义素分析我们可以清楚感受到：由两个单音词组成合成词时，是由两个单音词的某一义位参与构词，组成新词形成新义，在成词过程中并不是该义位的全部义素都起作用，有一些义素被新词抛弃，有一些义素则被继承，各个义素所起作用不尽相同。通过微观的方法来分析双音词的成词过程，让我们体会到义素的客观存在且时刻发挥作用。并列式合成词虽然是由两个词义相同、相近、相关的单音词构成，但是经过组合之后，并不是简单的两两相加，而是会发生一些变异现象，义素分析法恰好能捕捉到这种变化。这种方法分析并列式合成词效果非常显著。

第二节　修饰补充式双音节名物词

修饰补充式双音节名物词是指双音节名物词的两个参构语素之间是修饰和补充关系。这一类双音词在《白虎通》名物词中有 222 个之多。为清楚把握各参构语素之间的关系，我们把构词语素的参构义位进行义素分析，并按照修饰成分之间的关系把双音节名物词分为三种类型：偏正修饰、正偏修饰、虚实修饰。

一、偏正修饰

按照修饰成分所表示内容，将偏正修饰双音词划分为几种类型：修饰成分表示材料、颜色；修饰成分表示状貌、特征；修饰成分表示种属、性质；修饰成分表示空间方位；修饰成分表示数量；修饰成分表示否定。

1.修饰成分表示材料、颜色

这一类是指偏语素表示正语素所属的材料或者颜色，服饰名物词具有代表性。

【狐裘】

狐，狐狸。《说文·犬部》："狐，祅兽也。"《周易·解》："田获三狐。"《史记·孟尝君列传》："此时孟尝君有一狐白裘，直千金，天下无双。"狐的指称义素为狐狸。

裘，皮衣，毛在外。《说文·衣部》："裘，皮衣也。从衣，求声。一曰象形，与衰同意。……求，古文省衣。"徐锴系传："古文求，此与裘意同"。《诗经·小雅·都人士》："彼都人士，狐裘黄黄。"《礼记·玉藻》："君之右虎裘，厥左狼裘。"裘的义素分析为：（皮）+（外面）+（衣服）。

裘的指称义素"衣服"在成词时发挥作用较大，故双音词词义可以直接生成，义为用狐皮所制外衣。

生成图示为：

【箭笄】

箭，竹名。《说文·竹部》："箭，矢竹也。"段注："矢竹者，可以为矢之竹也。"晋 戴凯之《竹谱》："会稽之箭，东南之美。"自注："箭竹，高者不过一丈，节间三尺，坚劲中矢，江南诸山皆有之，会稽所生最精好。"《韩非子·显学》："夫必恃自直之箭，百世无矢。"《周礼·夏官·职方氏》："东南曰扬州，其山镇曰会稽……其利金锡竹箭。"郑玄注："箭，筱也。"箭的义素分析为：（产于江南）+（可为矢）+（有节）+（植物）。

笄，《说文·竹部》："笄，簪也。"朱骏声《说文通训定声》："笄有二：髻内安发之笄，男女皆有之；固冕、弁之笄，惟男子有之。又冕、弁则有笄，贯之于其左右，屈组为纮，垂为饰。冠无笄，则缨而结其绦。"《释名·释首饰》："笄，系也，所以系冠使不坠也。"《仪礼·士冠礼》："皮弁笄，爵弁笄，缁组纮纁边，同箧。"郑玄注："笄，今之簪。"笄的义素分析为：（固冠 / 别发）+（细长形状）+（饰品）。

箭、笄组成双音词，两个参构语素的指称义素紧密结合，并且新增区别性义素"服丧时"和"女子"，义为古代女子服丧时所用之竹制簪子。

生成图示为：

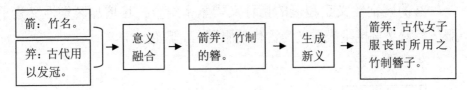

【葱衡】

葱，葱类植物。《玉篇·艸部》："葱，荤菜也。"《礼记·内则》："脍，春用葱，秋用芥。"葱的义素分析为：（青白色）+（辛辣）+（荤）+（蔬菜）。

衡，横簪。古代用以固冠之冕饰。《周礼·天官·追师》："追师掌王后之首服，为副编次，追衡、笄。"郑玄注引郑司农云："衡，维持冠者。玄谓：追，犹治也……王后之衡、笄，皆以玉为之。"《左传·桓公二年》："衮、冕、黻、珽、带、裳、幅、舄，衡、紞、纮、綖，昭其度也。"衡的义素分析为：（横向）+（固冠）+（饰物）。

葱、衡组成双音词，葱的区别性义素"青白色"作用凸显。词义非直接生成。

生成图示为：

【玄冠】

玄，指黑色。《广雅·释器》"玄，黑也。"《尚书·禹贡》："（徐州）厥篚玄织缟。"孔传："玄，黑缯。"《史记·司马相如列传》："瑊玏玄厉。"裴骃集解引《汉书音义》："鹤千岁则变苍，又二千岁则变黑，所谓玄鹤也。"玄的义素分析为：（黑）＋（颜色）。

冠，《说文·冖部》："冠，絭也。所以絭发，弁冕之总名也。从冖从元，元亦声。冠有法制，从寸。"段注："析言之冕弁冠三者异制。浑言之则冕弁亦冠也。"《左传·哀公十五年》："君子死，冠不免。"冠的分析义素为：（敛发）＋（保暖）＋（帽子）。

玄的区别性义素和冠的指称义素紧密结合，且增加区别性义素"朝服"。意义直接生成，义为古代朝服冠名，黑色。

生成图示为：

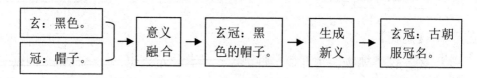

【爵弁】

爵，通"雀"，义为赤黑色。《说文·隹部》："雀，依人小鸟也。从小隹。读与爵同。"朱骏声《说文通训定声·小部》："爵，假借为雀。"雀本为鸟名，在双音词中是择取雀的"赤黑色"义项。《尚书·顾命》："二人雀弁，执惠，立于毕门之内。"孔颖达疏引郑玄云："赤黑曰雀，言如雀头色也。"《周礼·春官·巾车》："漆乘，藩蔽，犴禩，雀饰。"郑玄注："黑多赤少之色韦也。"雀的义素分析为：（黑多）＋（赤少）＋（颜色）。

弁，本义为帽子。《诗经·小雅·頍弁》："有頍者弁，实维伊何。"毛传："弁，皮弁也。"《诗经·大雅·丝衣》："丝衣其紑，载弁俅俅。"郑玄笺："弁，爵弁也。爵弁而祭于王，士服也。"弁的义素分析为：（古代）＋（帽子）。

雀、弁组成双音词后，雀的区别性义素"黑"和弁的指称义素"帽子"，增加区别性义素"礼服"。意义直接生成，义为一种赤黑色礼帽。

生成图示为:

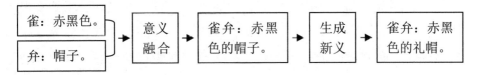

2.修饰成分表示状貌、特征

这一类是指偏语素在状貌和特征等方面对正语素进行限定或修饰,器物类名物词属于这一类较多。

【苴杖】

苴,《说文·艸部》:"苴,履中草。从艸,且声。"段注:"且,荐也。此形声包会意。"《玉篇·艸部》:"苴,麻也。"双音词构词语素"苴",取粗劣之义项。《墨子·兼爱下》:"昔者晋文公好苴服。"孙诒让间诂:"苴、粗字通,犹中篇云'恶衣'。"《荀子·礼论》:"齐衰苴杖,居庐食粥,席薪枕块,所以为至痛饰也。"杨倞注:"苴杖,谓以苴恶色竹为之杖。"《礼记·丧服小记》:"苴杖,竹也。"苴的义素分析为:(粗)+(恶)+(状貌)。

杖,手杖,拐棍。《说文·木部》:"杖,持也。"段注:"凡可持及人持之皆曰杖。"《集韵·漾韵》:"杖,所以扶行也。"《礼记·曲礼上》:"大夫七十而致事,若不得谢,则必赐之几杖。"杖的义素分析为:(手拄)+(支持身体)+(用具)。

从苴杖的结构来看,苴的指称义素和杖的区别性义素"手拄"在成词时发挥暗示作用,结合更为紧密,新增加了两个区别性义素"父丧、竹制"。苴杖的词义为古代居父丧时孝子所用的竹杖。可见,苴不表示材质,而是形容状貌,苴杖词义间接生成。

生成图示为:

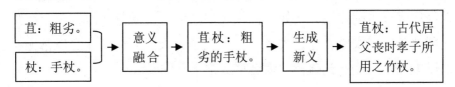

【明堂】

明，明亮。与"昏暗"相对。《说文·朙部》："明，照也。从月，从囧，从日。"商承祚《说文中之古文考》："朙、明皆古文也……囧象光之煽动，有明意，故可用为明。……日月相合以会明意。"《尔雅·释言》："明，朗也。"《广韵·庚韵》："明，光也。"《周易·系辞下》："日往则月来，月往则日来，日月相推而明生焉。"《荀子·天论》："在天者莫明于日月。"明的义素分析为：（光照足）＋（亮）＋（状貌）。

堂，建于高台基之上的厅房。古代国君行礼、理政、祀神之所。《诗经·桧风·羔裘》："羔裘翱翔，狐裘在堂"毛传："堂，公堂也。"《淮南子·本经训》："堂大足以周旋理文，静洁足以享上帝、礼鬼神，以示民知俭节。"高诱注："堂，明堂。所以升降揖让修礼容，故曰周旋；理文，理政事文书也。"堂的义素分析为：（理政／行礼）＋（高台之上）＋（场所）。

明、堂组成双音词指古代帝王宣明政教之所。"明"的区别性义素，"堂"的指称义素成词时意义凸显，新词增加义素"帝王宣明政教"。词义非直接生成。

生成图示为：

【太牢】

太，大。《广雅·释诂一》："太，大也。"王念孙疏证："太者，《白虎通义》云：十二月律为之大吕何？大者，大也；正月律谓太蔟何？太，亦大也。"清 段玉裁《说文解字注·水部》："大，后世凡言大而以为形容未尽则作太。"如《尚书·禹贡》："既修太原，至于岳阳。"孔颖达疏："太原，原之大者。"《庄子·天下》："建之以常无有，主之以太一。"成玄英疏："太者广大之名。"

牢，甲骨文作"🐂"，本义为圈养牛羊牲畜之围栏。《说文·牛部》：

"牢,闲,养牛马圈也。从牛,冬省,取其四周币也。"商承祚《殷虚文字类编》引罗振玉曰:"牢为兽阑不限牛,故其字或从羊。"李孝定《甲骨文字集释》:"所谓从冬者,实象牢形,即许言'取其四周币'者是也。"因为古代祭祀之前要先把祭牲圈养起来,后"牢"又可指古代祭祀或宴享时用的牲畜。牛羊豕各一曰太牢,羊豕各一曰少牢。《周礼·天官·小宰》:"凡朝觐会同宾客,以牢礼之法,掌其牢礼。"郑玄注:"三牲牛羊豕具为一牢。"

太的义素分析为:(大)+(状貌)。牢的义素分析为:(祭祀/宴享)+(牲畜)。在"太牢"这个偏正结构中,太的"大"义素和牢的指称义素"牲畜"在成词过程中意义凸显,太牢主要是强调"祭牲"的"大"义。《说文·牛部》:"牛,大牲也"。《大戴礼记·曾子天圆》:"诸侯之祭牲,牛曰太牢,大夫之祭牲,羊曰少牢。"词义属间接生成,故太牢主要强调祭牲大而全。

生成图示为:

3.修饰成分表示种属、性质

这一类是指偏语素在种属、性质方面对正语素进行限定、修饰。典型构词方式是"小名冠大名"。并列双音词表示两个语素之间是并列关系,而此类是侧重于"小名"对"大名"的限定,偏语素为中心义,正语素表示种属义。这一类正是汉语单音词到复音词蜕变的一个重要类型。

【鸾鸟】

鸾,传说中凤凰一类的鸟。《说文·鸟部》:"鸾,亦神灵之精也。赤色,五采,鸡形,鸣中五音,颂声作则至。"《广雅·释鸟》:"鸾鸟,凤皇属也。"《山海经·西山经》:"(女林之山)有鸟焉,其状如翟而五彩文,名曰鸾鸟,见则天下安宁。"鸾的义素分析为:(神灵)+(鸡形)+(五彩)+(鸟)。

鸟,尾羽长的飞禽。《说文·鸟部》:"鸟,长尾禽总名也。"段注:

"短尾名隹，长尾名鸟，析言则然，浑言则不别也。"《玉篇·鸟部》："鸟，飞禽总名也。"《尚书·舜典》："畴若予上下草木鸟兽？"鸟的义素分析为：（长尾）＋（能飞）＋（禽类）。

鸾鸟，义为神鸟。《楚辞·九章·涉江》："鸾鸟凤皇，日以远兮；燕雀乌鹊，巢堂坛兮。"王逸注："鸾、凤，俊鸟也。有圣君则来，无德则去，以兴贤臣难进易退也。"鸾为鸟的下位词，鸾在双音词里成为新词的区别性语素，鸟表示类别性语素。这是典型的前一语素表示物，后一语素表示类的偏正关系的双音词。

生成图示为：

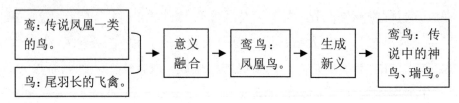

【昴星】

昴，星宿名，白虎七宿的第四宿。《说文·日部》："昴，写作"昴，白虎宿星。从日，卯声。"《尔雅·释天》："大梁，昴也。西陆，昴也。"郭璞注："昴，西方之宿。别名旄头。"《尚书·尧典》："日短星昴。"孔传："昴，白虎之中星。"昴星形似旄头故曰旄头。昴的义素分析为：（形似旄头）＋（白虎宿排第四）＋（星体）。

星，天空中发光的天体。《诗经·大雅·云汉》："瞻卬昊天，有嘒其星。"星的义素分析为：（发光）＋（天体）。

"昴"就是昴星，星是总名，昴是星的下位词，昴星是小名冠大名。昴是对星的限定，而非并列关系。

生成图示为：

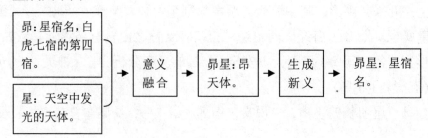

4.修饰成分表示空间、方位

这一类是指偏语素从空间、方位上对正语素进行限定，经常充当偏语素的是方位名词。

【东井】

东，指太阳出来的方向。跟"西"相对。《说文·东部》："东，动也。从木。官溥说。从日在木中。"《尚书·禹贡》："南至于华阴，东至于底柱。"

井，本义为水井。《说文·井部》："井，本作'丼'，八家一井，象构韩形。𦉥之象也。古者伯益初作井。凡井之属皆从井。"

东井又称为"井宿"。井宿是南方朱鸟七宿的第一宿，由八颗星组成，像井字形排列于天空。之所以加"东"作为限定词，是因为加"东"是区分另一个像井形的星宿——玉井。玉井，参宿下方四颗星，形如井。《后汉书·郎𫖮传》："臣窃见去年闰月十七日己丑夜，有白气从西方天苑趋左足，入玉井，数日乃灭。"李贤注："参星下四小星为玉井。"因井宿在"玉井"之东，故称为东井。所以东的"东方"义位和井的"水井"义位融合，意义间接生成。从两个构词语素的义素分析来看，东的义素分析为：（太阳出来）+（方位）。井的义素分析为：（井栏）+（贮水）+（建筑）。东的区别性义素和井的指称义素在成词时作用突出。

生成图示为：

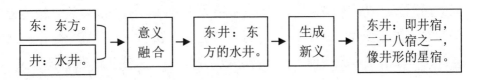

【中溜】

中，作为构词语素取"方位在中央"义位。《说文·丨部》："中，内也。从口。丨，上下通。𣃦，古文中。𠁩，籀文中。"《尚书·召诰》："王来绍上帝，自服于土中。"孔传："于地势正中。"《墨子·经上》："中，同长也。"孙诒让间诂："《几何原本》云：圆界至中心，作直线俱等。'"

溜，本义为地穴式建筑房盖中间空处，雨天可以接雨水，因为居中，故称中溜，后来房屋形制改变，指屋檐的流水，引申为屋宇，房屋。《楚辞·大招》："夏屋广大，沙堂秀只。南房小坛，观绝溜只。"王逸注："溜，屋宇也。"

中的义素分析为：（中间）+（方位）。溜的义素分析为：（流水）+（方位）+（居住）+（建筑）。组合成词以后指家宅五祀之一，祭祀后土神。《礼记·郊特牲》："家主中溜而国主社。"孔颖达疏："中溜谓土神。"

生成图示为：

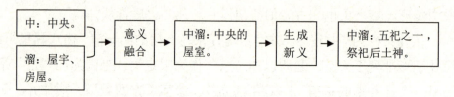

5.修饰成分表示数量

这一类型是指偏语素是对正语素在数量上进行限制，充当偏语素的多为数词。

【五英】

五，《说文·五部》："五，五行也。从二。阴阳在天地间交午也。×，古文五省。"林义光《文源》："五，本义为交午，假借为数名。二象横平，× 象相交，以二之平见 × 之交也。"朱芳圃《殷周文字释丛》："×象交错形，二谓在物之间也。当以交错为本义。自用为数名后，经传皆借午为之。"隶变作五。五，为数词。《玉篇·五部》："五，数也，次四也。"《淮南子·原道训》："音之数不过五。"《史记·燕召公世家》："吾以五而伐一。"

英，花。《尔雅·释草》："荣而不实者谓之英。"《诗经·郑风·有女同车》："有女同行，颜如舜英。"毛传："英犹华也。"

五英，古乐曲名。相传为帝喾所作。《汉书·礼乐志》："昔黄帝作《咸池》，颛顼作《六茎》，帝喾作《五英》。"《广雅·释乐》："《五韺》，帝俈乐。"《汉书·礼乐志》又云："《五英》，英，花茂也。"班固在《白虎通·礼乐》曰："帝喾曰《五英》者，言能调和五声以养万物，调其英华也。"故"五"是修饰限定"英"。五、英的指称义素结合，"英"取借代义，代指万物。五、英组合间接产生词义。

生成图示为：

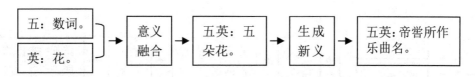

【六茎】

六，数词。《说文·六部》："六，《易》之数，阴变于六，正于八。"《周易·系辞下》："兼三材而两之，故六。"

茎，《说文·艸部》："茎，枝柱也。从艸，𢀜声。"《广雅·释诂三》："茎，本也。"王念孙疏证："茎、干，皆枝之本也。"《楚辞·九歌·少司命》："秋兰兮青青，绿叶兮紫茎。"

六茎作为双音词，组合之后间接得出词义。六茎，古乐名。传为颛顼所作。《汉书·礼乐志》："六茎，及根茎也。""六"可指天地四方。"茎"取借代义，代指万物，以音乐滋养世间万物。六茎词义间接产生。

生成图示为：

二、正偏修饰

正偏修饰关系双音词是指双音词中有一小部分是"正"在前"偏"在后，属于非语法构词。这类词汇在《白虎通》名物词中数量很少。

【露英】

露，露水。《诗经·召南·行露》："岂不夙夜，谓行多露。"露的义素分析：（水汽凝结）＋（液态）＋（气象）。

英，花。《诗经·郑风·有女同车》："有女同行，颜如舜英。"毛传："舜，木槿也；英，犹华也。"花的义素分析为：（颜色）＋（繁殖作用）＋（气味）＋（花瓣）＋（植物一部分）。

露英指露水，露珠。《汉书·扬雄传上》："噏清云之流瑕兮，饮若木之露英。"颜师古注："露英，言其英华之露。"露英应为花之露水，属于非语法构词。露是中心语素，英为偏语素。

生成图示为：

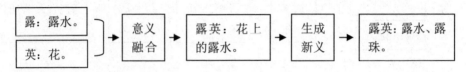

【瞳子】

瞳，瞳孔，俗称瞳仁。《玉篇·目部》："瞳，目珠子也。"《广韵·东韵》："瞳，目瞳。"《尚书大传》："舜四瞳子。"《灵枢经·大惑论》："骨之精为瞳子，筋之精为黑眼。"《史记·项羽本纪》："太史公曰：吾闻之周生曰'舜目盖重瞳子'，又闻项羽亦重瞳子，羽岂其苗裔邪？"

关于"子"的意义。王力先生曾经提出"子"有六种情况不应该看作是词尾，分别是儿子、尊称、禽兽刚出生者、鸟卵、某种行业的人、圆形小东西。瞳子的"子"是属于"圆形小东西"这一类，所以"瞳子"的中心词在"瞳"而非"子"，是典型的正前偏后表示补充关系的双音词。

生成图示为：

三、虚实修饰

虚实修饰是指两个参构语素一实一虚，即黎锦熙先生所说的"偏义复词"。两个构词语素组成新词以后经常在具体语境中只有一个语素有意义，另一个语素意义消失。起初是在上下文语境中临时出现的一种用词现象，后来随着使用频率的增加有一部词固定成偏义复词。虚实修饰双音词在《白虎通》名物词中数量不多，但是非常具有代表性。

【尸柩】

尸，指尸体。《周易·师》："六三，师或舆尸，凶。"汉陈琳《为袁绍檄豫州》："破棺躶尸，掠取金宝。"尸的义素分析为：(在床) + (尸体)。

枢，已装尸体的棺材。《礼记·问丧》："三日而敛，在床曰尸，在棺曰枢。"《左传·昭公十八年》："里析死矣，未葬，子产使舆三十人迁其枢。""尸枢"组成双音词后，词义为"盛有尸体的棺材。"《礼记·丧大记》："君吊，见尸枢而后踊。"《汉书·师丹传》："前大行尸枢在堂。而官爵臣等以及亲属，赫然皆贵宠。"枢的义素分析为：(盛尸) + (棺)。

由此可见，尸、枢与死亡有关。双音词词义为盛有尸体的棺材。枢的意义就能够代表尸枢的全部意义，所以尸枢是一个偏义复词。《白虎通·丧服》："见星则止，日行百里，恻恒之心，但欲见尸枢汲汲故。"

生成图示为：

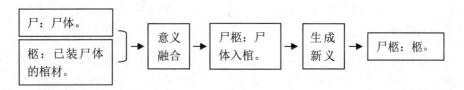

【国家】

国，古代王、侯的封地。《说文·口部》："国，邦也。"段注："邦、国互训，浑言之也。"《周易·师》："开国承家，小人勿用。"孔颖达疏："若其功大，使之开国为诸侯。"《周礼·天官·大宰》："大宰之职，掌建邦之六典，以佐王治邦国。"贾公彦疏："《周礼》凡言邦国者，皆是诸侯之国。"孙诒让正义："上言邦者，据王国而言；下言邦国者，总举大小侯国通言之。"

家，卿大夫的封地。《孟子·离娄上》："人有恒言，皆曰'天下国家'，天下之本在国，国之本在家，家之本在身。"赵岐注："国谓诸侯之国，家谓卿大夫也。"

国、家意义相近，经常连用凝固成双音词。但是成词后经常偏指"国"，家的意义消失。如《白虎通·封公侯》："（诸侯）为其专权擅势，倾覆国家。"又如《吕氏春秋·制乐》："宰相，所与治国家也。"在《孟子》

全书"国家"凡 7 例，其中 6 例是包容关系的偏义复词。《墨子》全书"国家"凡 83 例，其中包容关系的复音词 82 例。

生成图示为：

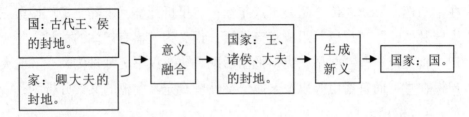

【市朝】

市朝，义为朝廷。《史记·孟尝君列传》："谓市之行位有如朝列，因言市朝耳。"市朝因此得名。《礼记·檀弓下》云："君之臣不免于罪，则将肆诸市朝而妻妾执。"郑玄注："肆，陈尸也。大夫以上于朝，士以下于市。"在《白虎通·丧服》中有云："望国境则哭，过市朝则否。"市朝偏在朝，市意义消失。而在后来经常偏指"市"，指市集，市场。"朝"只是起陪衬作用。如《论语·宪问》："夫子固有惑志于公伯寮，吾力犹能肆诸市朝。"《周礼·秋官·乡士》："肆之三日"贾公彦疏："《论语·宪问篇》……注云：'大夫于朝，士于市。'公伯寮是士，止应云'肆诸市'，连言'朝'耳。"《孟子·公孙丑上》："不肤桡，不目逃，思以一豪挫于人，若挞之于市朝。"焦循正义引顾炎武《日知录》："'若挞之于市朝'，即《书》所言'若挞于市'。古者朝无挞人之事，市则有之。"可见，市朝作为偏义复词在东汉时还是处在一个蜕变期。

生成图示为：

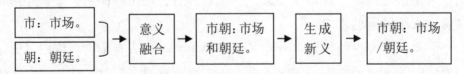

修饰补充式构词法对参构语素限制较少，组合方式自由多变。这类构词法后来居上成为最高产的构词法。在《白虎通》名物词中这一类双音词是最多的，不仅有偏正修饰，还有数量较少的正偏修饰和虚实修饰。在分析并列式双音词时义素分析法效果凸显，但是在对修饰补充类双音节成词分析时，义素分析法的优势弱化一些，尤其在偏正修饰关系中的修饰成分表示数量、表示种属以及正偏修饰、虚实修饰这几类中义素在成词过程中发挥的作用较小。

四、其他双音节名物词

在《白虎通》名物词中主谓结构和动宾结构的双音词较少，为全面考察双音节名物词，把主谓式和动宾式也一并分析。

【日食】

日，太阳。《说文·日部》："日，实也，太阳之精不亏。"《诗经·衡风·伯兮》："其雨其雨，杲杲出日。"《论衡·感虚》："日之行也，行天星度。"日的义素分析为：（近地恒星）＋（天体）。

食，亏缺。《洪武正韵·陌韵》："食，与蚀同。"朱骏声《说文通训定声》："蚀，……经传皆以食为之。"《周易·丰》："月盈则食。"《管子·君臣下》："明君在上，便僻不能食其意。"俞樾平议："食，当读为蚀。"《释名·释天》："日月亏曰食。"《诗经·小雅·十月之交》："日有食之，亦孔之丑。"《史记·天官书》："日月薄蚀。"裴骃集解引韦昭云："气往迫之为薄，亏毁为蚀。"食的义素分析为：（日月等）＋（亏缺）。

日的区别性义素和食的指称义素在新词义中意义突出，作用明显。新词义为一种天象。日为名词，食为动词，属于主谓式双音词。

【牵牛】

牵，《说文·牛部》："牵，引前也。从牛，象引牛之縻也。"《广雅·释言》："牵，挽也。"《尚书·酒诰》："肇牵车牛。"《礼记·曲礼》："效马效羊者，右牵之。效犬者，左牵之。"牵，为动词。牛，《说文·牛部》："牛，大牲也。"之所以被称作牵牛是因为形似"被牵动的牛"[1]，故为比喻义。"牵牛"这个动宾组合最后凝固为名物词。

【腶修】

腶本为"段"，后来写作"腶"，特指古时于石上捶治干肉（并施

---

1 刘兴均，黄晓冬.．"三礼"名物词研究 [M]. 商务印书馆,2016:702.

加姜桂) 桂馥义证："（段）又写作殿字。《哀十一年左传》殿脯，戴侗曰：殿，捶脯也。古单作段。《记》曰：'枣、栗、段修。'康成曰：'捶脯，加姜桂也。'段必捶之于石，故因以得名。后人加肉。"

修，通"脩"。《说文·肉部》："脩，脯也。从肉，攸声。"段注："（修）脯也。《膳夫大》郑注曰：'脩，脯也。'按此统言之，析言之则薄析曰脯。捶而施姜桂曰段脩。后郑注《内饔》云：'脩，锻脯也是也。'《曲礼》疏云：'脯训始。始作即成也。脩训治，治之乃成。'脩治之谓捶而施姜桂。经传多假脩为修字。"《周礼·天官·膳夫》："凡肉脩之颁赐，皆掌之。"郑玄注引郑司农云："脩，脯也。"贾公彦疏："加姜桂锻治者谓之脩，不加姜桂以盐干之者谓之脯，则脩、脯异矣。先郑云：脩，脯者，散文言之，脩，脯通也。""殿"为动词，"修"为名词，是一个典型的动宾结构双音词。

小　结

经过测查和分析，《白虎通》的双音节名物词有如下特点：

1. 在名物词分类中，每一类双音化程度差异较大。其中有 7 类双音节名物词超过单音节名物词，星象类超出 2%，山川类超出 12%，品物类超出 2%，封国类超出 16%，宗教类超出 4%，服饰类超出 22%，居室类超出 12%。双音化最高的是服饰类、封国类、居室类。

2. 并列式双音节名物词 62 个，占双音词总数的 19.4%，仅次于修饰补充式双音词。并列式结构中两个构词语素意义相同或相近，故为明确表示组合义不造成意义混淆，大多采用"旧义素 + 旧义素"的搭配方式造词。

3. 修饰补充结构双音词占据绝对优势。222 个修饰补充结构双音词占双音词总数的 71%。据程湘清[1]、黄志强[2]等人对上古时期的《论语》《左

1 程湘清. 先秦双音词研究 [A]. 先秦汉语研究 [C]. 济南：山东教育出版社，1982:45-113.
2 黄志强. 关于《左传》复合词的几个问题 [A]. 研究生论文选集·语言文字分册 [C]. 南京：江苏古籍出版社，1985:87-91.

传》《孟子》几部古籍中复音词的研究与统计，并列式复音词的数量已然跃居各类复音词榜首。或许是东汉时期造词特点，或许是由于《白虎通》一书的性质问题，或许是名物词的词性所决定，总之《白虎通》中修饰补充式双音词数量远超其他构词方式，且绝大多数为偏前正后的组合关系，仅有 2 个正前偏后的组合。偏正式双音词中的"中心词"决定整个复音词的词性和种属。对两个构词语素进行义素分析时，修饰补充结构在造词时比并列式更注重新义素对新词新义的影响与导向作用。《白虎通》31 个首例名物词有 25 个是采用修饰补充结构创造的新词。

4. 《白虎通》中双音节名物词没有动补式、附加式。动补式结构词性一般为动词性，附加式应该是各类实词均可合成，但是由于名物词词性特征和《白虎通》内容所限，并没有附加式双音词。

5. 名物词双音化程度较高。《白虎通》中名物词共有 654 个，双音词有 314 个，占名物词总数的 48.0%。历史上名词是双音化最早的词类，也是双音化最多的词类。根据张双棣《吕氏春秋词汇研究》[1] 中统计，联合式 459 个，其中名词最多。偏正式合成词共有 470 个，名词有 452 个。述宾结构中复音词 35 个，名词有 27 个。名物词作为名词的子集，双音化程度仍然是在各类词汇中最高。

6. 在名物词分类中，每一类双音化程度差异较大。其中有 7 类双音节名物词超过单音节名物词，星象类超出 2%，山川类超出 12%，品物类超出 2%，封国类超出 16%，宗教类超出 4%，服饰类超出 22%，居室类超出 12%。双音化最高的是服饰类、封国类、居室类。

总之，《白虎通》中名物词双音化程度较高，在双音词成词过程中义素所起的作用差别较大，有的脱落失去意义，有的升级为特征义素成为引申焦点。两个语素聚合在一起，有的可以直接成词，有的需要加入人类想象或区别性义素而间接成词。

---

1 张双棣. 吕氏春秋词汇研究 [M]. 北京：商务印书馆，2008:281-299.

3-1 双音词名物词统计列表

类别		旧义素+旧义素	旧义素+新义素	新义素+旧义素	新义素+新义素
并列式双音词	同义并列	丘山、田畴、苑囿、师旅、鈇钺、斧斤、币帛、緆绤、缌麻、庖厨、仓廪、囷仓、糇楄、宫室	星辰、印玺、衣服、兵革、符信、孔穴、器械	封疆、士卒、朝廷、滋液、衰麻	京师、饭含
	近义并列	玄纁、城郭、山陵、枲粗、律吕、赗赙、禽兽、瑞珪			
	类义并列	珠玉、几筵、绳缨、几杖、车马、舟车、闺阃、筋骨、肌肤、弓矢、皮毛、山川、草木、发肤、琴瑟、枝叶、钟律、犬马、土地、房户、墙屋、根株	秬鬯、冕服	衽席、主祏	
修饰补充关系	修饰成分表示材料、颜色	荆火、桑弧、蓬矢、玉瓒、圭瓒、石泥、瓦棺、麻绖、皮弁、布衣、羔裘、狐裘、葛屦、麻冕、苍天、朱草、玄鸟、白雉、白鸟、朱鸟、白鹿、黄龙、白虎、青龙、黄金、黑丹、白玉、玄玉、朱轮、缁衣、玄冠、黄衣、朱丝、黄泉、黄钟、箭笄、靺鞈、黑黍、龟书、狐白	玉衡、木主、桑主、素服、玄武、素积、木燧、朱绂、赤绂	爵弁、垩室、金泥、银绳、金绳、素帻	葱衡、练主
	偏正关系 修饰成分表示状貌、特征	旻天、昊天、醴泉、嘉禾、大贝、猛兽、醴酒、重裘、大肠、小肠、轩车、太蔟、软轮、箫韶、倚庐、戴干、蛰虫、洪水、祥风	中吕、南吕、大吕、大武、大夏、大濩、大章、圣周、崇城、干城、太平、玉路、大路、小学、小敛	条风、景星、景云、景风、凉风、甘露、渊泉、介虫、干肉、灵台、明堂、束帛、夹钟、苴杖、饰车、林钟、应钟、泰山、	大学、大辟、辟雍、泮宫、文昌、平露、宾连、祖载、大敛、大祥

（续表）

类别		旧义素+旧义素	旧义素+新义素	新义素+旧义素	新义素+新义素
				安车、轴车、龙颜、骈齿、齐衰、斩衰、明珠、器车、神鼎、衮龙、路车、遗体	
	修饰成分表示种（领）属、性质	昴星、鸢鸟、马缰、祭器、羽毛、腓辟、小寝、祢庙、阼阶、雩祭、国境、麚鹿、鞶带、经带	祭服、附庸、龙图、昏礼、素食、疏食、大功、小功、祭尸	明器、宗庙、太庙、身体、路寝、亲庙、采地、夏邑、商邑、公门、太牢、少牢、公宫、梁甫、类祭、衰裳、闺门、祖庙	吉服、隆服、士服、燕寝、太社、王社、凶服、丧服、丧礼
	修饰成分表示空间	上天、南郊、西郊、庭燎、腰绖、西阶、霍山、衡山、华山、恒山、海内、嵩高、郭门	岱宗、洛书、内屏	郊祭、郊庙、中宿、中门、中庭、东井、东郊、外门	中溜、中国、邻国、外寝、外屏
	修饰成分表示数量	四海、六茎、五英、三军、两楹、庶邦	四方、三焦	离皮	
	修饰成分表示否定				不豫
正偏关系		露英	瞳子		
虚实关系		尸柩	国家、市朝		
动宾式		牵牛、殿修、负薪、负子			辟积
主谓式			日食、月食		
联绵词		招摇、梧桐、蓮莆、蒵英、麒麟、凤皇、朝离、无射、夷则、蕤宾、姑洗、咸池、委貌、章甫、毋追、膀胱、蕙苡			
叠音词		亭亭			

第三节 双音节名物词内部义素之间的搭配关系

作为双音词的参构语素有的是本义参与构词，有的是引申义参与构词。无论是本义还是引申义都只是一个义位进入新词。参构词的义位与义位之间的关系是极为错综复杂的，义位中的义素在合成双音词时所发挥作用不尽相同。为看清义位在新词中所起作用，可以把义位进行义素分析。把参构义位的指称义素和区别性义素划分出来，再结合新词词义，找出哪些义素在成词时意义突出。作为构词语素的单音词，如果是本义中的义素被继承下来并保留在新词中，这样的义素我们称之为旧义素。如若是单音词引申义中义素被继承下来并保留在新词中，这样的义素我们称为新义素。我们按照新旧义素组合方式不同，把双音词的构词类型分为四种：旧义素＋旧义素、旧义素＋新义素、新义素＋旧义素、新义素＋新义素。

一、旧义素＋旧义素

所谓旧义素＋旧义素，是指作为构词语素的两个单音词是本义中的义素在合成双音词时作用、特征突出被新词所继承。在辨别新、旧义素时，考察本义是源头。在《白虎通》双音节名物词中这种类型数量最多。

【师旅】

师，古代军队编制的一级，以二千五百人为师。《说文·帀部》："师，二千五百人为师。从帀，从𠂤。"《诗经·小雅·采芑》："陈师鞠旅。"郑玄笺："二千五百人为师，五百人为旅。"师的义素分析为：（二千五百人）＋（军队）＋（编制）。

旅，军队编制单位。上古一般以五百人为旅，齐制二千人为旅。《说文·㫃部》："旅，军之五百人为旅。"《国语·齐语》："十连为乡，故二千人为旅，乡良人帅之；五乡一帅，故万人为一军，五乡之帅帅之。"旅的义素分析为：（五百人）＋（军队）＋（编制）。师、旅本义参与构词，组成同义并列双音词，旧义素"军队"被继承下来，义为军队，词义泛化。

【腰绖】

腰，跨上肋下的部分，在身体的中部。《玉篇·肉部》："腰，胯也。"《素问·痿论》"宗筋主束骨而利机关也"唐王冰注："腰者，身之大关节，所以司屈伸。"腰的义素分析为：（肋下胯上）+（身体）。

绖，古代服丧期间结在头上或腰部的葛麻布带。《说文·系部》："绖，丧首戴也。"《玉篇·糸部》："绖，麻带也。"《庄子·天道》："哭泣衰绖，隆杀之服。"《仪礼·丧服》："斩衰裳、苴绖、杖，绞带。"郑玄注："麻在首在要（腰）皆曰绖。"《礼记·檀弓上》："孔子之丧，二三子皆绖而出。"绖的义素分析为：（丧服）+（葛麻）+（带）。

在"腰绖"一词中，腰和绖均是本义参与构词，旧义素被保留。绖的"丧服"义素在构词中意义突出。所以，腰、绖结合之后，很容易获悉其组合义，义为旧时丧服上系于腰间的麻带或草带。

二、旧义素 + 新义素

所谓旧义素 + 新义素，是指第一构词语素是本义中的义素与第二构词语素引申义中的新义素在成词中作用突出，且对新词词义有较大影响。

【印玺】

印，印章。甲骨文作"🖐"。罗振玉《增订殷虚书契考释》："卜辞'印'字从爪，从人跽形，象以手抑人而使之跽。其谊如许书之抑，其字形则如许书之印……予意许书印、抑二字古为一字，后世之印信，古者谓之玺节，初无印之名。""印之本训既为按抑，后世执政以印施治，乃假按印之印字为之。反印为抑，殆出晚季，所以别于印信字也。"印造字义消失，印章之印为假借义，所以为旧义素。《说文·印部》："印，执政所持信也。"段注："凡有官守者皆曰执政，其所持之卩信曰印。"王筠句读："信也者，符卩、瑞印一类之物。"《广韵·震韵》："印，符印也，印信也。"《墨子·备城门》："梳关一苋，封以守印。"《汉书·百官公卿表上》："相国、丞相，皆秦官，金印紫绶，掌丞天子助理万机。"印的义素分析为：（公/私用）+（印章）。

玺，印章。秦以前以金玉银铜制成，尊卑通用。玺是春秋战国时期商业往来频繁的结果，是信用的凭证，也是商业标识。后来官员任命授玺印，这使其与权力结合起来。秦以后专指皇帝之印章，以玉制。《说文·玉部》："玺，王者印也。玺，籀文从玉。"《广雅·释器》："印谓之玺。"王念孙疏证："卫宏曰：'秦以前，民皆以金玉为印，龙虎钮，唯其所好。秦以来，天子独以印称玺，又独以玉，群臣莫敢用。'"《左传·襄公二十九年》："季武子取卞，使公冶问，玺书追而与之。"杜预注："玺，印也。"孔颖达疏："周时印已名玺，但上下通用。"《韩非子·外储说左下》："豹对曰：'往年臣为君治邺，而君夺臣玺；今臣为左右治邺，而君拜臣，臣不治矣。'遂纳玺而去。"而在《史记》中玺则是皇帝专属名称。如《史记·高祖本纪》："秦王子婴素车白马，系颈以组，封皇帝玺符节，降轵道旁。"司马贞索隐引韦昭曰："天子印称玺。"《汉书·元后传》："及高祖诛项籍，即天子位，因御服其玺，世世传受，号曰汉传国玺，以孺子未立，玺藏长乐宫。"在《史记》《汉书》中很多情况玺都是指皇帝印章。玺的义素分析为：（天子）+（玉制）+（公用）+（印章）。在这几个区别性义素中天子、玉制为新增义素。在组合成新词时印的指称义素作用突出，玺的新增"天子"义素使双音词特征凸显，义素变少双音词所指范围也因此变小。

【城郭】

城，本义指都邑四周用作防守的墙垣，内称城，外称郭。《说文·土部》："城，以盛民也。从土，从成，成亦声。"《广韵·清韵》："城，城郭。"《墨子·七患》："城者，所以自守也"《公羊传·定公二年》："五版而堵，五堵而雉，百雉而城。"城的义素分析为：（在内）+（城墙）。

郭，甲骨文作"𩫖"，形似守望城市的塔楼。最初的使用义为春秋国名。《说文·邑部》："郭，齐之郭氏虚。"段注："郭，本国名。郭国既亡，谓之郭氏虚。郭氏虚在齐境内。"引申为外城，古代在城的外围加筑的城墙。《释名·释室》："郭，廓也，廓落在城外也。"《左传·昭公二十年》："寅闭郭门。"《孟子·公孙丑下》："三里之城，十里之郭。"郭的义素分析为：（在外）+（城墙）。

城、郭组合成词，义指城墙，后引申为城市。城的旧义素"城墙"和郭的新增义素"城墙",合并作用于"城墙"义位。

三、新义素+旧义素

所谓新义素+旧义素,是指第一构词语素是引申义中的新增义素与第二构词语素本义中的义素被新词继承。

【闺阃】

闺,本义为上圆下方的小门。《说文·门部》:"闺,特立之户,上圆下方,有似圭。从门,圭声。"引申为宫中小门。《尔雅·释宫》:"宫中之门谓之闱,其小者谓之闺。"《公羊传·宣公六年》:"赵盾已朝而出,与诸大夫立于朝,有人荷畚自闺而出者。"闺的义素分析为:(限制)+(进出通道)+(宫中)+(小)+(门)。其中"限""宫中"为新增义素。

阃,唐玄应《一切经音义》卷二引《三苍》:"阃,门限也。"《集韵·圂韵》:"阃,门橜。通作梱。"《文选》扬雄《甘泉赋》:"天阃决兮地垠开。"阃的义素分析为:(限制)+(门槛)。

闺阃义为内室。《白虎通·嫁娶》:"妇事夫有四礼焉……闺阃之内,袵席之上,朋友之道也。"闺阃的义素分析为:(限制)+(内里位置)+(寝居)+(建筑物)。在双音词中闺的新增义素"宫中""门"和阃的"门槛"义素对双音词词义影响较大,"宫中""门槛"形象特征突出,才能令人联想到"内室"之义,与两个单音词词义相加之后意义完全不同,所以在合成双音词时一定是某一突出特征或形象引导人们不约而同地领会到新词词义。

【素帻】

素,本义是本色的生帛。《说文·系部》:"素,白致缯也。"段注:"缯之白而细者也……泽者,光润也。"《小尔雅·广服》:"缟之者曰素。"素的分析为:(本色)+(帛)。引申义为本色,白色。《论语·八佾》:"绘事后素。"何晏注:"凡绘画先布众色,然后以素分布其间。"引申后指称义素发生变化,词义发生转移。

帻,包头发的巾。《释名·释首饰》:"帻,迹也,下齐眉迹然也。"《玉篇·巾部》:"帻,覆发也。"汉 蔡邕《独断》:"帻者,古之卑贱执事不冠者之所服也………元帝额有壮发，不欲使人见，始进帻服之，群臣皆随焉。"帻的义素分析为：（包住头发）＋（巾）。

所以，素在引申过程中新增义素"本色"与帻的旧义素"巾"对新词词义影响较大，直接可以联想到用于古代凶、丧事的白色包头巾。双音词增加区别性义素"凶／丧"，要比两个单音词词义累加后所指范围变小。

四、新义素＋新义素

所谓新义素＋新义素，是指第一构词语素是引申义中新增义素与第二构词语素引申义中的新增义素，且遗传义素对直接获悉新词词义影响较大。这种类型在双音词名物词中数量较少。

【辟雍】

辟，通"璧"。清朱骏声《说文通训定声》："辟，借为璧。"《诗经·大雅·灵台》："于论鼓钟，于乐辟雍。"朱熹注："辟、璧通。"辟是假借引申，义为似璧形。辟的义素分析为：（圆）＋（形状）。

雍，本义为和谐。《广韵·钟韵》："雍，和也。"《尚书·尧典》："百姓昭明，协和万邦，黎民于变时雍。"孔传："雍，和也。"后引申为水泽。如《诗经·周颂·振鹭》："振鹭于飞，于彼西雍。"毛传："雍，泽也。"陈奂传疏："雍即雝之隶变。"雍的义素分析为：（水）＋（泽）。

辟雍，西周天子所设大学，校址圆形，围以水池，前门外有便桥。班固《白虎通·辟雍》："天子立辟雍何？所以行礼乐宣德化也。辟者，璧也，象璧圆，又以法天，于雍水侧，象教化流行也。"辟、雍结合之后形象特征凸显，但是不能直接生成双音词词义，需要通过对形象的联想，才能辗转获悉词义，属于间接生成。所以在形成新词时辟的"圆"义素和雍的"水"义素对新词形象建立影响较大。双音词的指称义素为"场所"。

【京师】

京，本义为高丘。《诗经·小雅·甫田》："曾孙之庾，如坻如京。"毛传："京，高丘也。"引申义为京城，国都。《诗经·大雅·文王》："祼将于京。"孔颖达疏："此京亦谓京师。"京的义素分析为：（定都）＋（城市）。

师，古代军队的编制以二千五百人为一师。《周礼·地官·小司徒》："五人为伍，五伍为两，四两为卒，五卒为旅，五旅为师，五师为军。"郑玄注："师，二千五百人。"后引申为都邑。《诗经·大雅·公刘》："京师之野，于时处处。"马瑞辰通释引吴斗南曰："师者，都邑之称。如洛邑亦称洛师之类。"师的义素分析为：（大）+（城市）。

京的新增义素"定都"和师的新增义素"城市"对双音词词义影响较大，义为国都。

总之，进行义素分析之后，作为构词语素的单音词每一个义素在新词中所起的作用一目了然，也能放缓双音节名物词成词过程，看清双音节名物词成词特点和规律。义素分析不仅是对单音词词义进行解剖，对合成的新词词义也做以分析，可以看清新词词义产生过程中哪些义素形象特征凸显，对新词词义产生哪些影响。经过义素分析，发现两个义位中某些特征性或形象性义素组合之后会产生一个图形，即是注意的焦点部分，正是这个图形帮助人们直觉感知理解词义。这就是认知语言学中的"图形 - 背景"理论。语言发展是一个漫长的过程，一个新词是需要较长时间的沉淀才能被大众所接受。所以双音词最初产生时会尽量选择单音词的常用义参与构词，两个单音词结合后新词词义不难理解。这应是合成造词法的基本准则。

第四节 双音节名物词成词机制

双音词的出现与发展，一方面是语言自身原因造成的，另一方面与社会发展、人们思维习惯等客观因素有关。无论是语言内部的自我调节还是社会发展、人类认知等客观因素，各种因素之间会相互掣肘、相互渗透。

一、语言内部的自我调节

在上古汉语中单音词占据主导，其为满足人类在语言表述上追求丰富变化这一需求上，有突出贡献。但同时由于单音词词义的不断增加与膨胀，从而导致人类记忆负担过重以及交流时易产生歧义。于是在语言内部就产生变革动力。

1. 为语言表述精准，双音词必然产生

随着人类社会生活发生的变化，人们需要清楚、明了地表达想法、意图。于是在有限的词汇范围内，势必会增加单音词的信息密度，也就是所谓的一词多义现象。一词多义无论是在书面记载还是口语交流中都会产生歧义，延长阅读、理解和思考时间。这样从语言发展内部产生强烈诉求，疾呼语言表述准确、清晰，需要创造新词来给单音词减负。创造新词主要有两种倾向：一是全新创造，姑且称为"全新词"。二是以现有词汇为基础，从形式上对其进行改造或者限制，使其表达新义，这就是所谓的"合成词"。"全新词"之前从未出现过，需要经历漫长的受众认同期，同时增加记忆难度，这个方法可行，但是不经济。相较而言，"合成词"在保持原有词汇的基础上经过重新排列组合创造新词，这是一个既经济又便捷的方法。正如葛本仪所说："造词活动和语言本身也是密切相关的。在有语言存在的社会里，任何方式的造词活动无一不是在原有语言要素的基础上进行的。"[1] 合成词中至少有一个语素大家熟知，再加上一个或几个语素之后，人们直觉就能体会其新义，不会出现接受障碍和理解困难等局面。"合成词"造词时间成本较低，接受起来更快速，且没有增加记忆难度，是产生新词的最有效方法。这既是语言本身的选择，也是人类认知的选择。与单音词相比，合成词优势明显：

首先，词义确定。绝大多数单音词是多义词，同时也就意味着词义往往是模糊的、概括的甚至是抽象的。相比较而言，合成词的词义往往较少，一词词义不多，同音现象则更少，通过字面可以快速理解词义，在上下文语境中合成词利于交流的双方能迅速领会词义。王力在分析古语死亡的四种原因时指出："由综合变为分析，即由一个字变为几个字。例如有'渔'变为'打鱼'，由'汲'变为'打水'，由'驹'变为'小马'，由'犊'变为'小牛'。"[2] 王力先生这段话清晰地分析了双音词在表述中词义单一，便于理解这样的特点。

---

1 葛本仪. 汉语词汇研究 [M]. 北京：外语教学与研究出版社, 2006:3.
2 周俊勋. 中古汉语词汇研究纲要 [M]. 成都：巴蜀书社, 2009:183.

其次，表意清楚。单音词词义复杂，而合成词，尤其是双音词，两语素结合之后具有一定的排他性，无须过多推理，表意清楚直接。应该说古汉语词汇的复音化是语言本身的内在机制起决定性的推动作用。最主要是复音化不仅一次性解决同音词过多和一词多义这样两个复杂问题，而且还提高了语言表达的精准度。

2. 为追求语言表达的新颖性，语言形式必然变化

在人类求新求异的思维引导下，语言表达讲究新颖与独特，这样也促使人们在语言表述时寻求突破和变化。如上古时期存在大量的同义词、近义词、反义词，这些原始材料如何利用，能够让语言表达产生新义。人类的相关思维让人们看到这些词语之间的关系，自然会以一定的逻辑对其进行排列组合，因此便顺理成章地产生同义并列双音词、近义并列双音词、反义并列双音词。这或许是并列式双音词最初数量较多的一个原因。但毕竟同义词、近义词、反义词的数量有限，组合、变化的形式更是有限，只能满足人类短暂的求异心理。人类强烈地渴望有更多、更简洁的方法供人类选择，这或许是偏正式复音词出现的缘由。如以名词为中心，对其进行限定、修饰，这样就会围绕这个名词产生大量的双音词，满足人们不同的表达愿望和诉求。

二、韵律制约

早在《诗经》时期，汉语就显现出对于韵律的强烈追求，大量叠音词的出现，昭示着语音也是一种构词方法。所以，冯胜利提出双音节是汉语"标准音步"。[1] 音律的制约及音步的主导让汉语词汇发展出现双音化倾向。如联绵词、重叠式便是以语音为组合纽带，附加式、并列式双音词之间除了相互补充说明之外，还有就是满足韵律和节奏习惯。我们在分析偏正式双音词时，看到有一些单音词义项中包含双音词的意义，为什么还要重新创造双音词，除了明晰词义之外，还应该包括对韵律的满足与追求。如东井、中溜、阼阶、圭瓒的意义在单音词"井""溜""阼""瓒"中都有包含，这不符合语言应用中的经济原则，所以应该是从形式上达到"标

---

1 冯胜利. 论汉语的韵律词 [J]. 中国社会科学, 1996(1): 163.

准音步"的要求。可见，韵律是影响双音词，尤其是联绵词、重叠式以及附加式、并列式合成词产生的一个重要因素。

三、社会文化制约

1. 社会生活变化

相对于语音、语法，词汇的变化是最与时俱进的。这主要是因为词汇的使用义受国家政治、经济、文化、礼俗、军事等社会因素影响巨大。名物就是物质文化的重要组成部分，名物词的发展与演变势必体现时代的烙印。葛本仪曾说："造词活动和人们的认识以及具体的环境条件是密切相关的。……人们在造词时，主要考虑的是用什么名称命名合适的问题，并不是而且也不会去考虑名称的内部结构形式如何，比如用偏正结构呢？还是用主谓结构呢？"[1] 所以，社会生活的发展才是新词产生的根源。人们面对新生活给新事物命名时不会理性地按照语法关系去造词，人们会根据实物特征，尤其是形象特征，结合人类联想思维，给它起一个简单、易懂的名字。在这个过程中人类的认知起着非常重要的作用，而所谓的结构分析等抽象性理论要弱化许多。所以，合成词产生于春秋战国是因此时社会生活发生较大改变。汉代之后，合成词大量出现，也是由于国家统一，政治生活发生变化，儒家文化成为主流意识形态，东汉时期谶纬思想弥漫，因此有不少与之相关的词汇产生。在《白虎通》名物词中产生的 32 个新词大多是与礼俗文化、谶纬思想有关，如亲庙、太社、隆服、祭尸、素帻、平路、黑丹等。

2. 审美观念驱使

我们古人看到许多自然事物是对称的、均衡的，那么人类会潜移默化地接收到这种暗示，审美思想也会受其影响。如《诗经》是我国古老的诗篇，其语言大多四言，两两组合，形成对称，在吟诵时带有明显的节奏感。从西周开始我们民族语言就十分讲究节奏感和对称性。这种审美理想逐渐成为一种普世观念。双音词可以两两组合形成《诗经》那样的对称性和节奏感。恰似这样的审美观念与语言表达习惯，造成词语出现复音化倾向。

---

1 葛本仪 . 汉语词汇研究 [M]. 北京 : 外语教学与研究出版社 , 2006:37.

　　总之，语言复音化问题非常复杂，一种理论不能解决所有问题。然而语言是人类思维的具体反映，是社会生活的缩影。词汇的生成、发展是人们对客观世界认识的主观投射，带有一定的民族性、时代性。当人类产生表义明确的欲求时，全新创造的词语数量太多，会增加记忆难度和认知困难。而单音词组合成双音词既不增加记忆负担，又提高了语言表达的准确性；既丰富了语言表述的形式，也解决了单音词中大量同音词、多义词的客观问题。另外，双音词的大量出现让语言的韵律感、节奏性增强，满足了人们的审美要求。

第四章 《白虎通》名物词词义变化分析

所谓词义变化包含了词义变化的原因、过程、结果三个方面。词义变化的过程是外在表象，有纵向和横向两个方面。词义的纵向变化是指词义的引申；词义的横向变化是指词与词之间的同源关系。

一般情况下，词义可分为本义、引申义、假借义、比喻义等。词义的引申是语言发展变化的一个重要现象，故传统训诂学把探求本义、整理引申系类作为研究引申时的主要任务[1]。本义是指由汉字的造字结构所反映出来的并且可由汉字记录的由古代书面语体现出来的原本的意义。简言之，本义就是一个词本来的意义，是该词最初的使用意义。原则上一个词有且只有一个本义。引申义是指从本义引申出来的若干意义。引申义有从本义引申而得，有从引申义引申而得。从本义与引申义之间的关系来看，既有直接引申又有间接引申。所谓直接引申就是词义从本义直接引申而得；间接引申就是从引申义直接引申，对于本义而言就属于间接引申。从引申义数量来看，既有单义引申，又有多义引申。所谓单义引申就是指引申义只有一个；所谓多义引申是指引申义有两个及两个以上。从引申类型来看，有连锁式引申、辐射式引申、复合式引申三种。所谓连锁式引申是指只有一个引申义是从本义直接引申所得，其他的每一个引申义都是从上一个引申义依次引申所得，是一种线式引申；辐射式引申是指所有的引申都是从本义引申而来，从本义向四面八方引申的方式；复合式引申亦称为综合式引申，指词义在引申的过程中，任何一个义项都可以根据交际的需要再派生出另一个或另一系列义项。换言之，在引申系列中综合了连锁式引申和辐射式引申两种情况。

同源词是研究词与词之间的横向联系，找出源词是探源、梳理、阐释

---

1 陆宗达，王宁. 训诂与训诂学 [M]. 太原：山西教育出版社，1994:110-111.

同源词的词源义是追踪，它们是一个完整的体系。根据王力先生对汉语词义演变结果的归纳，提出词义演变结果有三种方式，即扩大、缩小、转移[1]。词义演变结果不仅是指古今词义之间，还可以指多义词的义位与义位之间演变的结果。

词义发展变化的根源是多方面的，但是语言作为人类思维的具体体现，必然与使用该语言群体的认知有关系，故而我们从认知语言学的转喻和隐喻中寻找词义变化的动因。通过对词义变化的源起、词义引申的路径、词义演变的结果到系联同源词多个方面，我们可以系统地描述名物词词义变化的全过程，看清名物词词义在引申序列中所处位置。

第一节　《白虎通》名物词词义变化表层类型分析描写

所谓词义变化的表层类型描写就是对词义引申类型进行描写，主要有连锁式引申、辐射式引申、复合式引申三种类型。

一、连锁式引申

在《白虎通》名物词中连锁式引申数量不多，主要是一些内涵较广，外延较窄的单音词和复音词。连锁式引申我们重点分析如下几个词：球、棺、旒、帨、璜、弁、序、酒、席、巾、币、肌肤、布衣、车马、文昌、耒耜。

【球】

球，本义为"美玉"，指称义素为"玉"。如：

（1）大玉、夷玉、天球、河图，在东序。（《尚书·顾命》）

——孔颖达疏："天球，雍州所贡之玉，色如天者，皆璞，未见琢治，故不以礼器名之。"

（2）笏，天子以球玉，诸侯以象，大夫以鱼须文竹。（《礼记·玉藻》）

——郑玄注："球，美玉也。"

---

1 王力. 汉语讲话 [M]. 北京：文化教育出版社，1956:66.

后特指"玉磬"。新义位的指称义素为"乐器",区别性义素为"玉",前一个义位的指称义素变为后一个义位的区别性义素。

(3) 拮隔鸣球,掉八列之舞。（《文选》扬雄《长杨赋》）

—— 李善注引韦昭曰:"鸣球,玉磬也。"

(4) 所以用鸣球搏拊者何? 鬼神清虚,贵净贱铿锵也。(《白虎通·礼乐》)

"球"的词义引申路径为:

球: 美玉→**玉磬**[1]

【棺】

棺,本义为"棺材",义素分析为:（殓尸）+（器物）。由"殓尸"作为遗传义素产生新义位"以棺殓尸"。如:

(5) 下殇用棺衣棺,自史佚始也。（《礼记·曾子问》）

—— 郑玄注:"棺,谓敛于棺。"

(6) 曹人凶惧,为其所得者,棺而出之。（《左传·僖公二十八年》）

(7) 春为父而生之,夏为子而养之,秋为死而棺之,冬为痛而丧之。(汉 董仲舒《春秋繁露·基义》)

"棺"的词义引申路径为:

棺: **棺材**→以棺殓尸

【旒】

旒,本义为旌旗悬垂之饰物。义素分析为:（旌旗）+（悬垂）+（饰物）。

(8) 受小球大球,为下国缀旒。（《诗经·商颂·长发》）

—— 郑玄笺:"旒,旌旗之垂者也。"

(9) 旗,十有二旒。（《礼记·明堂位》）

由"悬垂""饰物"作为新义位的遗传义素,增加指称义素"玉串",于是引申为冕冠前后悬垂之玉串。如:

(10) 天子玉藻,十有二旒。（《礼记·玉藻》）

(11) 古者圣主冕而前旒,所以蔽明也。（《孔子家语·入官》）

---

1 字体加粗表示在《白虎通》 中词义。

（12）垂旒者，示不视邪，纩塞耳，示不听谗也。（《白虎通·绋冕》）

"旒"的词义引申路径为：

旒：旌旗悬垂之饰物→**冕冠前后悬垂之玉串**

【帨】

帨，本义为名词"佩巾"。古代女子出嫁时，母亲所授，用以擦拭不洁。在家时挂在门右，外出时系于身左。义素分析为：（佩戴）+（擦拭）+（巾）。如：

（13）母施衿结帨曰："勉之敬之，夙夜无违宫事。"（《白虎通·嫁娶》）

后引申出新义位"拭擦"。"擦拭"作为遗传义素被继承。如：

（14）盥卒授巾。（《礼记·内则》）

——郑玄注："巾以帨手。"

"帨"的词义引申路径为：

帨：佩巾→拭擦

【璜】

璜，本义是状如半璧的玉器。义素分析为：（玉制）+（半璧）+（器物）。引申后泛指"玉石"。由"玉制"作为遗传义素。如：

（15）璜台十成，谁所极焉？（《楚辞·天问》）

——王逸注："璜，石次玉者也。"洪兴祖补注："璜，美玉也。"

"璜"的词义引申路径为：

璜：**状如半璧的玉器**→泛指玉石

【弁】

弁，冠名。义素分析为：（固发）+（头顶）+（冠）。如：

（16）乍但言弁，周之冠色所以爵何？（《白虎通·绋冕》）

由指称义素"冠"作为遗传义素，新义位为动词，即戴弁，又进一步引申，泛指为"加冠之通称"。如：

（17）王与大夫尽弁，以启金縢之书。（《尚书·金縢》）

（18）婉兮娈兮，总角丱兮，未几见兮，突而弁兮。（《诗经·齐风·甫田》）

——孔颖达疏："指言童子成人加冠。"

"弁"的词义引申路径为：

弁：**冠名**→戴弁 →加冠

【序】

序，本义为堂之东西墙，区别性义素"东""西"成为遗传义素，义为堂两旁东西厢房。如：

（19）西序东向。（《尚书·顾命》）

—— 孔传："东西厢谓之序。"

"厢房"作为遗传义素，于是由"东西厢房"引申为"学宫"。因为古代常以东、西厢房作为学校。如：

（20）春秋，以礼会民而射于州序。（《周礼·地官·州长》）

—— 郑玄注："序，州党之学也。"

（21）夏曰校，殷曰序，周曰庠，学则三代共之。（《孟子·滕文公上》）

"序"的词义引申路径为：

序：堂的东、西墙→堂两旁东西厢房→**古代学宫**

【酒】

酒，本义为饮料。用粮食、水果等发酵制成的含乙醇饮料。义素分析为：（粮食／水果）＋（发酵）＋（饮料）。如：

（22）甘酒嗜音，峻宇雕墙，有一于此，未或不亡。（《尚书·五子之歌》）

1. 由名词引申为动词"饮酒"。如：

（23）文王诰教小子，有正有事，无彝酒。

—— 孔传："教之皆无常饮酒。（《尚书·酒诰》）

2. 进一步由"饮酒"引申为饮酒之场所即"酒席，酒筵"。"饮料"是三个义位的遗传义素。如：

（24）燕王令丞相栗腹约驩，以五百金为赵王酒。（《史记·赵世家》）

"酒"的词义引申路径为：

酒：**饮料名**→饮酒 →酒席，酒筵

【席】

席，本义为坐卧铺垫用具，义素分析为：（坐卧）＋（铺垫）＋（用具）。

引申为动词"布席而坐"。如：

（25）赵旃夜至于楚军，席于军门之外，使其徒入之。（《左传·宣公十二年》）

——杜预注："席，布席坐。"

（26）七十杖于朝，君问则席。（《礼记·祭义》）

——郑玄注："为之布席于堂上而与之言。"

1. 引申后的新义位指"坐位，席位"，"坐"为遗传义素。义素分析为：（坐）+（位子）。如：

（27）君赐食，必正席，先尝之。（《论语·乡党》）

（28）饮酒酣，武安起为寿，坐皆避席伏。（《史记·魏其武安侯列传》）

2. 进一步引申为"酒筵"，"位子"作为遗传义素。如：

（29）要离席阑至舍，诚其妻。（汉 赵晔《吴越春秋·阖闾内传》）

"席"的词义引申路径为：

席：**坐卧铺垫用具**→布席而坐→坐位，席位→酒筵

【巾】

巾，本义为一方布帛，用来擦拭、包裹、佩戴等。义素分析为：（方形）+（擦拭）+（包裹）+（佩戴）+（布）。如：

（30）沐，巾一；浴，巾二。（《仪礼·士丧礼》）

——郑玄注："巾，所以拭污垢。"

（31）犯墨者蒙巾，犯劓者以赭着其衣。（《白虎通·五刑》）

1. 引申为以巾包裹，"包裹"是遗传义素，也是特征义素。如：

（32）盛以箧衍，巾以文绣。（《庄子·天运》）

（33）为天子削瓜者副之，巾以絺。（《礼记·曲礼上》）

2. 古人以巾裹头，后即演变成一种冠，称作"巾"。新义位指称义素变为"冠"。"包裹"继续做遗传义素。如：

（34）缟衣綦巾，聊乐我员。（《诗经·郑风·出其东门》）

"巾"的词义引申路径为：

巾：**一方布帛**→以巾包裹→头巾

【币】

币，本义为缯帛。古代常用作祭祀或馈赠之礼品。义素分析为：（祭祀）＋（馈赠）＋（缯）。后泛指车马皮帛玉器等礼物。新旧义位中"馈赠"为遗传义素。如：

（35）凡执币者，不趋，容弥蹙以为仪。（《仪礼·士相见礼》）

——胡培翚正义："散文则玉亦称币，小行人合六币是也；对文则币为束帛、束锦、皮马及禽挚之属是也。"

（36）哀姜至，公使大夫、宗妇觌用币。（《国语·鲁语上》）

1. 引申为"赠送"。由"馈赠"为遗传义素。如：

（37）闻夫子明圣，谨奉千金以币从者。（《庄子·说剑》）

（38）今以城市邑十七币吾国，此大利也。（《史记·赵世家》）

——张守节正义："冯亭将十七邑入赵，若币帛之见遗，此大利也。"

2. 进一步引申为"货币"。如：

（39）先王为其途之远，其至之难，故托用于其重，以珠玉为上币，以黄金为中币，以刀布为下币。（《管子·国蓄》）

（40）吴王濞倍德反义，诱受天下亡命辠人，乱天下币。（《史记·吴王濞列传》）

——裴骃集解引如淳曰："币，钱也。以私钱淆乱天下钱也。"

（41）于是乎量资币，权轻重，以振救民。（《汉书·食货志下》）

——颜师古注："凡言币者，皆所以通货物、易有无也，故金之与钱，皆名为币也。"

"币"的词义引申路径为：

币：祭祀或馈赠之缯帛→车马皮帛玉器等礼物→赠送→货币

【兵革】

兵革，本义为兵器和甲胄的总称，后泛指武器军备。义素分析为：（战斗）＋（军需）＋（器具）。如：

（42）若作其民而用之，则以旗鼓兵革帅而至。（《周礼·地官·鄹长》）

（43）冕弁兵革，藏于私家，非礼也，是谓胁君。（《礼记·礼运》）

——郑玄注："兵革，君之武卫及军器也。"孔颖达疏："是国家防卫之器。”

　　(44) 凡兵革者，所以备害也。（《韩非子·解老》）

　　(45) 任兵革之重，距一方之难，故得有一军也。（《白虎通·三军》）

"战斗""器具"作为遗传义素保留在新义位中，于是由"武器军备"代指战争。如：

　　(46) 君之泽不下流，民穷于兵革。（《诗经·郑风·野有蔓草序》）

"兵革"的词义引申路径为：

兵革：兵器和甲胄→**武器**→战争

【肌肤】

　　肌肤，本义皮肤。义素分析为：（身体）＋（表皮）。如：

　　(47) 夫刑至断支体，刻肌肤，终身不息，何其楚痛而不德也，岂称为民父母之意哉！（《史记·孝文本纪》）

　　1.引申为最亲近或亲密者，犹骨肉。新增指称义素"人"和区别性义素"最亲近"。如：

　　(48)《春秋》不讥其前，而顾讥其后，必以三年之丧，肌肤之情也。（汉 董仲舒《春秋繁露·玉杯》）

　　(49) 高四皓之名，割肌肤之爱。（《汉书·叙传上》）

　　—— 颜师古注引晋灼曰："不立戚夫人子。"

"肌肤"引申路径为：

肌肤：**肌肉与皮肤**→最亲近或亲密者

【布衣】

　　布衣，本义为粗麻布缝制的衣服。义素分析为：（粗麻布）＋（缝制）＋（衣服）。如：

　　(50) 布衣不完，蔬食不饱，蓬户穴牖，日孜孜上仁。（《大戴礼记·曾子制言中》）

　　(51) 犯宫者履杂扉，犯大辟者布衣无领。（《白虎通·五刑》）

　　1.古代平民不能衣锦绣，故借指平民。新义位的指称义素变为"人"。如：

　　(52) 古之贤人，贱为布衣，贫为匹夫。（《荀子·大略》）

(53) 古者庶人耄老而后衣丝，其余则麻枲而已，故命曰布衣。（汉桓宽《盐铁论·散不足》）

"布衣"词义引申路径为：

布衣：**布制的衣服**→平民

【车马】

车马，车和马等古代陆上交通工具。义素分析为：（车）+（马）+（运输）+（工具）。如：

(54) 择有车马，以居徂向。（《诗经·小雅·十月之交》）

因继承"运输"义素，引申后义为"驰骋游乐"，新义位增加"玩乐""驰骋"义素。如：

(55) 愿明主时忘车马之好，斥远方之士虚语，游心帝王之术，太平庶几可兴也。（《汉书·郊祀志下》）

"车马"词义引申路径为：

车马：**交通工具**→驰骋游乐

【文昌】

文昌，本义为星座名。共六星，在斗魁之前，形成半月形状。义素分析为：（斗魁之前）+（六颗）+（半月形）+（星座）。如：

(56) 斗魁戴匡六星曰文昌宫：一曰上将，二曰次将，三曰贵相，四曰司命，五曰司中，六曰司禄。（《史记·天官书》）

(57) 黄帝龙颜，得天匡阳，上法中宿，取象文昌。（《白虎通·圣人》）

后引申为"星神"。新义位的指称义素转为"神"。如：

(58) 后文昌使掌行兮，选署众神以并毂。（《楚辞·远游》）

"文昌"词义引申路径为：

文昌：**星座名**→星神

【耒耜】

耒耜，本义为古代耕地翻土之农具。义素分析为：（耕地）+（翻土）+（农具）。后因区别性义素缺位，泛指农具。如：

(59) 陈良之徒陈相，与其弟辛，负耒耜而自宋之滕。（《孟子·滕文公上》）

"耒耜"的词义引申路径为：

耒耜：**古代耕地翻土之农具**→泛指农具

【中国】

上古时代，以为黄河流域居天下之中，故称中国，后泛指中原地区。义素分析为：（黄河流域）+（居中）+（地域）。

（60）吾闻中国之君子，明乎礼义而陋于知人心。（《庄子·田子方》）

（61）夫越虽国富兵强，中国之主皆知无益于己也。（《韩非子·孤愤》）

后引申为国家。指称义素发生变化。

（62）今之大夫交政于中国，虽欲勿哭，焉得而弗哭。（《礼记·檀弓》）

（63）即以为不毛之地，亡用之民，圣王不以劳中国，宜罢郡，放弃其民，绝其王侯勿复通。（《汉书·西南夷传》）

由国家进一步引申为国之中心即京师。

（64）惠此中国，以绥四方。（《诗经·大雅·民劳》）

—— 毛传："中国，京师也。"

（65）夫而后之中国，践天子位焉。（《史记·五帝本纪》）

—— 裴骃集解引刘熙曰："帝王所都为中，故曰中国。"

"中国"的词义引申路径为：

中国：黄河流域→**中原**→国家→京师

二、辐射式引申

辐射式引申我们重点分析如下几个词：皮、墙、杖、衣、瓦、缕、泰山。

【皮】

皮，本义为"兽皮"。义素分析为：（动物）+（表面）+（皮）。如：

1.引申指人的皮肤或动植物体表面的一层组织，新义位区别性义素"人/动植物"。如：

（66）高祖为亭长，乃以竹皮为冠。（《汉书·高帝纪上》）

2.引申特指经过加工过的皮毛；皮革。新义位增加区别性义素"加工"。如：

(67) 岛夷皮服。（《尚书·禹贡》）

(68) 古者杆不穿，皮不蠹，则不出于四方。（《公羊传·宣公十二年》）

—— 何休注："皮，裘也。"

3. 引申指古代用兽皮制的射靶。"皮"为遗传义素。如：

(69) 射不主皮。（《论语·八佾》）

—— 何晏集解引马融曰："天子三侯，以熊虎豹皮为之。言射者不但以中皮为善，亦兼取和容也。"

(70) 礼射不主皮。（《仪礼·乡射礼》）

—— 郑玄注："主皮者，无侯张兽皮而射之，主于获也。"

4. 又引申为动词"割皮"。如：

(71) 聂政大呼，所杀者数十人，因自皮面决眼，自屠出肠，遂以死。（《史记·刺客列传》）

—— 司马贞索隐："皮面，谓以刀割其面皮，欲令人不识。"

5. 引申为表面、外表。"表面"成为遗传义素。如：

(72) 延陵子知其为贤者，请问姓字。牧者曰："子乃皮相之士也，何足语姓字哉！"（《韩诗外传》卷十）

(73) 夫足下欲兴天下之大事而成天下之大功，而以目皮相，恐失天下之能士。（《史记·郦生陆贾列传》）

"皮"的词义引申路径为：

剥皮　　　经过加工过的皮毛；皮革

↖　　↗

皮：**兽皮**→指人的皮肤或动植物体表面的一层组织

↙　　↘

表面、外表　　　皮侯

【墙】

墙，本义为房屋、院落、城邑等的四围。多为土筑或砖砌而成，垂直于地面。义素分析为：（房屋 / 城邑）＋（圈围四周）＋（砖土制成）＋（垂直于地面）＋（起到防护作用）＋（建筑）。如：

(74) 将仲子兮，无踰我墙，无折我树桑。（《诗经·郑风·将仲子》）

—— 毛传："墙，垣也。"

1.由名词引申为实施该名词的动作，指称义素发生变化，义为"筑墙"。如：

（75）臣闻董子之治晋阳也，公宫之垣皆以荻蒿楛楚墙之。（《韩非子·十过》）

2."起到防护作用""垂直于地面"义素凸显，引申为"门屏"。"圈围四周"义素脱落。如：

（76）吾恐季孙之忧，不在颛臾，而在萧墙之内。（《论语·季氏》）

—— 何晏集解引郑玄曰："墙谓屏也。"

3.引申为古代出殡时柩车上覆棺的装饰性帷幔。"圈围四周"义素成为遗传义素。如：

（77）奠席于柩西，巾奠乃墙。（《仪礼·既夕礼》）

—— 郑玄注："墙，饰柩也。"

（78）孔子之丧，公西赤为志焉。饰棺墙，置翣。（《礼记·檀弓上》）

—— 郑玄注："墙之障柩，犹垣墙障家。墙，柳衣。"孔颖达疏："墙之障柩犹垣墙障家，故谓障柩之物为墙。障柩之物即柳也。"

"墙"的词义引申路径为：

古代出殡时柩车上覆棺的装饰性帷幔

↑

墙：**房屋、院落、城邑等的四围**

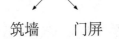

筑墙　　门屏

【杖】

杖，本义名词为手杖、拐杖。义素分析为：（用于减轻身体负担）＋（手握／拐）＋（棍状）＋（工具）。

1.引申为动词"握，执持。""手握"为遗传义素。如：

（79）王左杖黄钺，右秉白旄以麾。（《尚书·牧誓》）

（80）句践乃身被赐夷之甲，带步光之剑，杖物卢之矛，出死士三百人，为阵关下。（汉 袁康《越绝书·外传记越地传》）

2. 进一步引申为"凭恃，依靠"。"减轻身体负担"义素被继承。如：

（81）完守以老楚，杖信以待晋，不亦可乎？（《左传·襄公八年》）

（82）外臣不知朝事，窃信天文即如此，近臣已不足杖矣。（《汉书·李寻传》）

—— 颜师古注："杖，谓倚任也。"

3. 引申为"棍棒或棒状物"。由"棍状"为遗传义素如：

（83）衣铁甲操铁杖以战。（《吕氏春秋·贵卒》）

4. 特指为居丧时所执的丧棒。新增区别性义素"居丧所执"。如：

（84）曰：孝子丧亲，哭泣无数，服勤三年，身病体羸，以杖扶病也。（《礼记·问丧》）

5. 进一步引申为"兵器"。新增区别性义素"用来打仗"。如：

（85）操铁杖以战，而所击无不碎。（《吕氏春秋·贵卒》）

（86）（乌弋）以金银饰杖。（《汉书·西域传上·乌弋山离国》）

—— 颜师古注："杖谓所持兵器也。"

"杖"词义引申路径为：

```
                凭恃，依靠
                   ↑
    杖：手杖；拐杖→握，执持
       ↙      ↓      ↘
棍棒或棒状物  兵器  居丧时所执的丧棒
```

【衣】

衣，本义为上衣。义素分析为：（遮蔽）+（上身）+（衣服）。如：

1. 引申泛指衣服，前后义位指称义素不变，区别性义素由"上身"变为"身体"。如：

（87）无衣无褐，何以卒岁！（《诗经·豳风·七月》）

2. 引申指遮蔽身体局部的东西。"遮蔽"成为遗传义素。如：

（88）二人蒙衣而乘，寺人罗御，如孔氏。（《左传·哀公十五年》）

—— 杨伯峻注："《礼记·内则》：'女子出门，必拥蔽其面。'下文云'称姻妾以告'，则知蒙衣盖以巾蒙头伪装为妇人。"

3.引申为实施该名词的动作，义为"穿（衣服）"。如：

（89）不耕而食，不织而衣。（《庄子·盗跖》）

4.引申为"覆盖"。以"遮蔽"为遗传义素。如：

（90）古之葬者，厚衣之以薪。（《周易·系辞下》）

5.引申为给人穿上衣服。"衣服"为遗传义素。如：

（91）乃生男子，载寝之床，载衣之裳，载弄之璋。（《诗经·小雅·斯干》）

"衣"的词义引申路径为：

泛指衣服

衣：上衣 → 穿（衣服）

覆盖　　　↓　　　给人穿上衣服
遮蔽身体局部的东西

【瓦】

瓦，本义为古代陶制器物的总称。义素分析为：（陶制）＋（器物）。如：

（92）夫陶人埏埴而生瓦。（《荀子·性恶》）

1.引申指古代泥土烧制的纺锤。"陶制"成为遗传义素，新增"纺织"义素。如：

（93）乃生女子……载弄之瓦。（《诗经·小雅·斯干》）

——毛传："瓦，纺砖也。"马瑞辰通释："古之捻线者，以专为锤。《说苑·杂言篇》曰：'子不闻和氏之璧乎？价重千金，然以之间纺，曾不如瓦砖。'此纺用瓦砖之证。"

2.引申为古八音中"土"的别称。因用陶土制成故得名。"陶制"义素为遗传义素。如：

（94）匏以宣之，瓦以赞之。（《国语·周语下》）

3.后引申指铺屋面的建筑材料，通常用泥土烧成。如：

（95）虽有忮心者不怨飘瓦，是以天下平均。（《庄子·达生》）

—— 成玄英疏："飘落之瓦，偶尔伤人，虽怃逆褊心之夫，终不怨恨。"

"瓦"的词义引申路径：

铺屋面的建筑材料

↗

瓦：**陶制器物**→古代泥土烧制的纺锤

↓

陶土制成的乐器

【缕】

缕，本义为线，义素分析为：（麻／棉）＋（搓拧而成）＋（条状物）。引申为帛。新义位的指称义素发生改变。如：

（96）朝缕绵，明轻财而重名（《管子·侈靡》）

—— 尹知章注："缕，帛也。"

1.引申为一种刺绣方法。新义位的指称义素变为"方法"。如：

（97）刺绣之师，能缝帷裳；纳缕之工，不能织锦。(汉 王充《论衡·程材》)

"缕"的词义引申路径：

缕：**线**→帛

↘

一种刺绣方法

【泰山】

泰山，本义为山名，古称东岳。古代帝王常在泰山举行封禅大典。义素分析为：（封禅）＋（东岳）＋（高）＋（山）。如：

（98）泰山岩岩，鲁邦所詹。（《诗经·鲁颂·閟宫》）

1.比喻重大的或有价值的事物。新增义素"重大""事物"，新义位的指称义素发生改变。如：

（99）人固有一死，或重于泰山，或轻于鸿毛，用之所趋异也。（汉 司马迁《报任少卿书》）

（100）夫萧规曹随，留侯画策，陈平出奇，功若泰山，响若坻隤。（汉

扬雄《解嘲》)

2. 又引申比喻安定稳固。如：

（101）变所欲为，易于反掌，安于泰山。（汉 枚乘《上书谏吴王》）

"泰山"词义引申路径为：

泰山：山→重大的或有价值的事物

   ↓

安定稳固

三、复合式引申

复合式引申重点分析如下几个词：领、屦、金、革、麻、冠、策、道、绥、信、收、侯、陵、斗、里、玉、牢、势、心、玉衡、枝叶。

【领】

领，本义是"脖子"。义素分析为：（头以下肩以上）＋（转动）＋（身体）。如：

（102）领如蝤蛴，齿如瓠犀。（《诗经·卫风·硕人》）

—— 毛传："领，颈也。"

1. 引申为"衣领"，以"头以下肩以上"为遗传义素，指称义素发生变化。如：

（103）若挈裘领，诎五指而顿之，顺者不可胜数也。（《荀子·劝学》）

进一步引申为殓死者的被头。区别性义素"殓死者"，指称义素为"被头"。如：

（104）紟五幅，无紞。（《礼记·丧大记》）

—— 郑玄注："紞，以组类为之，缀之领侧，若今被识矣。生时禪被有识，死者去之，异于生也。"孔颖达疏："领为被头，侧谓被旁，识谓记识，言缀此组类于领及侧，如今被之记识。"

2. 进一步引申为用于衣服、铠甲的量词。

（105）衣衾三领。（《荀子·正论》）

—— 杨倞注："三领，三称也。"

又引申为床上用品的量词。如：

（106）赐金钱，缯絮绣被百领，衣五十箧。（汉 荀悦《汉纪·宣帝纪一》）

3.引申为"治理"，增加"整治""管理"义素，指称义素发生改变。如：

（107）领父子君臣之节。（《礼记·乐记》）

——郑玄注："领，犹理治也。"

（108）吴王淫而好色，惑乱沉湎，不领政事。(汉 赵晔《吴越春秋·勾践阴谋外传》)

由"管理"义素为遗传义素为进一步引申，汉代以后，以地位较高的官员兼理较低的职务，谓之"领"，亦称"録"。如：

（109）大将军光（霍光）秉政，领尚书事。（《汉书·昭帝纪》）

"领"的词义引申路径为：

治理 ← **衣领** → 衣的量词

↓ 领：脖子

　　被头　被的量词

地位较高的官员兼理较低的职务

【屦】

本义为草鞋。义素分析为：（草）＋（鞋）。如：

（110）纠纠葛屦，可以履霜。（《诗经·魏风·葛屦》）

1.引申泛指鞋，"鞋"成为遗传义素。如：

（111）掌王及后之服屦。（《周礼·天官·屦人》）

——郑玄注："复下曰舄，禅下曰屦。"

2.引申为"踩踏"。上下义位指称义素发生变化。如：

（112）屦般首，带修蛇。（《文选》扬雄《羽猎赋》）

——李善注："屦，谓践履之也。"

3.又进一步引申为"任，担任"。如：

（113）身屦典军搴旗者数矣，可谓壮士。（《史记·季布栾布列传》）

"屦"的词义引申路径为：

鞋

↗

屦：**草鞋**

↘

踩踏→任，担任

【金】

金，本义是铜。义素分析为：（黄色）+（金属）。后区别性义素脱落，故泛指金属。如：

（114）掌凡金、玉、锡、石、丹青之戒令。（《周礼·秋官·职金》）

—— 孙诒让正义："《说文·金部》云：金，五色金也。黄为之长；银，白金也；铅，青金也；铜，赤金也；铁，黑金也。案金为黄金，亦为五金之总名。但古制器多用铜，故经典通称铜为金。"

（115）分府库之金，散仓廪之粟，以镇抚其众。（《吕氏春秋·怀宠》）

—— 高诱注："金，铁也，可以为田器，皆布散以与人民。"

后专指黄金。如：

（116）宝金兮委积，美玉兮盈堂。（汉 王褒《九怀·匡机》）

1. 因古代货币是用金属制成，故引申指钱财、货币。新义位的指称义素变为"货币"。如：

（117）嫂曰：以季子之位尊而多金。（《战国策·秦策一》）

由"货币"作为遗传义素，引申为计算货币单位。如：

（118）一黄金一斤。《史记·平准书》

—— 裴骃集解引臣瓒曰："汉以一斤为一金。"

（119）所愿不过一金。（《文选》班彪《王命论》）

—— 李善注引韦昭曰："一斤为一金。"

2. 引申为像金子的颜色。"黄色"为遗传义素。如：

（120）赤芾金舄，会同有绎。（《诗经·小雅·车攻》）

—— 郑玄笺："金舄，黄朱色也。"

3. 又由"金属"义出发，引申为"像金属一样坚固"。如：

（121）不谨萧蔷之患而固金城于远境。（《韩非子·用人》）

4. 由"金属"义引申为金属制成之器物。义素分析为：（金属制成）+（器物）。又引申为青铜或纯铜铸成的钟鼎。如：

（122）故功绩铭乎金石。（《吕氏春秋·求人》）

——高诱注："金，钟鼎也。"

引申为军中用于指挥的工具钲铙之类，如：

（123）越王击金而退。（《墨子·兼爱中》）

引申为箭头。如：

（124）抽矢扣轮，去其金。（《孟子·离娄下》）

——赵岐注："叩轮去镞。"

引申指金印。如：

（125）带我金犀。（《法言·孝至》）

——李轨："金，金印。"

引申指刀锯斧钺之类的刑具。如：

（126）为外刑者，金与木也。（《庄子·列御寇》）

——郭象注："金谓刀锯斧钺，木谓捶楚桎梏。"

"金"的词义引申路径为：

金属一样坚固　　货币→货币单位　钟鼎

金：**铜**→金属→金属制成的器物→军中钲铙之类

金黄色　　黄金　　　　　　　　刀锯斧钺之类的刑具

箭头　金印

【革】

革，本义是去毛的兽皮。义素分析为：（加工）+（去毛）+（兽）+（皮）。如：

（127）齿革羽毛惟木。（《尚书·禹贡》）

——孔传："革，犀皮。"孔颖达疏："革之所美，莫过于犀，知革是犀皮也。"

(128) 羔羊之革，素丝五緎。（《诗经·召南·羔羊》）

——毛传："革犹皮也。"

1.引申特指人体的皮肤。"皮"为遗传义素，增加区别性义素"人体"。如：

(129) 脾生隔，肺生骨，肾生脑，肝生革，心生肉。（《管子·水地》）

——尹知章注："革，皮肤也。"

(130) 四体既正，肤革充盈，人之肥也。（《礼记·礼运》）

——孔颖达疏："肤是革外之薄皮，革是肤内之厚皮革也。"

2.引申指用革制成的器物。用革制成的甲、胄、盾之类。"革"作为遗传义素，新义位的指称义素为"器物"。如：

(131) 往体寡，来体多，谓之王弓之属，利射革与质。（《周礼·考工记·弓人》）

——郑玄注："革谓干盾。"

(132) 兵革非不坚利也，米粟非不多也。（《孟子·公孙丑下》）

(133) 故坚革利兵不足以为胜，高城深池不足以为固，严令繁刑不足以为威。（《史记·礼书》）

进一步引申为"兵车"。新义位的指称义素转变为"车"。如：

(134) 殷事已毕，偃革为轩，倒置干戈，覆以虎皮，以示天下不复用兵。（《史记·留侯世家》）

——司马贞索隐引苏林曰："革者兵车也……谓废兵车而用乘车也。"

引申指革制的酒囊。新义位的义素分析为：（装酒）＋（皮制）＋（器物）。如：

(135) 故鲁人以榶，卫人用柯，齐人用一革。（《荀子·正论》）

——王先谦集解："考《史记·货殖传》：'适齐，为鸱夷子皮'，《索隐》引大颜云：'若盛酒者鸱夷也……据此，知鸱夷以革为之。'"

引申指鼓等革类乐器，八音之一。新义位的指称义素为"乐器"。如：

(136) 皆播之以八音：金、石、土、革、丝、木、匏、竹。（《周礼·春官·大师》）

—— 郑玄注："革，鼓、鼗也。"

（137）为木革之声则若雷，为金石之声则若霆。（《吕氏春秋·侈乐》）

3. 引申为"更改；变革"。新增"变化"为区别性义素，指称义素发生改变。如：

（138）惟尔知，惟殷先人，有册有典，殷革夏命。（《尚书·多士》）

（139）革，去故也。（《周易·杂卦》）

又引申为"排斥；革除"。如：

（140）水火相息，二女同居，其志不相得，曰革。（《周易·革》）

"革"的词义引申路径为：

<pre>
                                   兵器 兵车
                                  ↗
革：去毛的兽皮→用革制成的器物→酒囊
         ↓   ↘
                                   鼓类乐器
</pre>

更改；变革→排斥；革除

【麻】

麻，本义为大麻。义素分析为：（可做绳子）＋（可做衣服）＋（植物）。引申为麻类植物的总名。如：

（141）东门之池，可以沤麻。（《诗经·陈风·东门之池》）

（142）冕所以用麻为之者，女功之始，示不忘本也。（《白虎通·绋冕》）

1. 引申为芝麻，古代五谷之一。"植物"作为遗传义素，新义位的区别性义素为"粮食"。如：

（143）（孟秋之月）天子居总章右个……服白玉，食麻与犬，其器廉以深。（《礼记·月令》）

2. 引申指麻的茎皮纤维，新义位的区别性义素为"茎皮"和"纤维"。如：

（144）不绩其麻，市也婆娑。（《诗经·陈风·东门之枌》）

引申为由麻布制成的丧服，故新义位由"丧礼所穿"充当区别性义素，指称义素变为"衣服"。如：

（145）麻者不绅，执玉不麻，麻不加于采。（《礼记·杂记下》）

—— 郑玄注："麻，谓绖也。"孔颖达疏："麻谓绖，绅谓大带……'执玉不麻'者，谓平常手执玉行礼，不得服衰麻也。"

又引申为古代丧礼用的麻布带子。如：

（146）斩衰括发以麻，为母括发以麻。（《礼记·丧服小记》）

—— 孔颖达疏："郑注《丧服》云：括发以麻者，自项以前，交于额上，却绕紒如著幓头焉。"

麻的词义引申路径为：

麻类植物的总名→芝麻

麻：**大麻**

麻的茎皮纤维→麻布丧服→丧礼用麻布带子

【冠】

冠，本义是古代成年人戴的帽子。义素分析为：（古代）+（成年人）+（帽子）。如：

1. "帽子"作为遗传义素，引申为动词"戴帽子"。如：

（147）"许子冠乎？"曰："冠。"（《孟子·滕文公上》）

（148）冠枝木之冠，带死牛之胁。（《庄子·盗跖》）

由"戴""帽子"作为遗传义素，引申指古代男子到成年则举行加冠礼。一般在二十岁。又泛指成年。新义位的指称义素变为"礼"。如：

（149）男子二十冠而字。（《礼记·曲礼上》）

—— 郑玄注："成人矣，敬其名。"

2. 因帽子戴在头上之特点，引申为物体的顶端部分。增加"顶端"义素。如：

（150）城上二步一渠，渠立程，丈三尺，冠长十尺，辟长六尺。（《墨子·备城门》）

—— 岑仲勉注："程者，直立之杠。冠即渠顶。"

（151）午之少也，婉以从令……其冠也，和安而好敬。（《国语·晋语七》）

—— 韦昭注："冠，二十也。"

3.引申为"超出众人，居于首位"。"顶端"做遗传义素，新义位区别性义素为"众人"。如：

（152）夫尧之贤，六王之冠也。（《韩非子·难三》）

（153）高祖开基，萧曹为冠。（《汉书·魏相丙吉传赞》）

"冠"的词义引申路径为：

泛指戴帽子→加冠→成年礼→成年

冠：**帽子**→物体的顶端部分→超出众人，居于首位

【策】

策，本义为木、竹做成的用来驱赶骡马役畜的鞭棒。义素分析为：（木/竹制）+（驱赶）+（牲畜）+（棒/鞭）+（工具）。如：

（154）左师为己短策，苟过华臣之门，必骋。（《左传·襄公十七年》）

—— 孔颖达疏引服虔曰："策，马捶也。"

1.由"驱赶""牲畜"作为遗传义素，引申为驾驭马匹的工具，包括缰绳之类。如：

（155）命遣诸客，扰躟就驾，仆夫正策。（《文选》傅毅《舞赋》）

—— 李善注："策，辔也。"

进一步引申鞭打。新义位的指称义素变为"行为"。如：

（156）（孟子反）将入门，策其马，曰："非敢后也，马不进也。"（《论语·雍也》）

2.由"木/竹制"作为遗传义素，引申为书简，古代用以记事的竹、木片编在一起的图书叫"策"。如：

（157）若有故，则卒聘。束帛加书将命，百名以上书于策，不及百名书于方。（《仪礼·聘礼》）

—— 郑玄注："策，简也，方，板也。"贾公彦疏："云策简，方板也者，简谓据一片而言，策是编连之称。"

（158）书以为三筴。（《国语·鲁语上》）

—— 韦昭注："筴，简书也。"

引申为动词，义为予人书简。如：

（159）至蠡策种而遁，肥矣。（汉 扬雄《法言·重黎》）

进一步引申为古代君主对臣下封土、授爵、免官或发布其他政教令的文件。新义位的义素分析为：（发布）+（授爵、免官等）+（文件）。如：

（160）夏四月，郑伯如晋、公孙段相，甚敬而卑，礼无违者，晋侯嘉焉，授之以策。（《左传·昭公三年》）

—— 杜预注："策，赐命之书。"

（161）君降立于阼阶南，南向，所命北面，史由君右执策命之。（《白虎通·爵》）

由"授爵 / 免官"作为遗传义素，引申为策命、策免。新义位的指称义素变为"行为"。如：

（162）莽怒，策尤为庶人，以董忠代之。（汉 荀悦《汉纪·平帝纪》）

引申为古代考试取士写在书简上的对答谓策。增加义素"考试""对答"。如：

（163）其夏，上（成帝）尽召直言之士，诣白虎殿对策。（《汉书·杜钦传》）

又泛指各种考试，遗传义素为"考试"。如：

（164）乡使上世之士处虖今，策非甲科，行非孝廉，举非方正，独可抗疏，时道是非，高得待诏，下触闻罢，又安得青紫。（《汉书·扬雄传下》）

3. 由"木 / 竹制""棒"作为遗传义素，引申为古代用于计算的小筹。作用同卜筮之蓍草。新义位增加"卜筮"义素。如：

（165）筮人执筴，抽上韇，兼执之，进受命于主人。（《仪礼·士冠礼》）

（166）詹尹乃端策拂龟。（《文选》屈原《卜居》）

—— 刘良注："策，蓍也。

（167）襄主错龟，数策占兆，以视利害，何国可降，而使张孟谈。"（《战国策·秦策一》）

—— 姚宏注："策，著也。"

由于占卜需要计算、推衍，故进一步引申为"计谋；谋略"。如：

（168）田猎戎事失其策，军旅武功失其制。（《礼记·仲尼燕居》）

—— 郑玄注："策，谋也。"

（169）轸曰："臣出必故之楚，以顺王与仪之策。"（《战国策·秦策一》）

—— 高诱注："策，谋。"

再进一步引申为"谋划；测度"。如：

（170）策之而知得失之计。（《孙子·虚实》）

4.由"木/竹制"作为遗传义素，引申为小箕。新义位的指称义素变为"器物"。如：

（171）鼓箓播精，足以食十人。（《庄子·人间世》）

—— 陆德明释文："司马云：'鼓，簸也。小箕曰箓。'"

5.由"木/竹制""棒"作为遗传义素，引申为木栅。新义位增加"栅栏"义素。如：

（172）祝宗人元端以临牢箓。（《庄子·达生》）

—— 陆德明释文："李云牢，豕室也；箓，木栏也。"

"策"的词义引申路径为：

驾驭马匹的工具→鞭打

木栅←策：役畜的鞭棒

　　　　书简→予人书简

小箕　　　古代君主发布的文件

　小筹　写在书简上的对答　策命；策免

　计谋、谋略　考试

　谋划、测度

【道】

道，本义是道路。义素分析为：（陆地）＋（可走人／车）＋（宽直长）＋（交通设施）。如：

（173）周道如砥，其直如矢。（《诗经·小雅·大东》）

（174）将入人国，先使大夫执币假道，主人亦遣大夫迎于郊。（《白虎通·诛伐》）

1.引申水流通行的途径。新旧义位的指称义素不变，区别性义素"陆地"改为"水上"。如：

（175）晋侯会吴子于良，水道不可，吴子辞，乃还。（《左传·昭公十三年》）

——孔颖达疏："谓水路不通。"

（176）延道弛兮离常流，蛟龙骋兮方远游。（《史记·河渠书》）

——司马贞索隐："言河之决，由其源道延长弛溢，故使其道皆离常流。"

2.道之区别性义素缺失，泛指各种通道。如：

（177）四肢六道，身之体也。（《管子·君臣下》）

——尹知章注："六道谓上有四窍，下有二窍也。"

3.引申为"路程"，新义位的义素变化为：（路）＋（距离）。如：

（178）日夜不处，倍道兼行。（《孙子·军争》）

4.引申为"取道、经过"，指称义素变为"行为"。如：

（179）若道河内，倍邺、朝歌，绝漳滏水，与赵兵决于邯郸之郊。（《史记·魏世家》）

5.引申为古代棋局上的格道。新义位增加"棋局"这一区别性义素。如：

（180）吴太子入见，得侍皇太子饮博……博，争道，不恭，皇太子引博局提吴太子，杀之。（《史记·吴王濞列传》）

6.又引申为"方向；方位"。增加"方向"义素。如：

（181）北道姚氏，西道诸杜，有道仇景，东道赵他、羽公子……此皆乡者朱家之羞也。（《史记·游侠列传》）

——司马贞索隐引苏林曰："道，犹方也。"

7.引申为"正直"。"直"作为遗传义素，增加"无私""品行"义素。如：

（182）君子大心则敬天而道，小心则畏义而节。（《荀子·不苟》）

——梁启雄释引《尔雅·释诂》："道，直也。"

8.因路能导引人们去别处，故引申为"先导；引导"。新义位的指称义素变为"行为"。如：

（183）请君释憾于宋，敝邑为道。（《左传·隐公五年》）

——陆德明释文："道音导，本亦作导。"

（184）乘骐骥以驰骋兮，来吾道夫先路。（《楚辞·离骚》）

——王逸注："言己如得任用，将驱先行，愿来随我，遂为君导入圣王之道也。"

9.又引申为古代诸侯外出时祭路神。新义位的指称义素变为"神"，区别性义素变为"祭祀"。如：

（185）道而出。（《礼记·曾子问》）

——孙希旦集解："道，祭行道之神于国城之外也。"

10.引申为人做事所采取的"方法；途径"。由具象到抽象，故指称义素改变。如：

（186）治世不一道，便国不必法古。（《商君书·更法》）

11.由"途径、方法"引申为"事理、规律"，增加"正确""人为总结得出"等义素。如：

（187）是以立天之道曰阴与阳，立地之道曰柔与刚，立人之道曰仁与义。（《周易·说》）

12.由"人为总结得出"作为遗传义素，进一步引申为政治主张或思想体系。增加"政治或思想""体系"义素。如：

（188）道不同，不相为谋。（《论语·卫灵公》）

13.由"政治"作为遗传义素，引申为好的政治局面或政治措施。新义位增加"良好""措施或局面"义素。如：

（189）天下有道，则公侯能为民干城，而制其腹心，乱则反之。（《左传·成公十二年》）

（190）子思问耻。孔子曰："国有道，谷。国无道，谷，耻也。"（《史记·仲尼弟子列传》）

—— 裴骃集解引孔安国曰："谷，禄也。邦有道，当食禄。"

14.由"正确""人为总结得出"作为遗传义素，引申为"道德；道义"。如：

（191）所谓道，忠于民而信于神也。（《左传·桓公六年》）

（192）得道者多助，失道者寡助。（《孟子·公孙丑下》）

"道"的词义引申路径为：

政治主张、思想体系→好的政治局面、措施

各种通道 ↑

取道 ↘ 路程 学说、主张

正直 ↘ ↑ ↗ 棋局上的格道 ↑

←道：**道路** → 途径、方法 →事理、规律→道德

↙ ↙ ↘ ↘

路祭 引导 方向 水路

【绥】

绥，本义为挽以登车之绳索。义素分析为：（用手挽着）+（安全）+（登车）+（绳索）。如：

（193）壻御妇车，授绥，姆辞不受。（《仪礼·士昏礼》）

—— 郑玄注："绥，所以引升车者。"

（194）张仪至秦，详失绥堕车，不朝三月。（《史记·张仪列传》）

（195）谒者奉几杖，授安车软轮，供绥执授，兄事五更，宠接礼交加。（《白虎通·乡射》）

1.引申为"安抚"。新义位的指称义素变为"行为"。如：

（196）天其永我命于兹新邑，绍复先王之大业，底绥四方。（《尚书·盘庚上》）

—— 蔡沈集传："天其将永我国家之命于殷，以继复先王之大业，而致安四方乎？"

又进一步引申为"舒缓"。如：

（197）悲怆悗以恻恓兮，时恬淡以绥肆。（汉 王褒《洞箫赋》）

2. 引申为"缚系"。如：

（198）绥多士女。（《大戴礼记·夏小正》）

3. 因登车表示离开，故又引申为"退军"。新义位增加"军队""离开"义素。如：

（199）秦以胜归，我何以报，乃皆出战，交绥。（《左传·文公十二年》）

—— 杜预注："古名退军为绥。"

进一步引申为"止住"。如：

（200）使民以劝，绥谤言，足以补官之不善政。（《国语·齐语》）

—— 韦昭注："绥，止也。"

"绥"的词义引申路径为：

$$\text{舒缓} \leftarrow \text{安抚} \qquad \text{缚系}$$

$$\nwarrow \qquad \nearrow$$

绥：挽以登车的绳索→退军→止住

【信】

信，本义为言语真实，后指诚实不欺。义素分析为：（真实）+（不欺诈）+（行为）。如：

（201）为人谋而不忠乎？与朋友交而不信乎？（《论语·学而》）

1. 由"真实"作为遗传义素，引申为"守信用，实践诺言"。增加"遵守"等义素。如：

（202）贼民之主，不忠；弃君之命，不信。（《左传·宣公二年》）

（203）吾闻之，申生甚好信而强，又失言于众矣，虽欲有退，众将责焉。（《国语·晋语二》）

—— 韦昭注："信，言必行之。"

2. 又引申为"不发生差误、有规律"。增加"无误差""规律"义素。如：

（204）故圣君设度量，置仪法，如天地之坚，如列星之固，如日月之明，如四时之信。（《管子·任法》）

3. 引申为"表明，明确"。新义位区别义素变为"明显"，指称义素

228

发生改变。如：

（205）王孙贾趋进曰："盟以信礼也。"（《左传·定公八年》）

—— 杜预注："信犹明也。"

（206）且夫胜狄，诸侯惊惧，吾边鄙不儆，仓廪盈，四邻服，封疆信，君得其赖。（《国语·晋语一》）

—— 韦昭注："信，审也。"

4. 进一步引申为"知晓"。新义位的指称义素变为"动作"。如：

（207）及其为天子三公，而立为诸侯贤相，乃始信于异众也。（《淮南子·泛论训》）

—— 高诱注："信，知也。"

5. 由"守信用"引申为"信从，相信"。新义位增加"相信"义素。如：

（208）述而不作，信而好古。（《论语·述而》）

（209）孟子曰："尽信《书》，则不如无《书》。吾于《武成》，取二三策而已矣。"（《孟子·尽心下》）

6. 由"相信"作为遗传义素，引申为令人相信的凭证即"符契，凭证"。新旧义位的指称义素发生变化。如：

（210）大将使人行，守操信符。信不合及号不相应者，伯长以上辄止之。（《墨子·号令》）

（211）今行而毋信，则秦未可亲也。（《史记·刺客列传》）

由凭证引申为拿凭证的人，义为使者、传送公文函件的人。新义位的指称义素变为"人"。如：

（212）发信臣，多其车，重其币。（《史记·韩世家》）

因使者会带来讯息，故又引申为"消息、音讯"。新旧义位的指称义素发生变化。如：

（213）阳气极于上，阴信萌乎下，上下相应。（汉 扬雄《太玄·应》）

"信"的词义引申路径为：

$$有规律 \rightarrow 表明，明确 \rightarrow 知道、料到$$

$$\uparrow$$

信：诚实不欺 $\rightarrow$ 守信用 $\rightarrow$ 信从，相信 $\rightarrow$ **符契，凭证** $\rightarrow$ 使者 $\rightarrow$ 消息

【收】

收，本义为"拘捕"。义素分析为：（人）＋（被控制）＋（被收回）＋（被监禁）＋（行为）。如：

（214）此宜无罪，女反收之。（《诗经·大雅·瞻卬》）

——毛传："收，拘收也。"

1.由"被收回"作为遗传义素，引申为"收取"。如：

（215）租税勿收。（《汉书·宣帝纪》）

又引申为"聚集；收集"。增加"积聚"义素。如：

（216）假以溢我，我其收之。（《诗经·周颂·维天之命》）

——毛传："收，聚也。"孔颖达疏："收者，敛聚之义，故为聚也。"

又由"收集"义引申为"收获，收割"。新义位增加"获得""农作物"义素。如：

（217）一谷不收谓之馑。（《墨子·七患》）

（218）（季秋之月）藏帝藉之收于神仓。（《礼记·月令》）

由收获农作物转到收回尸骨，即引申为"殓葬"。如：

（219）必死是间，余收尔骨焉。（《左传·僖公三十二年》）

2.引申为"约束；控制"。如：

（220）寡人犹且淫佚而不收，怨罪重积于百姓。（《晏子春秋·外篇下十六》）

——张纯一校注："收，敛也。"

由于官方的强制控制行为导致财、物等所有权变更即为"没收"。新义位增加"官府""强制"义素。如：

（221）去三年不反，然后收其田里。（《孟子·离娄下》）

以武力方式使城池等所有权发生变更，即为"攻取；占据"。义素有"以武力""占领""城池等"。如：

（222）大叔又收贰以为己邑。（《左传·隐公元年》）

3.拘捕意味抓捕行动结束，故"收"又有"结束、停止"之义。如：

（223）（仲秋之月）是月也，日夜分，雷使收声。（《礼记·月令》）

4.又由"收集""控制"义，引申为"敛发"之冠，夏时"冠"称作"收"。

指称义素变为"冠"。如:

(224) 夏后氏收而祭,燕衣而养老。(《礼记·王制》)

—— 郑玄注:"收,言所以收敛发也。"

(225) 黄收纯衣,彤车乘白马。(《史记·五帝本纪》)

—— 裴骃集解引《太古冠冕图》:"夏名冕曰收。"司马贞索隐:"收,冕名。其色黄,故曰黄收,象古质素也。"汉 蔡邕《独断》:"冕冠,周曰爵弁,殷曰冔,夏曰收。皆以三十升漆布为壳,广八寸,长尺二寸……夏纯黑而赤,前小后大,皆有收以持笄。"

(226) 谓之收者,十三月之时,阳气收本,举生万物而达出之,故谓之收。(《白虎通·绋冕》)

又由"收集""控制"义引申为"车箱前后敛物之横木",即车轸。新义位的指称义素变为"横木",增加"车厢前后""敛物"作为区别性义素。如:

(227) 小戎俴收,五楘梁辀。(《诗经·秦风·小戎》)

—— 毛传:"收,轸也。"朱熹集传:"收,轸也。谓车前后两端横木,所以收敛所载者也。"

又引申为"收购"。以购买的形式"收集"使其发生所有权变更即为"收购"。新义位增加"购买"义素。如:

(228)天下诸侯载黄金珠玉五谷文采布帛输齐,以收石璧。(《管子·轻重丁》)

"收"的词义引申路径为:

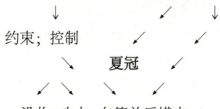

【侯】

侯，本义为"射布；箭靶"。一般以兽皮或画上兽形的布为之。清 徐灏《说文解字注笺》："侯制以布为之，其中设鹄，以革为之，所射之的也。……大射则张皮于侯以为之饰。"义素分析为：（皮／画兽形的布）＋（射箭）＋（靶）。如：

(229) 大侯既抗，弓矢斯张。（《诗经·小雅·宾之初筵》）

—— 高亨注："侯，箭靶。"

(230) 乃张侯，下纲不及地武。《仪礼·乡射礼》

—— 郑玄注："侯谓所射布也。"

(231) 天子熊侯白质，诸侯麋侯赤质。大夫布侯，画以虎豹，士布侯，画以鹿豕。（《仪礼·乡射礼》）

—— 郑玄注："此所谓兽侯也。"

1. 由器物转指使用该器物的人，引申为"君主"。古时有国者之通称。指称义素发生变化。新义位的义素分析为：（拥有封地）＋（爵位）＋（人）。如：

(232) 勿用有攸往。利建侯。（《周易·屯》）

—— 王弼注："得王则定。"

(233) 谨尔侯度，用戒不虞。（《诗经·大雅·抑》）

—— 郑玄笺："侯，君也。"

2. 引申指为古代爵位名。指称义素发生改变。如：

(234) 王者之制禄爵，公、侯、伯、子、男，凡五等。（《礼记·王制》）

由名词进一步引申为动词"封侯"。指称义素变为"行为"。如：

(235) 今三世以前，至于赵之为赵，赵主之子孙侯者，其继有在者乎？（《战国策·赵策四》）

(236) 岂吾相不当侯邪？（《史记·李将军列传》）

3. 引申为古代王城外围。按距离远近划分的区域，夏制称离王城一千里的地方，周制称王城周围方千里以外的方五百里的地区。"封地"为遗传义素，指称义素变为"区域"，增加"王城""外围"区别性义素。如：

(237) 五百里甸服……五百里侯服。（《尚书·禹贡》）

—— 孔传："甸服外之五百里。侯，候也，斥候而服事。"

（238）乃辨九服之邦国，方千里曰王畿，其外方五百里曰侯服，又其外方五百里曰甸服。（《周礼·夏官·职方氏》）

—— 郑玄注："服，服事天子也。"

4. 由本义引申为"美丽"。新义位的指称义素变为"状态"。如：

（239）羔裘如濡，洵直且侯。（《诗经·郑风·羔裘》）

—— 陆德明释文："《韩诗》云：侯，美也。"

"侯"的词义引申路径为：

```
        美丽
         ↑
侯：箭靶 →君主 → 爵位→ 封侯
         ↓
        侯服
```

【陵】

陵，本义为大土山。义素分析为：（大）＋（高）＋（土）＋（山）。如：

（240）如山如阜，如冈如陵。（《诗经·小雅·天保》）

—— 毛传："大阜曰陵。"

1. 由"土""高"作为遗传义素，引申为"坟墓；墓地"。新义位增加"埋葬"义素。如：

（241）昔者，圣王之治天下也，参其国而伍其鄙，定民之居，成民之事，陵为之终。（《国语·齐语》）

—— 韦昭注："以为葬地。"

2. "高"作为遗传义素，引申为动词"登上；上升"，增加新义素"登"。如：

（242）齐侯亲鼓，士陵城。三日，取龙。（《左传·成公二年》）

（243）陵重巘，猎昆駼。（《文选》张衡《西京赋》）

—— 薛综注："陵，犹升也。"

3. 进一步引申为"超越；经过"，新义位增加"超出"义素。如：

（244）不陵节而施之谓孙，相观而善之谓之摩。（《礼记·学记》）

—— 孔颖达疏："陵，犹越也。"

4. 由"超出"作为遗传义素，引申指"凌驾"。新义位增加"程度"义素。如：

(245) 筚门闺窦之人而皆陵其上，其难为上矣！（《左传·襄公十年》）

(246)（宁成）好气，为人小吏，必陵其长吏。（《史记·酷吏列传》）

又由"超出"作为遗传义素进一步引申为"暴烈"。如：

(247) 震风陵雨，然后知夏屋之为帡幪也。（扬雄《法言·吾子》）

5. 因凌驾过度便引申为"侵犯；欺侮"。故"程度"为遗传义素。如：

(248) 在上位，不陵下；在下位，不援上。（《礼记·中庸》）

(249) 袭侵之事，陵也。（《国语·晋语十一》）

6. 又进一步引申为"凌乱"。新旧义位的指称义素发生变化。如：

(250) 官治其职，人忧其事，乃无所陵。（《庄子·渔父》）

—— 成玄英疏："陵，亦乱也……是以百官各司其职，庶人自忧其务，不相陵乱。"

7. 引申为"严密；严峻"。如：

(251) 凡节奏欲陵，而生民欲宽；节奏陵而文，生民宽而安。（《荀子·致士》）

—— 王念孙《读书杂志·荀子五》："陵，谓严密也，故与宽相反。"

8. 又引申为"磨砺"。由山尖到兵尖、人尖。新增义素"磨擦"和"锻炼"。如：

(252) 城郭不待饰而固，兵刃不待陵而劲。（《荀子·君道》）

—— 王先谦集解："陵，谓厉兵刃也。"

"陵"的词义引申路径为：

```
          严密；严峻 → 磨砺
               ↑
坟←陵：大土山
               ↓
          登上；上升
               ↓
          超越；越过 → 凌驾
               ↓        ↓
          暴烈  侵犯；欺侮 → 凌乱
```

【斗】

斗，本义指古代带柄之酒器。义素分析为：（古代）＋（带柄）＋（盛酒）＋（器物）。如：

（253）酌以大斗，以祈黄耇。（《诗经·大雅·行苇》）

——毛传："大斗，长三尺也。"

1.由"器物"作为遗传义素，引申为量器，容量为一斗，新增"测量"义素。如：

（254）掊斗折衡，而民不争。（《庄子·胠箧》）

由量器引申为量词，指十升的容量。指称义素发生改变。如：

（255）五食，终岁十四石四斗。（《墨子·杂守》）

2.引申为建筑用的方形木块，垫于拱与拱之间。亦作"枓"。新义位增加"建筑""方形""木块"义素。如：

（256）斗，在栾两头，如斗也。斗负上员檼也。（《释名·释宫室》）

3.引申为星宿。因象斗形，故以为名。既指北斗七星，又指北方玄武七宿之南斗。新义位的指称义素变为"星宿"。如：

（257）丰其蔀，日中见斗。（《周易·丰》）

——李鼎祚集解引虞翻曰："斗，七星也。"

（258）维北有斗，不可以挹酒浆。（《诗经·小雅·大东》）

——孔颖达疏："箕斗并在南方之时，箕在南而斗在北，故云南箕北斗。"

4.又引申为"斗形器物"。如：

（259）炮烙生乎热斗。（《淮南子·齐俗》）

"斗"的词义引申路径为：

建筑用的方形木块

↑

斗：古代带柄的酒器名→量器 → 量词

↓　　　↘

星宿名　斗形器物

【里】

里，本义为人所居住的地方，如乡村的庐舍、宅院，城里的廛里、街坊。义素分析为：（人）＋（居住）＋（庐舍／宅院）。如：

（260）将仲子兮，无踰我里。（《诗经·郑风·将仲子》）

——毛传："里，居也。"俞樾平议："里，犹庐也。"

1. 引申为"居住；为邻"。指称义素改变。如：

（261）终保己而贻则兮，里上仁之所庐。（《文选》班固《幽通赋》）

——李善注引曹大家曰："贻，遗也。里、庐，皆居处名也。"

（262）秦里其朔，寔为咸阳。（《文选》张衡《西京赋》）

——李善注引薛综曰："里，居也。"

2. 又引申为古代户籍管理的一级组织。增加义素"五邻""聚集"。如：

（263）五家为邻，五邻为里。（《周礼·地官·遂人》）

（264）唯为社事，单出里。（《礼记·郊特牲》）

——郑玄注："二十五家为里。"

3. 由"居住"为遗传义素，后引申为"故乡"。增加"长期""地方"义素。如：

（265）（汲）黯耻为令，病归田里。（《史记·汲郑列传》）

4. 引申指古代井田制，亦特指方里。增加"一井"义素。如：

（266）古者八家而井田。方里为一井。广三百步，长三百步为一里，其田九百亩。（《韩诗外传》卷四）

5. 由一井为三百步，故进一步引申为长度单位。古以三百步为一里，后亦有以三百六十步为一里者，今以一百五十丈为一里。

（267）古者三百步为里。（《谷梁传·宣公十五年》）

"里"的词义引申路径为：

里：庐舍、宅院→居住；为邻→**古代户籍管理一级组织**

                ↓   ↓

        故乡   长度单位←古代井田制

【玉】

玉，本义为温润而有光泽的美石，义素分析为：（温润）＋（珍贵）＋（美好）+（石）。后泛指玉石制品。增加"玉制"义素。

1. 古代圭、璧一类的礼器和佩玉。如：

（268）修五礼、五玉、三帛、二生、一死，贽。（《尚书·舜典》）

—— 孔颖达疏："五玉，公、侯、伯、子、男所执之圭璧也。"

（269）君无故，玉不去身。（《礼记·曲礼下》）

—— 孔颖达疏："玉，谓佩也。"

由"玉制"为遗传义素，引申为玉制的乐器。如：

（270）集大成也者，金声而玉振之也。（《孟子·万章下》）

—— 朱熹集注："玉，磬也。"

2. 由"美好"为遗传义素，引申为美德，贤才。新旧义位的指称义素发生变化。如：

（271）君子比德于玉。（《礼记·聘义》）

（272）知我者希，则我者贵，是以圣人被褐怀玉。（《老子·德经·七十章》）

由"美好"为遗传义素，进一步引申为敬辞。多用以尊称对方的身体言行等。如：

（273）恐太后玉体之有所郄也，故愿望见太后。（《战国策·赵策四》）

（274）(大王) 数以奥脆之玉体，犯勤劳之烦毒，非所以全寿命之宗也。（《汉书·王吉传》）

3. 又由玉石制品引申为"磨砺、培养"。如：

（275）王欲玉女，是用大谏。（《诗经·大雅·民劳》）

4. 由"珍贵"为遗传义素，引申为珍爱，珍重。如：

（276）惟辟玉食。（《尚书·洪范》）

—— 陆德明释文引张晏注《汉书》曰："玉食，珍食也。"

"玉"的词义引申路径为：

玉：温润而有光泽的美石→瑞玉；佩玉；→玉制的乐器

美德、贤才　敬辞　　　珍爱；珍重　　　磨砺；培养

【势】

势，《说文新附·力部》："势，盛力，权也。"郑珍新附考："势，经典本皆借作执。古无势字……是为汉世字。"本义为"权力，权势"。义素分析为：（掌握）+（大）+（力量）。如：

（277）尔惟弘周公丕训，无依势作威，无倚法以削。（《尚书·君陈》）

（278）不赂贵者之权势。（《荀子·正名》）

1.由"大""力量"为遗传义素，引申为"力量；威力"。如：

（279）请王励士，以奋其朋势。（《国语·吴语》）

又由权利，权势引申为人、物所处的地位、位置。如：

（280）处势卑贱，无党孤特。（《韩非子·孤愤》）

2.进一步引申为形势，情势。增加"情形""状态"义素。如：

（281）齐人有言曰："虽有智慧，不如乘势；虽有镃基，不如待时。"（《孟子·公孙丑上》）

（282）地势便利，其以下兵于诸侯，譬犹居高屋之上建瓴水也。（《史记·高祖本纪》）

3.引申为男肾，即人及动物的睾丸。因其使雄性动物拥有生育的能力。新义位的指称义素变为"器官"。如：

（283）丈夫淫，割去其势也。（《白虎通·五刑》）

"势"的词义引申路径为：

势：权力，权势→力量；气势 → 形势，情势

地位、位置　　　男肾

【心】

心，本义为心脏。义素分析为：（身体）+（动力）+（器官）。引申为心脏所在的部位，泛指胸部。新增义素"位置"。如：

（284）其里之丑人，见而美之，归亦捧心而矉其里。（《庄子·天运》）

（285）此陵所以仰天椎心而泣血也。（汉 李陵《答苏武书》）

1.因为古人以心为思维器官，故为脑的代称。义素分析为：（人）+（思考）+（器官）。如：

（286）夫民虑之于心，而宣之于口，成而行之，胡可壅也。（《国语·周语上》）

（287）心之官则思。（《孟子·告子上》）

由"思考"为遗传义素，引申为思想、意念、感情之通称，指称义素变为"意识"。如：

（288）二人同心，其利断金。（《周易·系辞上》）

（289）他人有心，予忖度之。（《诗经·小雅·巧言》）

进一步引申为"心性；性情"。如：

（290）复，其见天地之心乎？（《周易·复》）

（291）西门豹之性急，故佩韦以自缓；董安于之心缓，故佩弦以自急。（《韩非子·观行》）

——陈奇猷集释："性既自心而生，故此文心缓即性缓也。"

2. 由"思考"为遗传义素，进一步引申为"思虑；谋划"，新义位的指称义素变为"行为"。如：

（292）纣虽多心，弗能知矣。（《吕氏春秋·重言》）

3. 由"胸"引申为物体的中央。指称义素发生改变。如：

（293）牛羊之肺，离而不提心。（《礼记·少仪》）

——郑玄注："离之不绝中央少者。"孔颖达疏："心，谓肺中央少许耳。"

4. 引申指木上的尖刺、花蕊或草木的芽尖等。新增义素"芽尖"，指称义素发生改变。如：

（294）凯风自南，吹彼棘心。（《诗经·邶风·凯风》）

"心"的词义引申路径为：

<pre>
                    心脏
                      ↘
心：（思维）   胸部→物体的中央 →木之尖刺等
      ↓   ↘
思想、意念、感情   思虑；谋划
            ↓
      本性；性情
</pre>

【玉衡】

玉衡，本为古代天文仪器上的横管，用以观测日月星辰。义素分析为：（观测星辰）＋（横着）＋（管状）＋（部件）＋（仪器）。如：

（295）在璇玑玉衡，以齐七政。（《尚书·舜典》）

——孔传："玑，衡，王者正天文之器。"孔颖达疏引蔡邕曰："玉衡长八尺，孔径一寸，下端望之以视星辰。盖悬玑以象天而衡望之。"

后引申为北斗七星中之第五星。因其位于魁星与斗杓之间，处中央，主回转。新义位的指称义素变为"星体"。如：

（296）玉衡指孟冬，众星何历历。（《古诗十九首·明月皎夜光》）

——李善注引《春秋运斗枢》曰："北斗七星，第五曰玉衡。"

又泛指北斗。

（297）是以玉衡正而太阶平也。（《文选》扬雄《长杨赋》）

——李善注引韦昭曰："玉衡，北斗也。"

由"横"作为遗传义素，引申为车辕头横木，新义位指称义素发生变化。如：

（298）枉玉衡于炎火兮，委两馆于咸唐。（《楚辞》刘向《九叹·思古》）

——王逸注："衡，车衡也。"

"玉衡"的词义引申路径为：

玉衡：代天文仪器上的横管，用以观测日月星辰

↓ 　　　　　　　　　　　↓

北斗七星中之第五星　　车辕头横木

↓

北斗

【枝叶】

枝叶，义为枝条和树叶，义素分析为：（枝）＋（叶）＋（非主干）＋（植物）。如：

（299）枝叶未有害，本实先拨。（《诗经·大雅·荡》）

后由"非主干"作为遗传义素，比喻为同宗的旁支。指称义素发生改

变。如：

（300）公族，公室之枝叶也；若去之，则本根无所庇荫矣。（《左传·文公七年》）

又进一步引申为宗族之后代、子孙。如：

（301）号位已绝于天下，尚犹枝叶相持，莫得居其虚位。（《汉书·诸侯王表》）

引申为次要的人，义为臣僚或部属。如：

（302）君，根本也；臣，枝叶也。根本不美，枝叶茂者，未之闻也。（《淮南子·缪称训》）

进一步引申为琐碎、浮华之言词。如：

（303）天下无道则辞有枝叶。《礼记·表记》

——孔颖达疏："无道之世，人皆无礼，行不诚实，但言辞虚美，如树干之外而更有枝叶也。"

"枝叶"的词义引申路径为：

枝叶：**枝条和树叶**→ 同宗的旁支 → 宗族之后代、子孙

  ↓   ↓

琐碎、浮华之言词   臣僚或部属

通过对《白虎通》名物词词义变化之分析，我们得出词义引申特点和规律：

1. 引申类型之特点

在三种引申方式中，单纯连锁式引申方式数量较少，辐射式次之，最多的是复合式引申。这一特点可以管窥古人的思维习惯。单纯使用某一种思维（抽象思维或发散思维）的连锁式引申和辐射式引申采用率低，而使用多种思维方法的复合式引申方式采用率较高。连锁式引申路径较短，复合式引申路径相对较长。在引申过程中，如若本义具有一定的形象特征，那么在引申过程中较容易从外在特点出发进行引申。如"策"，在第一重引申中五个义位，其中四个义位是从形象特征出发；与人们日常生活息息相关的义项引申能力较强，有的甚至形成引申集群。如"道"，在第一重

引申中有八个义位，八个义位全部与道路的形象、特征、功能有一定联系。

2. 引申能力之特点

专有名词引申能力较弱。由于专有名词使用频率受限，产生联想的可能性降低，因此引申能力较弱。许多专有名词都不具有引申义。如，衡山、嵩山等。有一些专有名词即使有引申义，但是引申义项也比较少。

单音词引申能力普遍好于双音词。据《白虎通》名物词引申情况来看，因单音词词义的概括性和模糊性使其有许多内涵可供挖掘并产生联想，因此许多单音词引申义多达几十个，而双音词至多十几个，差距明显。如"星"在《汉语大词典》中 25 个义项，而"星辰"在《汉语大词典》中则只有3 个义项。又如"京"有7个义项，而"京师"只有3个义项。

常用词引申能力较强。由于常用词出现频次较多，人们对其有较全面地感性认识，故此引申能力超强。例如"冠"，在《汉语大字典》中有 7个义项，而相对不常使用的词汇，如"冕"，在《汉语大字典》中只有 2个义项。

功能单一的名物词引申能力不强。如"鸡"，虽是常见词，但是作用仅限于祭祀，所以引申义很少，在《汉语大字典》中有2个义项。又如"鹿"，既可以食肉，又可以做聘礼，所以引申义相对较多，在《汉语大字典》中有 4 个义项，是"鸡"的两倍。

3. 义素对引申之影响

特征义素决定词义引申的方向。张联荣界定特征义素为表示行为的方式、状态或事物的形态或性质，可以称之为特征性区别性义素，简称特征义素。[1] 如陵，大土山，特征义素是"高"，故引申为"上升"。虽然义素不能直接产生引申义，但是特征义素往往会为引申行为提供形象线索，促使其朝一个方向引申。

器物类的区别性义素往往会促使引申到与之相关的人或者相关的动作。如，革的"革制"义素，由其促使产生的义位有革制的酒囊、乐器、兵器。又如"金"的"金制"义素引导产生新义位有钟鼎，军中钲铙，刀锯斧钺之类的刑具。器物类区别性义素促使词义引申，产生新义位的词性

---

1 张联荣. 古汉语词义论 [M]. 北京：北京大学出版社, 2000:191.

多为名物词。

在梳理词义引申序列时遗传义素是关键。当"在词义引申过程中，构成本义义位的义素传递下来"[1]时，那么这个义素就会把前后两个义位连接起来，序列中上下义位之间的关系便更清晰。在引申过程中，可以出现多个遗传义素。有的遗传义素是由特征义素充当，这样双重身份的义素往往成为词义引申中的聚焦点。如若上下义位指称义素发生改变，那么上下义位的类属或词性会随之发生变化。

第二节　《白虎通》名物词词义变化结果分析描写

法国语言学家房德里耶斯提出词义变化时总结为三种类型："词的意义变化有时可以分成三个主要的类型：缩小、扩大、转移。意义由一般变特殊就是缩小；反之，意义由特殊变一般就是扩大。两个意义如果在范围上彼此相等或虽有差别而无关紧要，它们由于接近而从一个意义变成另一个意义，这就是转移。"[2]古汉语词义研究一直沿用这种说法，但是这里的扩大、缩小、转移不仅是古今词义范围变化，也是一个多义词义位与义位之间变化的结果。词义演变的过程是引申，词义演变的结果是词义范围的变化。义素分析法在词义变化过程中优势凸显，在分析词义演变的结果中亦同样有效。有的词义变化是区别性义素发生变化，指称义素不变，有的只有指称义素发生改变。一般情况下，词义范围的缩小、扩大是区别性义素发生改变造成的。词义转移是新旧义位的指称义素发生改变造成的。这里有几点说明：

首先，词义变化的结果有二：词义范围的变化；义位数量的增减。由于是断代专书词义研究，故义位数量的变化不作为研究范畴，我们以词义范围的变化为研究重点。

其次，在对词义引申结果变化分析时，会出现一个词多组义位的比较。为研究和表述方便，我们把这种情况区别处理，在词语书写上，将采用

1　张联荣．古汉语词义论［M］．北京：北京大学出版社，2000：269.

2　（法）约瑟夫·房德里耶斯．语言［M］．北京：商务印书馆，1980：224.

A$_1$、A$_2$……的形式表示新旧义位之间的变化关系，以此来区别第二章名物词词义分类描写中不同义位 A^1、A^2 的形式。

最后，本节所讨论的仅限于《白虎通》中名物词词义与相邻义位之间的指称范围变化情况，不涉及与名物词意义无关的其他义位的指称范围变化。

一、词义范围缩小

词义范围的缩小，是指词义演变后新义位指称范围包含于旧义位指称范围内，具有从一般到个别，从整体到部分的特点。词义范围缩小重点考察如下几个词：山$_1$、野、宫。

【山$_1$】

山$_1$，本义为地面上由土石构成的隆起部分。如：

（1）禹敷土，随山刊木。（《尚书·禹贡》）

（2）积土成山，风雨兴焉。（《荀子·劝学》）

由"山$_1$"本义出发，特指五岳。由一般的山到专指五岳，新义位区别性义素"名山""五座"使所指受限，故从词义引申结果来看，属于词义范围缩小。如：

（3）以供上帝山川百神之祀。（《国语·周语中》）

—— 韦昭注："山川，五岳河海也。"

（4）晷纬照应，山渎效灵。（《文选》颜延之《三月三日曲水诗序》）

—— 李善注："山，五岳也。渎，四渎也。"

"山$_1$"新旧义位变化为：

山$_1$：**地面上由土石构成的隆起部分**→五岳

【野】

野，郊外，离城市较远的地方。如：

（5）之子于归，远送于野。（《诗经·邶风·燕燕》）

—— 毛传："郊外曰野。"

由郊外转而专指周代王畿内的特定地区。周制王城外百里曰"郊"，郊外至五百里疆域中又分"甸、稍、县、都"，各百里，野指甸、稍。

新义位增加区别性义素"周代""王畿",与旧义位相比,词义所指范围缩小。如:

(6) 掌国之官府郊、野、县、都之百物财用。(《周礼·天官·司会》)

——郑玄注:"野,甸、稍也。甸,去国二百里。稍,三百里。"

"野"的新旧义位变化为:

野:**郊外**→周代王畿内之特定地区

【宫】

宫,本义是古代对房屋之通称。如:

(7) 入于其宫,不见其妻,不祥也。(《周易·困》)

(8) (晋侯)令无入僖负羁之宫而免其族,报施也。(《左传·僖公二十八年》)

特指帝王的住所。陆德明释文:"宫,古者贵贱同称宫,秦汉以来惟王者所居称宫焉。"新义位增加区别性义素"帝王",从引申结果来看属于词义范围缩小。如:

(9) 阍人掌守王宫之中门之禁,丧服凶器不入宫,潜服贼器不入宫,奇服怪民不入宫。(《周礼·天官·阍人》)

(10) 古之王者,择天下之中而立国,择国之中而立宫,择宫之中而立庙。(《吕氏春秋·慎势》)

(11) 作宫阿房,故天下谓之阿房宫。(《史记·秦始皇本纪》)

"宫"新旧义位变化为:

宫:**房屋通称**→特指帝王的住所

二、词义范围扩大

词义范围扩大,是指词义演变后新义位指称范围大于旧义位指称范围,具有从个别到一般,从部分到整体的特点。除在词义引申类型中分析的衣、皮、屦、金等词在引申中有词义范围扩大之情况,在词义范围扩大中我们将重点考察如下几个词:江、河、禾、祠、观。

【江】

江,专指长江。如:

（12）江有渚，之子归，不我与。（《诗经·召南·江有汜》）

由本义中的"大""长"义素为遗传义素，引申为大河之通称。新义位比旧义位所指内容更宽泛，故词义的范围扩大。如：

（13）九江孔殷。（《尚书·禹贡》）

——孔颖达疏："江以南，水无大小，俗人皆呼为江。"

"江"的新旧义位变化为：

江：**长江**→大河之通称

【河】

河，专指黄河。《说文·水部》："河，水。出焞（敦）塞外煌昆仑山，发原注海。"如：

（14）秋水时至，百川灌河，泾流之大，两涘渚崖之间，不辩牛马。（《庄子·秋水》）

（15）河出图，洛出书，圣人则之。（《周易·系辞上》）

由"河"为遗传义素，引申为河流之通称。新义位泛指河流，旧义位专指黄河，旧义位包含于新义位之中。从引申结果来看，属于词义范围变大。如：

（16）君子偕老，副笄六珈。委委佗佗，如山如河。（《诗经·墉风·君子偕老》）

（17）罢池陂陁，下属江河。（《汉书·司马相如传上》）

——颜师古注引文颖曰："冀州凡水大小皆谓之河。"

"河"的新旧义位变化为：

河：**黄河**→河流之通称

【禾】

禾，古代指粟，即今之小米。《说文·禾部》："禾，嘉谷也。"段注："嘉谷亦谓禾，民食莫重于禾，故谓之嘉谷。……今俗云小米是也。"

（18）唐叔得禾，异亩同颖，献诸天子。（《尚书·微子之命》）

——孙星衍疏："禾，即今之小米也。"

（19）是以得时之禾，长秱长穗，大本而茎杀，疏機而穗大，其粟圆而薄糠，其米多沃而食之强。（《吕氏春秋·审时》）

(20) 雒水轻利而宜禾，渭水多力而宜黍。（《淮南子·坠形训》）

引申为粮食作物之总称。旧义位包含于新义位之中，属于词义范围扩大。如：

(21) 十月纳禾稼。（《诗经·豳风·七月》）

(22) 门外米禾皆二十车。薪刍倍禾。（《仪礼·聘礼》）

—— 清程瑶田《九谷考·梁》："《聘礼》米禾皆兼黍稷稻梁言之，以他谷连槁者，不别立名。"

"禾"的新旧义位变化为：

禾：**粟**→粮食作物之总称

【祠】

祠，义为春祭。《尔雅·释天》："春祭曰祠。"《说文·示部》："祠，春祭曰祠。品物少，多文词也。仲春之月，祠不用牺牲，用圭璧及皮币。"《广韵·之韵》："祠，祭名。"

(23) 禴祠烝尝，于公先王。（《诗经·小雅·天保》）

—— 毛传："春曰祠。"

(24) 春曰祠，夏曰礿，秋曰尝，冬曰烝。（《公羊传·桓公八年》）

(25) 躬追养于庙祧，奉蒸尝与礿祠。（汉 张衡《东京赋》）

区别性义素"春"意义消失，故"祠"泛指祭祀。新义位词义范围扩大。如：

(26) 伊尹祠于先王。（《尚书·伊训》）

—— 陆德明释文："祠，祭也。"

"祠"的新旧义位变化为：

祠：**春祭**→祭祀

【观】

观，本义为古代宫门外高台上的望楼，亦称为阙。《尔雅·释宫》："观谓之阙。"如：

(27) 昔者仲尼与于蜡宾，事毕，出游于观之上，喟然而叹。（《礼记·礼运》）

—— 郑玄注："观，阙也。"

247

(28) 于是大厦云谲波诡，摧嗺而成观。（《文选》扬雄《甘泉赋》）

—— 李善注："言大厦之高，而成观阙也。"

由"高""楼"为遗传义素，引申泛指各种高大建筑物。新义位所指宽泛，属于词义范围扩大。如：

(29) 于是上令长安则作蜚廉桂观，甘泉则作益延寿观。（《史记·封禅书》）

"观"的新旧义位变化为：

观：**古代宫门外高台上的望楼**→高大建筑

三、词义范围转移

词义范围的转移，是指新义位演变后词义既非缩小也非扩大，新旧义位指称发生改变，变化之后的新旧词义可"从属于更大指称范围"，亦可"不从属于更大指称范围"。无论新旧义位是否从属于更大的指称范围，从引申结果来看都是词义发生转移。但是偶有在词义转移的同时伴随词义扩大或缩小，这种情况称为复合转移。从词义引申结果来看，词义范围转移的情况多于缩小和扩大两种情况。在《白虎通》名物词词义范围转移中我们分为两类：单纯转移；复合转移。

（一）单纯转移

单纯转移重点分析如下几个词：天、山$_2$、苇、灶、门、墨、序、阙、堂$_1$、堂$_2$、塾。

【天】

天，本义为人之头顶。如：

(30) 刑天与帝至此争神，帝断其首，葬之常羊之山，乃以乳为目，以脐为口，操干戚以舞。（《山海经·海外西经》）

—— 郭璞注："是为无首之民。"袁珂注："'刑天'盖即断首之意。"

引申为天空。新义位的指称义素是"空间"，旧义素的指称义素是"身体"，指称义素发生改变，故词义发生转移。如：

(31) 绸缪束薪，三星在天。（《诗经·唐风·绸缪》）

(32) 天油然作云，沛然下雨，则苗浡然兴之矣。（《孟子·梁惠王上》）

"天"的新旧义位变化为：

天：人之头顶→**天空**

【山₂】

由"山"本义中的"地面""隆起部分"为遗传义素，引申为陵寝、坟墓。新义位增加"人工""埋葬"等义素，从引申结果来看，属于词义转移。如：

（33）后世世徙吏二千石、高訾富人及豪杰并兼之家于诸陵，盖亦以强干弱支，非独为奉山园也。（《汉书·地理志下》）

—— 颜师古注引如淳曰："《黄图》谓陵冢为山。"

（34）又东迳长陵南，亦曰长山也。秦名天子冢为山，汉曰陵，故通曰山陵。（北魏 郦道元《水经注·渭水三》）

"山"的新旧义位变化为：

山：**地面上由土石构成的隆起部分**→陵寝，坟墓

【苇】

苇，本义为芦苇。如：

（35）南越窜屏葭苇，与鸟鱼同群，正朔不及其俗。（《汉书·终军传》）

引申指用芦苇编成的小筏子。新义位的指称义素是"舟"，而旧义素的指称义素是"植物"，新旧义位词义发生转移。如：

（36）谁谓河广，一苇杭之。（《诗经·卫风·河广》）

—— 马瑞辰《通释》："《正义》言'一苇者谓一束也'，盖谓编苇为泭。"

"苇"的新旧义位变化为：

苇：**芦苇**→用芦苇编成的小筏子

【灶】

灶，《说文·穴部》："灶，炊灶也。"段注："炊爨之处也。"如：

（37）塞井夷灶，陈于军中，而疏行首。（《左传·成公十六年》）

（38）使齐军入魏地为十万灶，明日为五万灶，又明日为三万灶。（《史记·孙子吴起列传》）

（39）如使成器入灶更火，牢坚不可复变。（汉 王充《论衡·无形》）

由"炊爨之处"引申为灶祭。旧义位的指称义素是"器物"，新义位

的指称义素为"祭名",词义发生转移。如:

(40) 谓门、户、井、灶、中溜也。(《白虎通·五祀》)

"灶"的新旧义位变化为:

灶: 炊灶→**灶祭**

【门】

门,房屋或区域可以开关的出入口。唐慧琳《一切经音义》卷十四引《字书》: "一扇曰户,两扉曰门。"如:

(41) 同人于门。(《周易·同人》)

(42) 公壻公孙与民同门,暴憿其邻者,可亡也。(《韩非子·亡征》)

引申为祭祀名,家宅五祀之一。新义位的指称义素是"祭名",旧义位的指称义素是"器物",新旧义位词义发生转移。如:

(43) 大夫立三祀: 曰族厉; 曰门; 曰行。(《礼记·祭法》)

"门"的新旧义位变化为:

门: 房屋或区域可以开关的出入口→五祀之门祭

【墨】

墨,本义为黑色颜料。《说文·土部》: "墨,书墨也。"桂馥义正: "古者,漆书之后,皆用石墨以书,《大戴礼》所谓'石墨相着则黑'是也。"如:

(44) 右军亦如之,皆玄裳、玄旗、黑甲、乌羽之缯,望之如墨。(《国语·吴语》)

由本义中的"黑色"为遗传义素,引申为五刑之一。商周称"墨刑",秦汉叫"黥刑"。旧义位的指称义素为"颜料",新义位的指称义素是"刑罚",词义发生转移。如:

(45) 墨罪五百(《周礼·秋官·司刑》)

——郑玄注: "墨,黥也,先刻其面,以墨窒之。"

"墨"的新旧义位变化为:

墨: 黑色颜料→**墨刑**

【序】

序，本义为堂屋的东西墙，引申为堂两旁东西厢房。如：

（46）西序东向。（《尚书·顾命》）

——孔传："东西厢谓之序。"

由"东""西""厢房"为遗传义素，引申为古代学宫。因《礼记·王制》中云："夏后氏养国老于东序，养庶老于西序。"郑玄注："东序、东胶亦大学，在国中王宫之东。西序，亦小学也，在西郊。"故旧义位的指称义素为"房子"，新义位的指称义素为"学宫"。如：

（47）春秋以礼会民，而射于州序。（《周礼·地官·州长》）

——郑玄注："序，州党之学也。"

（48）夏曰校，殷曰序，周曰庠。（《孟子·滕文公上》）

"序"的新旧义位变化为：

序：堂两旁东西厢房→**古代学宫**

【阙】

阙，本以为宫门、城门两侧的高台。如：

（49）郑伯享王于阙西辟，乐备。《左传·庄公二十一·年》

由"宫门""高台"为遗传义素，引申帝王所居之处。旧义位的指称义素是"台"，新义位的指称义素是"居所"，新旧义位词义发生转移。如：

（50）身在江海之上，心居乎魏阙之下。（《庄子·让王》）

"阙"的新旧义位变化为：

阙：**宫门、城门两侧的高台**→帝王所居之处

【堂₁】

堂，本义为夯土使高出地面成四方形的屋基。如：

（51）厥子乃弗肯堂，矧肯构？（《尚书·大诰》）

——俞樾《群经评议·尚书三》："古人封土而高之，其形四方，即谓之堂。"

（52）昔者，夫子言之曰："吾见封之若堂者矣。"（《礼记·檀弓上》）

——郑玄注："堂，形四方而高。"

由"屋基"为遗传义素，引申为建于高台基之上的厅房。《说文·土

部》："堂，殿也。"段注："堂之所以称殿者，正谓前有陛，四缘皆高起……古曰堂，汉以后曰殿。古上下皆称堂，汉上下皆称殿，至唐以后，人臣无有称殿者。"新义位的指称义素是"厅房"，旧义位的指称义素是"屋基"，词义发生转移。如：

（53）蟋蟀在堂。（《诗经·唐风·蟋蟀》）

（54）天子之堂九尺……士三尺。（《礼记·礼器》）

（55）由也升堂矣，未入于室也。（《论语·先进》）

（56）歌者在堂上，舞在堂下何？（《白虎通·礼乐》）

"堂"的新旧义位变化为：

堂：夯土使高出地面成四方形的屋基 → **建于高台基之上的厅房**

【堂₂】

由"厅房"为遗传义素，引申指旧时官府议论政事、审理案件的地方。增加区别性义素"官府""议事""审案"。新旧义位之间发生词义转移。如：

（57）一堂之上，必有论者；一乡之中，必有讼者。(汉 王充《论衡·物势》)

【塾】

塾，本义为宫门外两侧房屋，为臣僚等候朝见皇帝之处。如：

（58）先辂在左塾之前，次辂在右塾之前。（《尚书·顾命》）

（59）所以必有塾何？（《白虎通·阙文》）

引申指旧时民间教读之所。新义位的指称义素是"学校"，而旧义位的指称义素是"房屋"，新旧义位词义发生转移。如：

（60）古之教者，家有塾，党有庠。（《礼记·学记》）

——孔颖达疏："周礼：百里之内，二十五家为间，同共一巷。巷首有门，门边有塾。谓民在家之时，朝夕出入，恒受教于塾，故云家有塾。"

"塾"的新旧义位变化为：

塾：**宫门外两侧房屋**→旧时民间教读之所

（二）复合转移

复合转移我们重点分析如下几个词：棘、鸾、屏、桑。

【棘】

棘，本义为酸枣树。如：

(61) 折芳枝与琼华兮，树枳棘与薪柴。（《楚辞》刘向《九叹·愍命》）

—— 王逸注："小枣为棘。"

(62) 景风至棘造实。（《白虎通·八风》）

由"带刺"为遗传义素，引申泛指有芒刺的草木。新义位的指称义素为"草木"，而旧义位的指称义素是"树"，新旧义位所指发生变化，词义发生转移。又因"树"包含在"草木"之中，故词义兼有扩大现象。如：

(63) 沓至乎商王纣，天不序其德，祀用失时……天雨肉，棘生乎国道。（《墨子·非攻下》）

(64) 斩丛棘，夷野草。（汉 扬雄《羽猎赋》）

"棘"的新旧义位变化为：

棘：**酸枣树**→有芒刺的草木

【鸾】

鸾，义为铃；车铃。如：

(65) 四牡彭彭，八鸾锵锵。（《诗经·大雅·烝民》）

(66) 仰即观天，俯即察地，前闻和鸾之声，旁见四方之运，此车教之道。（《白虎通·阙文》）

引申为鸾车，由车铃（部分）代替车（整体）。新义位的指称义素变为"车"。新旧义位词义发生转移兼扩大。如：

(67) 官此枸邑，赐尔旗鸾黼黻珝戈。

—— 颜师古注："鸾谓有鸾之车也。"（《汉书·郊祀志下》）

"鸾"的新旧义位变化为：

鸾：**铃；车铃**→鸾车

【屏】

屏，照壁，对着门的小墙。《尔雅·释宫》："屏谓之树。"郭璞注："小墙当门中。"朱骏声《说文通训定声·鼎部》："（屏）亦谓之塞门，亦谓之萧墙，如今之照墙也。"

(68) 授车以级，皆正设于屏外。（《淮南子·时则训》）

—— 高诱注："屏，树垣也。"

（69）所以设屏何？屏所以自障也。（《白虎通·阙文》）

引申为屏障之物。旧义位所指内容是屏障之物之个体，新义位所指为泛指各种屏障之物，旧义位从属于新义位。旧义位的指称义素是"建筑"，而新义位的指称义素是"器物"，故新义位词义发生转移兼扩大。如：

（70）君子乐胥，万邦之屏。（《诗经·小雅·桑扈》）

—— 毛传："屏，蔽也。"

（71）于道之外为屏，三十步而为之圜，高丈。（《墨子·旗帜》）

"屏"的新旧义位变化为：

屏：**照壁** →屏障之物

【桑】

桑，本义为桑树。如：

（72）无踰我墙，无折我树桑。（《诗经·郑风·将仲子》）

（73）五亩之宅，树之以桑，五十者可以衣帛矣。（《孟子·梁惠王上》）

（74）虞，安其神也，所以用桑。（《白虎通·阙文》）

由本义"桑树"出发，特指桑树之一部分"桑叶"。旧义位指称义素为"树"而新义位的指称义素变成"叶"，引申之后新义位所指内容发生转移兼缩小。如：

（75）桑之落矣，其黄而陨。（《诗经·卫风·氓》）

（76）冬伏而夏游，食桑而吐丝。（《荀子·赋》）

"桑"新旧义位变化为：

桑：**桑树** →桑叶

经过对《白虎通》中名物词上下义位分析后，发现有如下特点：

1.从引申结果来看，词义转移更为普遍，词义扩大不多，词义缩小"在汉语中比较少见。"[1] 在词义转移中还有少许词是属于复合转移。

2.词义扩大，主要是以事物的局部代替整体。这一点成因于人类的相关联想。词义扩大在义素上体现为某些区别性义素宽泛化或者表示种属、形态、功能等区别性义素数量变化造成的。

---

1 王力.汉语史稿 [M].北京：科学出版社,1958:568.

3. 词义缩小，主要是源于古今词义演变时词义发生专指或者特指，从义素分析上看，一般是增加某些表示领属、性质、功能等区别性义素。如"山"增加"五座""名山"这样的区别性义素，词义便锁定在五岳。"宫"秦汉时期增加了"帝王"这一区别性义素，这样"宫"便成为帝王专属名物词。又如"祠"，词义扩大是因为"春"的区别性义素的脱落，泛指祭祀。虽然词义的扩大、缩小和与义素数量变化有关，但是与义素的数量之间没有绝对的必然联系。所以，不能简单地认为词义扩大是由于区别性义素数量减少造成的。反之亦然。

4. 一般情况下，单纯转移中指称义素会发生变化，复合转移中区别性义素和指称义素均会发生改变。如桑，本为桑树，引申后指桑叶，由树到叶是词义转移。由桑树指桑树叶，这又是以整体代替部分属于词义缩小。《白虎通》名物词属于复合转移的数量不多，且多为常用词。

第三节 《白虎通》名物词词源义梳理

词源义梳理即为探寻与《白虎通》中名物词有同源关系的一系列词语，这些词语之间往往凝聚成一个族群，词义上有着某个共同意义。梳理同源词、探寻词源义能够获悉名物词之命名理据。

一、词源义的界定

关于词源义的界定一直以来莫衷一是，王宁先生在《训诂学原理》中对其做了科学的界定，兹摘录如下："如果我们对汉语的早期词义加以分析，就会发现，词义内部实际上存在两种不同的因素：一种是词的表层使用意义，另一种是词的深层词源义……传统训诂学表述这种因素时以'词义特点'来称谓。它来源于造词的理据，由词的内部形式所负载，它贯穿于词义引申的全过程，也贯穿在同源派生词之间——在词义引申中和新词的派生中，使用义发生了变化，而词源义只在某一阶段发生相应的分解，却从不消逝。……同源词的使用义不论怎样不同，包含在其中的意义特点，即词源义，是没有改变的。而且，词源义虽然不在使用中直接实现，但它对使用义的特点有决定作用。非同源的同义词，只在使用意义上相同，词源意义却不可能相同。用这个方法可以辨析同义词。"[1]

刘兴均在《三礼名物词研究》中又进一步浓缩了词源义的含义："隐含在表层使用义里面的深层的词义特点。"[2]许多学者很重视声训在同源词、词源义系联追索中的重要性。但是声训研究仍然存在许多争议，所以我们在爬梳同源词、探索词源义时为确保科学性，减少分歧讹误，我们选择声符相同的词作为对词义演变的横向研究对象，即前人所谓的同源分化形声字。

二、同源词辨析与描写

我们通过对《白虎通》名物词全面梳理之后，萃选如下几组同源词。

1. 禘组[3]：蒂、帝、啻、谛、蹄、楴、蹢、鰿；缔、递

帝，古"蒂"字。亦作"蔕"。"帝者，蔕也……象花萼全角。"[4]蒂为后起字，本义是花蒂、瓜蒂，花或瓜果与枝茎相连的部分。《说文·艸部》："蔕，瓜当也。"朱骏声《说文通训定声》："蔕，《声类》：'果鼻也'《吴都赋》：'抏白蔕。'刘注：'花本也。'《老子》'根深固蔕。'《礼记·曲礼》：'士薨之'以薨为之。俗字作蒂。"蒂连接花、果与茎，位置重要，起连接作用。故从帝得声的字有重大或连接义。

(1) 禘、帝、啻、谛、蹄、楴、蹢、鰿，词源义为"重、大"。

禘，《说文·示部》："禘，谛祭也。从示，帝声。《周礼》曰：'五岁一禘。'"《尔雅·释天》："禘，大祭也。"郭璞注："五年一大祭。"《诗经·周颂·雝序》："雝，禘大祖也。"郑笺："禘，大祭也，大于四时而小于祫。"《礼记·王制》："祫禘。"郑玄注："鲁礼，三年丧毕而祫于大祖。明年春禘于群庙。自尔之后，五年而再殷祭。一祫一禘。"故禘有重大之义。帝，《说文·丄部》："帝，王天下之号也。"《尔雅·释

1 王宁.训诂学原理[M].北京：中国国际广播出版社，1996:105-106.

2 刘兴均，黄晓冬."三礼"名物词研究[M].北京：商务印书馆，2016:228.

3 代表字禘为《白虎通》中的名物词，下同。

4 王国维.观堂集林（卷六）·释天[C].石家庄：河北教育出版社，2003:139.

诂》："帝,君也。"《尚书·尧典》："曰若稽古帝尧。"《史记·秦始皇本纪》："秦故王国,始皇君天下,故称帝。"帝王是天子,是万民之主,是秉承天意管理万民之人。故"帝"有重大之义。啼,《说文·口部》："嗁,号也。"段注:"嗁,俗作啼。"《仪礼·既夕礼》:"主人啼,兄弟哭。"郑玄注:"哀有甚有否。"贾公彦疏:"云哀有甚有否者,啼即泣也。《檀弓》云:'高柴泣血三年。'注云:'言泣无声如血出。'则啼是哀之甚……对齐衰以下,直哭无啼,是其否也。"《礼记·丧大记》:"始卒,主人啼,兄弟哭。"可见,啼乃大声痛哭,故啼有"大"义。谛,仔细。《三国志·魏志·杜畿传》:"畿视见为陈大义,遣令归谛思之。"白居易《霓裳羽衣歌》:"当时乍见心惊目,凝视谛听殊未足。"重大的事情才需要仔细认真对待。故谛有"重大"之义。蹄,《释名·释形体》:"蹄,底也。足底也。"宋贾昌朝《群经音辨》:"蹄,兽足也。"《谷梁传·昭公八年》:"马候蹄。"陆德明释文:"蹄,马足也。"《孟子·滕文公上》:"兽蹄鸟迹之道,交于中国。"蹄,为牛、马、羊等体型较大动物的脚。故蹄有大义。柢,《集韵·霁韵》:"柢,根也。或作楴。"《老子》五十九章:"是谓深根、固柢、长生、久视之道也。"高亨注:"《说文》:'柢,根也。'盖根柢二字对言则别,混言则通也。"《韩非子·解老》:"树木有曼根,有直根。根者,书之所谓柢也。柢也者,木之所以建生也;曼根者,木之所以持生也。"陈奇猷集释引俞樾曰:"按'根者'上当有'直'字……根是曼根,柢是直根也,今夺'直'字,失其旨矣。"由此可见,柢,当为直根,直根就是粗壮的根,有大义。脴,《玉篇·肉部》:"脴,脴脴,胅腹也。"《集韵·霁韵》:"脴,蹄脴,胅腹也。"《篇海类编·身体类·肉部》:"脴,脴脴,大腹也。"《广韵·霁韵》:"脴,胅腹貌。"通过分析可见脴含有大义。鳀,《集韵·霁韵》:"鳀,鱼名,大鳀。"鳀亦有大义。这一组从"帝"(蒂之本字)派生的词,其词源义为"重""大"。

(2)缔、递,词源义为"连接"。

缔,《说文·系部》:"缔,结不解也。"引申为结合。《史记·秦始皇本纪》:"合从缔交,相与为一。"裴骃集解引《汉书音义》曰:"缔,结也。"故缔有连接义。遰，唐 慧琳《一切经音义》卷三十一："递，或作遰。俗字也。"《说文·辵部》："递，更易也。"《尔雅·释言》："递，迭也。"郭璞注："递，更迭。"《广雅·释诂三》："递，代也。"《楚辞·九辩》："四时递来而卒岁兮，阴阳不可与俪偕。"王逸注："递，更易也。"递，有交替衔接之义。故缔、遰的词源义为"连接"。

2.袷组：合、蛤、珨、洽、袷、颌、盒、詥、佮、欱、輅、翕、阁，词源义为"汇合、合拢"。

袷，《说文·示部》："袷，大合祭先祖亲疏远近也。《周礼》曰：'三岁一袷。'"《说苑·修文》："袷者，合也。……大合祭于祖庙也。"《礼记·曾子问》："袷祭于祖，则祝迎四庙之主。"孔颖达疏："袷，合祭；祖，大祖。三年一袷。"陆德明释文："袷，合也。"《谷梁传·文公二年》："大是事也，著袷尝。"范宁注："袷，合也。"袷，是集合远近祖先的神主于太祖庙大合祭。故，袷的深层意义为"合"。合，甲骨文作ᗈ，朱芳圃《殷周文字释从》："合字象器盖相合之形。"《说文·亼部》："合，合口也。从亼、从口。"段注："各部亼作合，误。此以其形释其义也。三口相同是为合，十口相传是为古。引申为凡会合之称。"《战国策·燕策二》："蚌方出曝，而鹬啄其肉，蚌合而拑其喙。"合为合拢之义。蛤，海里一种有介壳的软体动物，上下壳可开合。《左传·昭公三年》："山木如市，弗加于山；鱼盐蜃蛤，弗加于海。"《吕氏春秋·精通》："月也者，群阴之本也。月望则蚌、蛤实，群阴盈。"蛤得名于合。珨，《玉篇·玉部》："珨，蜃器。"《集韵·洽韵》："珨，蜃饰器。"《篇海类编·珍宝类·玉部》："珨，蜃器。蜃，音慎。大蛤蜃甲所以饰物。"珨来源于蛤，蛤得名于合。故珨来源于合。洽，《广韵·洽韵》："洽，和也，合也。"《诗经·周颂·载芟》："烝畀祖妣，以洽百礼。"郑玄笺："洽，合也……以洽百礼，谓飨燕之属。"袷，《说文·衣部》："袷，衣无絮。"《汉书·匈奴传上》："服绣袷绮衣。"颜师古注："袷者，衣无絮也，绣袷绮衣，以绣为表，以绮为里也。"袷，夹衣。所谓夹衣就是表、里合在一起，中间没有棉絮。故，袷也得名于合。颌，上颌、下颌可合在一起。《文选》扬雄《长杨赋》："皆稽颡树颌，扶服蛾伏。"

李善注引如淳曰："叩头时项下向，则颔树上向也。"盒，一种由底盖相合而成的盛器。《广韵·覃韵》："盒，盘覆也。"唐白居易《长恨歌》："惟将旧物表深情，钿合金钗寄将去。"諨，《说文·言部》："諨，谐也。"段注："諨之言合也。"朱骏声《说文通训定声》："凡和谐字，经传皆以和以洽为之。"《集韵·合韵》："諨，会言也。"佮，《说文·人部》："佮，合也。"徐锴系传曰："人相合也。"朱骏声《说文通训定声》："按，配偶之义为佮，聚会之义为敆，和协之义为諨。"欱，《正字通·欠部》："欱，翕也。"汉扬雄《太玄·告》："下欱上欱。"范望注："欱，犹合也。下合上合谓五位相得而各有合。"迨，《说文·辵部》：迨也。从辵，合声。朱骏声《说文通训定声》："迨，行相逮及之意。"《玉篇·辵部》："迨，迨迨，行相及也。"故迨为途中遇合之义。鞈，古代革制的胸甲。《说文·革部》："鞈，防汗也。从革，合声。"段注："此当作所以防捍也，转写夺误。"徐锴系传："鞈，犹今胡人扞腰也。"《玉篇·革部》："鞈，橐也，以防捍也。"《管子·小匡》："轻罪入以兰盾，鞈革二戟。"尹知章注："鞈革，重革。当心着之，可以御矢。"故鞈合围于身，有合围义。翕，《说文·羽部》："翕，起也。从羽，合声。"段注："许云起也者，但言合则不见起，言起而合在其中矣。翕从合者，鸟将起必敛翼也。"《尚书·皋陶谟》："翕受敷施，九德咸事。"孔传："翕，合也。"《诗经·小雅·常棣》："兄弟既翕，和乐且湛。"毛传："翕，合也。"閤，侧门；小门。《说文·门部》："閤，门旁户也。"《尔雅·释宫》："小闺谓之閤。"邢昺疏："闺之小者名閤。"《墨子·杂守》："閤通守舍，相错穿室。"《汉书·韩延寿传》："（延寿）因入卧传舍，闭閤思过。"《汉书·文翁传》："使傅教令出入闺閤。"颜师古注："闺閤，内中小门也。"门，即为开关之用，故自然有合拢之义。经过分析可见，祫组字均得名于"合"，都以合作为声符，故音近义通，词源义为"合拢"。

　　3.**阙组：缺、决、玦、诀、抉、觖，词源义为"缺、断、空"。**

　　阙，《小尔雅·广诂》："阙，隙也。"《集韵·月韵》："阙，空也。"《论语·卫灵公》："吾犹及史之阙文也。"阙，有空缺义。又引申去除，即有断义。《广雅·释诂二》："阙，去也。"《周礼·夏官·禀人》："以待会而考之，亡者阙之。"郑玄注："阙，犹除也。"《说文·门部》："阙，门观也。"徐锴系传："以其阙然为道，谓之阙；以其上可远观，谓之观。"《释名·释宫室》："阙，阙也，在门两旁，中央阙然为道也。"《说文》和《释名》中所谓的"以其阙然为道"，因其空，才能为道。故阙又有"空"义。缺，《说文·缶部》："缺，器破也。"《玉篇·缶部》："缺，破也。"缺，有缺损之义。《诗经·豳风·破斧》："既破我斧，又缺我斨。"《淮南子·说林》："为车者步行，陶者用缺盆，匠人处狭庐，为者不得用，用者不肯为。"《庄子·秋水》："入休乎缺甃之崖。"决，堤岸溃破。《玉篇·氵部》："决，俗决字。"《说文·水部》："决，行流也。"朱骏声《说文通训定声》："人导之而行曰决，水不循道而自行亦曰决。"《广韵·月韵》："决，破也。"《左传·襄公三十一年》："大决所犯，伤人必多。"《淮南子·天文》："贲星坠而勃海决。"高诱注："决，溢也。"诀又引申指堤岸溃破之处，决口。《史记·河渠书》："天子乃使汲仁、郭昌发卒数万人塞瓠子决。"故决即为缺、断之义。玦，古代环形有缺口的佩玉。金制的名"金玦"。《说文·玉部》："玦，玉佩也。"《国语·晋语一》"是故使申生伐东山，衣之偏裻之衣，佩之以金玦。"韦昭注："玦如环而缺，以金为之。"《楚辞·九歌·湘君》："捐余玦兮江中，遗余佩兮醴浦。"王逸注："玦，玉佩也。"《汉书·隽不疑传》："不疑冠进贤冠，带櫑具剑，佩环玦，襃衣博带，盛服至门上谒。"颜师古注："环，玉环也。玦，即玉佩之玦也。带环而又着玉佩也。"诀，《说文·言部》："诀，诀别也。"《玉篇·言部》："诀，死别也。"《史记·孔子世家》："三年新桑毕，相诀而去。"诀是离开之义，故有断义。抉，《说文·手部》："抉，挑也。"段注："抉者，有所入以出之也。"《庄子·盗跖》："比干剖心，子胥抉眼。"《战国策·韩策二》："（聂政）因自皮面抉眼，自屠出肠，遂以死。"抉，挑出、挖出，即为断开使之分离。故抉有断义。觖，《玉篇·角部》："觖望，犹怨也。"《史记·荆燕世家》："独此尚觖望。"《淮南子·缪称训》："禹无废功，无废财，自视犹觖如也。"高诱注："觖，不满也。"不满即为缺。《增韵》："觖，与诀通。"故觖有又断义。刿，《类篇·刀部》："刿，剔也。"剔除，即为离开断开之义。王力云："水缺为'决'，玉缺为'玦'，器缺为'缺'，门缺为'阙'"[1]。概之，这一组以"夬"为声旁的字，词源义有缺、断、空之义。

4. 窗组：窻、窗、囱、熜、葱、聪、惚，词源义为"通"。

窗，《说文·穴部》："窗，本作囱，在墙曰牖，在屋曰囱。"段注："屋在上者也。"《释名·释宫室》："窗，聪也。于外窥内为聪明也。"《周礼·冬官·考工记》："四旁雨夹窗。"郑玄注："助户为明。亦作熜。"《论衡·别通》："开户内日之光，日光不能照幽，凿窗启牖，以助户明也。"窻，《广韵·江韵》："俗窗字。"窻，《说文·穴部》："窻作窗，通孔也。"《玉篇·穴部》："窻，俗窗字"。《集韵·江韵》："郑康成曰：'窻助户为明。或作熜窗囱。'"囱为窗的本字，熜、窻、窻为窗的异体字，义本为天窗。窗为空才能"助户为明"。囱，《玉篇·囱部》："囱，通孔也，灶突也。"熜，同"囱"，烟囱。烟囱能排烟是因为内部中空。葱，《说文·艸部》："葱，菜也。"《本草纲目》："葱从悤，外直中空，有悤通之象也。"葱，由中空得名。聪，《说文·耳部》："聪，察也。"《广韵·东韵》："聪，闻也，明也，通也，听也。"《尚书·洪范》："聪作谋。"《史记·商君传》："反听之谓聪，内视之谓明。"《管子·宙合篇》："耳司听，听必顺闻，闻审谓之聪。"尹知章注："耳之所闻，既顺且审，故谓之聪。"聪，耳空为聪，聪，不在于听到，而在于对听到内容辨别是非真假，故放空现象，慎思本质称其为聪。惚，恍惚，微妙不测貌。《老子·道德经》："惟恍惟惚。"《韩非子·忠孝》："世之所为烈士者……为恬淡之学，而理恍惚之言。臣以为恬淡，无用之教也；恍惚，无法之言也。"《史记·司马相如列传》："芒芒恍忽，视之无端，察之无崖。""无法之言""视之无端，察之无崖"这是一种难以捉摸、令人生空茫之感。故以"囱"为声符这组词，词源义为"中空"。

5. 燎组：寮、嫽、獠、膫、璙、镣；潦、鹩、憭、瞭、僚、嫽；缭、撩、辽、壕；簝、寮、蓼、辽，词源义分别为：明和白；缠绕、环绕；空。

1 王力.同源字典 [Z].北京：商务印书馆,1999:482.

燎。《说文·火部》："燎,放火也。"《广雅·释言》："燎,烧也。"《尚书·盘庚》："若火之燎于原。"后燎又引申为庭燎。《诗经·小雅·庭燎》："夜未央,庭燎之光。"毛传:"庭燎,大烛。"《周礼·秋官·司烜氏》："凡邦之大事,共坟烛庭燎。"郑玄注:"坟,大也。树于门外曰大烛,于门内曰庭燎,皆所以照众为明。"燎从"尞"孳乳而来。尞,《说文·宀部》："尞,祡祭天也。"《尔雅·释天》："祭天曰燔柴。"郭璞注:"既祭,积薪烧之。"《玉篇》："尞,祡尞祭天也。"尞指上古焚柴祭天之礼,故从"尞"之字以此义为核心不断派生。以"尞"谐声的字大致有三个方面的意义。1.尞、嫽、獠、膫、璙、镣、潦、鹩、憭、瞭、僚、嫽,这组词具有明和白的意义。2.缭、撩、辌、壕,这组词具有缠绕和环绕的意义。3.簝、寮、藔、辽,这组词具有空的意义。[1] 此不再赘述。

6. 匏组:匏、包、泡、袍、抱、饱、胞、苞、雹、疱,词源义为"圆"。

匏,葫芦的一种。果实比葫芦大。晒干后可做涉水的工具,也可做容器,对半剖开可做水瓢。《说文·包部》："匏,瓠也。从包,从夸声。取其可包藏物也。"《诗经·邶风·匏有苦叶》："匏有苦叶,济有深涉。"毛传:"匏谓之瓠。"又引申为用葫芦做的容器、乐器。《诗经·大雅·公刘》："执豕于牢,酌之用匏。"包,甲骨文写作"⟨甲骨文字形⟩",《说文·勹部》："包,象人裹妊。巳在中,象子未成形也。"段注:"包,妊也。"《玉篇·勹部》："包,今作胞。"包,胎衣也。又包,裹也。《广雅·释诂四》："包,裹也。"《诗经·召南·野有死麕》："野有死麕,白茅包之。"毛传:"包,裹也。"包即包裹,包裹多为圆形。泡,泡沫。《广韵·肴韵》："泡,水上浮沤。"《汉书·艺文志》："《杂山陵水泡云气雨旱赋》十六篇。"颜师古注:"泡,水上浮沤。"泡沫形圆。袍,《广韵·豪韵》："袍,长襦也。"《释名·释衣服》："袍,丈夫着下至跗者也。袍,苞也。苞,内衣也。妇人以绛作衣裳,上下连,四起施缘,亦曰袍。"《急就篇》卷二:"袍襦表里曲领裙。"颜师古注:"长衣曰袍,下至足跗。"《广雅·释器》："袍襡长襦也。"王念孙《广雅疏证》："《后汉书·舆服志》

---

1 傅亚庶. 释"尞"[A]. 民俗典籍文字研究(第二辑)[C]. 北京:商务印书馆,2005: 242-244.

云:'或曰周公抱成王燕居,故施袍。'是袍为古人燕居之服,自汉以后,始以绛纱袍、皂纱袍为朝服矣。"又《尔雅·释言》:"袍,襦也。"《礼记·玉藻》:"纩为襺,缊为袍。"《论语·子罕》:"衣敝缊袍。"无论是否有夹层或棉絮,总之袍成桶状,故有圆义。抱,怀也。《说文·手部》:"褱,俗作抱。"司马相如《上林赋》:"长千仞,大连抱。夸条直畅,实叶葰楙。"拥抱时手臂围成圆形。饱,《说文·食部》:"饱,厌也。"《玉篇·食部》:"饱,饱满也。"《周易·渐》:"饮食衎衎,不素饱也。"《礼记·文王世子》:"尝馔寡,世子亦不能饱。"吃饱之后,肚子圆滚滚的。故饱含圆形之义。胞,胎衣。《庄子·外物》:"胞有重阆,心有天游。"陆德明释文:"胞,腹中胎。"子宫包裹着胎儿亦是圆形的。苞,花包。《诗经·大雅·生民》:"实方实苞,实种实褎,"朱熹注:"方,房也。包,甲未坼也。"花骨朵是圆形。雹,《说文·雨部》:"雨冰也。"《埤雅》:"雹形似今半珠,其粒皆三出。……曰:雹者,雨之冰也。"《礼记·月令》:"仲夏行冬令,则雹冻伤谷。"郑玄注:"子之气乘之也。阳为雨,阴起胁之,凝为雹。"《左传·昭公四年》:"圣人在上,无雹。虽有,不为灾。"冰雹为圆形。疱,《说文·疒部》:"疱,面生气也。从皮包声。"段注:"面生气也。《玉篇》作'面皮生气也',玄应书一作'面生热气也'。《淮南》:'溃小疱而发痤疽。'高曰:'疱,面气也。玄应引作皰。从皮。包声。'"《集韵·效韵》:"疱,通作皰。……皰原字从皮,不从支。"疱、皰、皰同。疱是指面部的小疮,肿起之后,多为圆形。通过分析,这一组从"包"得声的词,均为同源派生词,词源义为"圆形"。

7. 椁组:椁、郭、墎、鞟,词源义为"外廓"。

椁,外棺。古代套于棺外之大棺。《说文·木部》:"葬有木臺也。"段注:"木臺者,以木为之,周于棺,如城之有臺也。"《广雅·释言》:"椁,廓也。"《周礼·地官·闾师》:"不树者无椁。"郑玄注:"椁,周棺也。"《庄子·天下》:"古之丧礼,贵贱有仪,上下有等。天子棺椁七重,诸侯五重,大夫三重,士再重。今墨子独生不歌,死不服,桐棺三寸而无椁。"郭,外城。古代在城之外围加筑一道城墙。《释名·释宫》:"郭,廓也。廓落在城外也。"《左传·昭公二十年》:"寅闭郭门。"《孟子·公孙丑下》:

"三里之城，七里之郭。"墎，同"郭"，城郭。《集韵·铎韵》："郭，或作墎。"鞹，《集韵·铎韵》："鞹，又作鞟。"《说文·革部》："鞹，去毛皮也。"《龙龛手鉴·革部》："鞟，皮去毛也。"《论语·颜渊》："虎豹之鞹，犹犬羊之鞹。"又引申为制革。汉刘向《新序·杂事一》："其犹鞹革者也，大则大矣，裂之道也。"制革过程中非常重要的过程是拉伸，故"鞹"有长义。这一组从"郭"的词，音同义近，词源义为"外廓"。

8. 眉组：楣、湄、猸、堳，词源义为"边际"。

眉，甲骨文写作"⿱⺆目"，像人的眉毛一样。《说文·眉部》："眉，目上毛也。"《庄子·渔父》："有渔夫者，下船而来，须眉交白。"眉位于脸部偏上部分，又引申为旁侧。《汉书·游侠传·陈遵》："观瓶之居，居井之眉。"颜师古注："眉，井边地，若人目上之有眉。"楣，《说文·木部》："秦名屋櫋联也，齐谓之檐，楚谓之梠。"《释名·释宫室》："楣，眉也。近前各两，若面之有眉。"又引申为门楣。《尔雅·释宫》："楣谓之梁，谓门上横梁也。眉犹际也。"无论是指屋檐还是门楣，都是主体建筑物的边际。湄，岸边，水和草相接之地。《说文·水部》："湄，水草交为湄。"《诗经·秦风·蒹葭》："所谓伊人，在水之湄。"毛传："湄，水隒也。"孔颖达疏："谓水草交际之处，水之岸也。"猸，猸子。《集韵·脂韵》："猸，兽名。"因其生活在水边得名。堳，古时坛墠四周的矮墙。《周礼·天官·掌舍》："为坛壝宫、棘门。"郑玄注："谓王行，止宿平地，筑坛，又委墙土，起堳埒以为宫。"孙诒让《周礼正义》："《广雅·释丘》云：'堳、埒，厓也。'《说文·土部》云：'埒，庳垣也。'郑意筑土高起为坛，又于坛外四面委土为庳垣，令高出于墠，使有厓埒，即所谓宫也。"堳在坛墠最外边，使之有厓。故堳有边际之义。从眉得声的这组字，其词源义为"边际"。

9. 闺组：圭、珪、觟、袿，窐，词源义为"方、圆"。

闺，上圆下方的小门。《说文·门部》："闺，特立之户，上圆下方，有似圭。"《左传·襄公十年》："筚门闺窦之人，而皆陵其上。"《荀子·解蔽》："俯而出城门，以为小之闺也，酒乱其神也。"闺因其似圭形而得名。闺有方和圆义。圭,《说文·土部》:"圭,瑞玉也,上圆下方。"段注:"圭之制,上不正圆。以对下方言之,故曰上圆。"《论语·乡党》:"执圭,鞠躬如也,如不胜。"包咸注:"为君使以聘问邻国,执持君之圭。"皇侃疏:"圭,瑞玉也。"《仪礼·聘礼》:"所以朝天子,圭与缫皆九寸,剡上寸半,厚半寸,博三寸。"郑玄注:"圭,所执以为瑞节也,剡上象天圜地方也……九寸,上公之圭也。"贾公彦疏:"凡圭,天子镇圭,公桓圭,侯信圭,皆博三寸,厚半寸,剡上左右各寸半,唯长短依命数不同。"《史记·鲁周公世家》:"周公北面立,戴璧秉圭,告于太王、王季、文王。"裴骃集解:"孔安国曰:'璧以礼神,圭以为贽。'"珪,同"圭"。《说文·土部》:"珪,古文圭,从玉。"胜,《玉篇·肉部》:"脐,脐胜,肤腹也。"胜,指腹部肥圆。袿,古时妇女所传的上等长袍。《释名·释衣服》:"妇人上服谓之袿,其下垂者,上广下狭如刀圭也。"《广雅·释器》:"袿,长襦也。"宋玉《神女赋》:"振绣衣,被袿裳。"袿含"方和圆"义。窐,孔;洞。《楚辞》严忌《哀时命》:"璋珪杂于甄窐兮,陇廉与孟娵同宫。"王逸注:"窐,甄土孔。"孔,有圆义。故从"圭"得声的这组词,音近义通,属于同源派生词,词源义为"方和圆"。

10.绅组:**电、伸、申、呻、神、胂、眒,词源义为"长"。**

绅,《说文·系部》:"绅,大带也。"段注:"古有革带,以系佩革鞁,而后加之大带,绅则大带之垂者也。许但云大带,亦是浑言不析言。盖许意以革带统于大带,以带之垂者统于带,立言不分别也。"《礼记·内则》:"冠緌缨端,韠绅缙笏。"郑玄注:"绅,大带,所以自绅约也。"《论语·子张问行》:"子张书诸绅。"邢昺疏:"以带束腰,垂其馀以为饰,谓之绅。"绅有长义。电,闪电。本为"申",后写作"电"。叶玉森《殷虚书契前编集释》:"(甲骨文)象电耀屈折。《说文》'虹'下……许君曰'申,电也'与训'申,神也'异。余谓象电形为朔谊,神乃引申谊。"《说文·虫部》:"籀文虹,从申。申,电也。"段注:"电者,阴阳激耀也。"《埤雅》:"电与雷同气。雷从回,电从申,阴阳以回薄而成雷,以申泄而为电。"伸,《说文·人部》:"伸,屈伸。"《广雅·释诂三》:

"伸，展也。"《礼记·曲礼》："侍坐于君子，君子欠伸撰杖屦，视日蚤莫，侍坐者请出矣。"孔颖达疏："志疲则欠，体疲则伸也。"《淮南子·泛论训》："夫绳之为度也，可卷而伸也。"伸，有伸长之义。申，申述。《楚辞·九章·抽思》："道卓远而目忘兮，愿自申而不得。"《礼记·郊特牲》："大夫执圭而使，所以申信也。"申有进一步阐述之义，故此过程会变长。呻，吟诵。《礼记·学记》："今之教者，呻其占毕。"郑玄注："言今之师自不晓经之义，但吟诵其所视简之文。"呻，有把声音拉长之义。𫝶，《正字通·言部》："与申、伸通。"䐜，夹脊肉。《说文·肉部》："䐜，夹脊肉也。"段注引王弼云："当中脊之肉也。"夹脊肉是一长条，故有长义。眒，张目。《广韵·震韵》："眒，张目。"《集韵·真韵》："眒，引目也。"眒，睁大眼睛，使上下眼皮之间距离变长。这一组从"申"得声的词，音近义通属于同源派生词，词源义为"长"。

11. 脾组：卑、庳、婢、裨、綼、埤，词源义为"低"。

脾，《说文·肉部》："脾，土藏也"。《释名·释形体》："脾，裨也。在胃下。脾助胃气，主化谷也。"《礼记·月令》："孟春之月，祭先脾。"《素问·灵兰秘典论》："脾胃者，仓廪之官，五味出焉。"古人认为脾辅助胃之工作，地位低于胃。卑，低。《说文·𠂤部》："卑，贱也。执事者。"徐锴系传："右重而左卑，故在甲下。"段注："古者尊又而卑𠂇。故从𠂇，在甲下。甲象人头。"《玉篇》："卑，下也。"《周易·系辞》："天尊地卑。"庳，两旁高中间低的房屋。《说文·广部》："庳，中伏舍。从广，卑声。一曰屋庳。"段注："谓高其两旁而中低伏之舍也……《左传》曰："宫室卑庳。引伸之，凡卑皆曰庳。"王筠句读："葺屋正平，取其吐水疾也。瓦屋皆中伏，檐高取明，且为观美也。"又可指房屋矮小。《玉篇·广部》："庳，卑下屋也。"后引申为低。《史记·循吏列传》："楚民俗好庳车，王以为庳车不便马，欲下令使高之。"司马贞索隐："庳，下也。"婢，《说文·女部》："奴、婢，皆古之罪人也。"《周礼·秋官·司厉》："其奴，男子入于罪隶；女子入于舂稿。"郑玄注："今之为奴婢，古之罪人也。又引申为女仆。"《广韵·纸韵》："婢，女之下也。"《墨子·七患》："马不食粟，婢妾不衣帛。"低位地下之人称为婢。裨，古代祭祀时穿的次等礼服。清 朱骏声《说文通训定声·解部》："裨，衣别也。犹禾之稗、黍之秠卑也。"《仪礼·觐礼》："侯氏裨冕释币于祢。"郑玄注："裨之为言埤也。天子六服，大裘为上，其余为裨，以事尊卑服之，而诸侯亦服焉。"《荀子·富国》："大夫裨冕。"杨倞注："衣裨衣而服冕，谓祭服也………裨之言卑也，以事尊卑服之。"《礼记·曾子问》："大祝裨冕。"郑玄注："裨冕者，接神则祭服也。"又引申副佐的，特指副将。《集韵·支韵》："裨，将之偏副。"《汉书·项籍传》："于是梁为会稽守，籍为裨将，徇下数县。"颜师古注："裨，助也，相副助也。"无论是与大裘还是主将相比，裨都有低一等之义。緆，裳幅之缘饰。《仪礼·既夕礼》："縓緆緆。"郑玄注："饰裳在幅曰緆，在下曰緆。"章炳麟《新方言·释器》："今人谓衣裳边角纯缘曰緆。"緆，不是衣服之主体，只是起修饰等辅助作用。埤，埤堄，城上矮墙。《广雅·释宫》："埤堄，女墙也。"王念孙《广雅疏证》："字或作俾倪，或作睥睨，或作僻倪。"《墨子·号令》："置屯道各垣，其两旁高丈为埤阮。"《银雀山汉墓竹简·孙膑兵法·陈忌问垒》："发（廏）者，所以当埤堄也。"又埤同"卑"。低下。《篇海类编·地理类·土部》："埤，回卑下也。"故埤有低矮之义。可见具有"低"义的这组词古音相近，他们是一组音近义通的同源词。

    《白虎通》中的名物词多为孳乳分化字。作为一组同源词的源词多是常用词，且具有一定形象性的独体字。如此一来才能够不断增加形符孳乳分化。如，眉、合、尞等形象明显独特且可以不断增加形符。另外，同源词的产生与人类的认知方式有关。相关联想介入造词之后，造词时就会下意识地利用类比思维。如，合为"合拢"义，那么合拢的门就被称为"阖"，合拢的贝类被称为"蛤"，汇合的祭祀就是"祫"，一系列的同源词便应运而生。

第四节 认知与词义变化

隐喻和转喻是两种思维方式，其对人们认识事物、概念的形成、语言的发展都有着重要意义。现代语义学关注到隐喻和转喻两种认知方式在词义发展变化中所起到的中介作用。故本节重点分析隐喻和转喻对名物词词义变化之影响。

一、转喻、隐喻和词义引申的关系

（一）转喻认知

如果说隐喻是两个不同的概念域之间的映射，那么转喻则是在同一理想化认知模型中的互动。因此转喻就是在同一理想化认知模型内，出于交际的需要，语用者用一个认知域激活另一认知域的操作过程。[1] 毛帅梅则直接认为转喻包括了汉语中的借代和部分借喻以及英语中的提喻。[2]

从语用功能角度来对转喻进行分类，有两种结果。一种结果是转喻分为两大类：命题转喻、言外转喻。其中命题转喻分为指称转喻和述谓转喻。指称转喻是基于"相邻"认知方式，在一个认知域内部用一概念代指另一概念。述谓转喻，是用一个陈述来借代另一个不同的陈述。言外转喻，就是一种言语行为代替另一种相关的言语行为。另一种结果是转喻分为两大类：低层次转喻和高层次转喻。每个大类中又包括命题转喻和情境转喻两小类。低层次命题转喻就是指称转喻；低层次情境转喻是用某一具体的情境中高度突显的成分来代表整个事件。高层次命题转喻就是语法转喻；高层次情境转喻就是言外转喻，也称为言语行为转喻。[3]

（二）隐喻认知

一直以来，关于隐喻就有广义和狭义两种。亚里士多德曾将一切修辞现象称为隐喻性语言；亚里士多德认为隐喻与明喻一样，都是一种不同事物间的对比，是一种修饰性的语言使用现象。莱考夫等人认为隐喻绝不

---

1 李勇忠. 语言结构的转喻认知理据 [J]. 外国语（上海外国语大学学报），2005(6)：40-46.

2 毛帅梅. 论转喻的分类 [J]. 外语学刊，2009(4)：25-29.

3 张辉，孙明智. 概念转喻的本质、分类和认知运作机制 [J]. 外语与外语教学，2005(3)：1-6.

仅仅是一种语言现象，从根本上讲，隐喻是一种认知现象，是通过另一类事物来理解和经历某一事物。[1]隐喻性思维是人类认识事物、建立概念系统的一条必由之路。

束定芳概括隐喻的本质有四：隐喻是一种认知现象；隐喻是一种语用现象；隐喻是两个不同语义领域的互动；隐喻是一种述谓现象。[2]

语言中的隐喻正是这种认知活动的反映，且是一种与语境密切相关的语言使用现象。隐喻就是人们以某一领域的经验来看待或认识另一领域的一种认知方式，目的是使语言表述形象、明确、有新意。当隐喻成为常态化，缺失陌生化效果后便会成为死喻。死喻就自然沉积在词义系统中成为引申义。故隐喻的意义就是由源域事物的部分特征向目的域映射。

转喻、隐喻不仅是两种认知方式，还是词义引申之真正动因。二者在词义引申中主要是通过人类的联想思维起作用。"在特定情况下，甲事物与乙事物之间有没有引人注目的联系，能否引起人们的联想，能引起人们怎样的联想，在某种程度上是由民族认知心理、思维模式直接或间接决定的。"[3]联想让两个事物建立起一定的联系。如高守纲先生认为："一个词能由指称这种对象而引申为指称另一种对象，是基于这两种对象具有一定的关系，这种关系就是词义引申的根据。"[4]"也就是基本义与引申义所反映的概念间的各种关系。"[5]相关联想在转喻中起决定性作用，相似联想在隐喻中意义更重大。总之，转喻和隐喻的区别主要在于两个相关概念或词语之间是一种替换关系还是相似关系。

二、语法转喻

在人的认知行为中，事物与其相关行为、动作具有极强的邻近性。这构成了转喻引申中较普遍的一种情况——语法转喻。

---

1 转引束定芳. 隐喻学研究 [M]. 上海：上海外语教育出版社，2000:29.

2 束定芳. 隐喻学研究 [M]. 上海：上海外语教育出版社，2000:28-50.

3 杨运庚，郭芹纳. 古汉语词义引申的心理认知、思维模式底蕴——以《段注》词义引申规律为例 [J]. 社会科学论坛，2003(9):109-114.

4 高守纲. 古汉语词义通论 [M]. 北京：语文出版社，1994:189.

5 程俊英，梁永昌. 应用训诂学 [M]. 上海：华东师范大学出版社，2008:52.

1.雨，原为雨水，引申为动词"降雨"。如：

(1) 雨我公田，遂及我私。（《诗经·小雅·大田》）

2.土，本为土地，后引申为动词"度；测量"。如：

(2) 凡建邦国，以土圭土其地而制其域。（《周礼·地官·大司徒》）

——郑玄注："土其地，犹言度其地。"孙诒让正义引俞樾云："土度声近通用。"

3.席，原是名词席子，引申为动词"布席而坐"。如：

(3) 赵旃夜至于楚军，席于军门之外，使其徒入之。（《左传·宣公十二年》）

——杜预注："席，布席坐。"

(4) 七十杖于朝，君问则席。（《礼记·祭义》）

——郑玄注："为之布席于堂上而与之言。"

4.鼻，本为名词鼻子，后引申为动词"穿兽鼻"。如：

(5) 鼻赤象，圈巨狿。（《文选》张衡《西京赋》）

——薛综注："谓能庋象鼻。"

5.桑，本为名词"桑树"，后引申为动词"采桑"。如：

(6) 春幸茧馆，率皇后列侯夫人桑。（《汉书·元后传》）

——颜师古注："桑，采桑也。"

6.身体，本为名词，指人或动物的全身，后引申为动词"亲身履行"。如：

(7)墨子者，显学也，其身体则可，其言多而不辩，何也？（《韩非子·外储说左上》）

7.冠，本为名词"帽子"，后引申为动词"戴冠"。如：

(8) 丘少居鲁，衣逢掖之衣；长居宋，冠章甫之冠。（《礼记·儒行》）

(9) 庄子曰："周闻之，儒者冠圜冠者，知天时；履句屦者，知地形。"（《庄子·田子方》）

(10) 静郭君来，衣威王之服，冠其冠，带其剑。（《吕氏春秋·知士》）

8.冕，本为名词，是指古代天子、诸侯、卿、大夫等行朝仪、祭礼时所戴的礼帽，后引申为动词"戴冕"。如：

(11) 一人冕执刘，立于东堂；一人冕执钺，立于西堂。（《尚书·顾命》）

(12) 诸侯适天子，必告于祖，奠于祢，冕而出视朝。（《礼记·曾子问》）

9. 弁，本为名词，是一种"冠名"，后引申为动词"戴弁"。如：

(13) 王与大夫尽弁，以启金縢之书。（《尚书·金縢》）

10. 屦，本为名词，指单底鞋，后引申为动词"穿鞋"。如：

(14) 亲戚之不仕与倦而归者，不在东阡在北陌，可杖屦来往也。（韩愈《孔公墓志铭》）

11. 衣，本为名词"上衣"，后引申为动词"穿（衣服）"。如：

(15) 君子虽贫，不粥祭器；虽寒，不衣祭服；为宫室，不斩于丘木。（《礼记·曲礼下》）

(16) 妾不衣帛，马不食粟，可不谓忠乎？（《左传·成公十六年》）

12. 裘，本义名词，指用毛皮制成的御寒衣服，后引申为动词"穿上毛皮衣"。如：

(17)（孟冬之月）是月也，天子始裘。（《礼记·月令》）

(18) 仲都冬倮而体温，夏裘而身凉。（三国 魏 嵇康《答向子期难养生论》）

13. 腰绖，本为名词，指缚在腰间的麻带，后引申为动词"腰束麻带"。如：

(19) 闵子要绖而服事。（《公羊传·宣公元年》）

(20) 孔子要绖，季氏飨士，孔子与往。（《史记·孔子世家》）

14. 棘，本为名词，指酸枣树，后引申为动词"刺，戳"。如：

(21) 岂不日戒，猃狁孔棘。（《诗经·小雅·采薇》）

(22) 我为直兮棘吾趾，我为曲兮不如其已。（宋 黄庭坚《龙眠操》之一）

15. 雉，本为名词"野鸡"，后引申为动词"猎取野鸡"。如：

(23) 文王之囿方七十里，刍荛者往焉，雉兔者往焉，与民同之。（《孟子·梁惠王下》）

16.火，本为火焰，后引申为动词"焚烧；焚毁"。如：

（24）夏，成周宣榭火，人火之也。（《左传·宣公十六年》）

17.鼓，本为名词，指一种"打击乐器"，后引申为动词"击鼓"。如：

（25）五虞：一鼓走疑，二备从来，三佐车举旗，四采虞人谋，五后动捻之。（《逸周书·大武》）

（26）鼓，用牲于社。（《春秋·庄公二十五年》）

——杜预注："鼓，伐鼓也。"

18.坛，本为名词，指"高台"，后引申为动词"筑坛"。如：

（27）维元祀，巡守四岳八伯，坛四奥，沈四海，封十有二山，兆十有二州。（《尚书大传》卷一）

19.疾，本为名词，指"病痛"，后引申为动词"患病"。如：

（28）故奉牲以告曰："博硕肥腯"，……谓其不疾瘯蠡也，谓其备腯咸有也"。（《左传·桓公六年》）

——孔颖达疏："不疾者，犹言不患此病也。"

（29）简子疾，五日不知人。大夫皆惧，于是召扁鹊。（《史记·扁鹊仓公列传》）

20.足，本为名词"脚；腿"，引申为动词"用足踢或踏"。如：

（30）生貔豹，搏豺狼，手熊罴，足壄羊。（《文选》司马相如《上林赋》）

——李善注引郭璞曰："足，谓踏也。"

21.手，本为名词，指人体上肢腕以下持物部分，引申为动词"执持"。如：

（31）武王乃手大白以麾诸侯，诸侯毕拜，遂揖之。（《逸周书·克殷》）

——朱右曾校释："手，持也。"

22.庙，本为旧时供祀先祖神位之建筑，引申为动词"立庙"。如：

（32）有子则庙，庙则书葬；无子不庙，不庙则不书葬。（《公羊传·庄公三十二年》）

——何休注："庙，则立庙也。"

三、指称转喻

指称转喻在名物词的引申中是比较常见的。通过对《白虎通》名物词引申义梳理，总结指称转喻有五类：原材料代替成品器物；个体代替全体；部分代替整体或整体代替部分；具体代替抽象；具体事物转指与之有关的人。

（一）由原材料代替成品器物

1. 木，本为木本植物之通称，后引申指船或筏。如：

（33）利涉大川，乘木有功也。（《周易·涣》）

——王弼注："木者，专所以涉川也。"高亨注："木，指船……谓其乘船渡水而有功也。"

又引申为"棺椁"。如：

（34）原壤登木曰："久矣予之不托于音也。"（《礼记·檀弓下》）

——郑玄注："木，椁材也。"

（35）如是而嫁，则就木焉。（《左传·僖公二十三年》）

2. 竹，本为竹子，引申为箫管笙笛之类。如：

（36）歌者在上，匏竹在下，贵人声也。（《礼记·郊特牲》）

——郑玄注："竹，篪笛也。"

（37）匏竹利制，大不逾宫，细不过羽。（《国语·周语下》）

——韦昭注："竹，箫管也。"

3. 玉，本义是玉石，后泛指玉石之制品。如圭璧、玉佩、玉簪、玉带等。如：

（38）修五礼、五玉、三帛、二生、一死，贽。（《尚书·舜典》）

——孔颖达疏："五玉，公、侯、伯、子、男所执之圭璧也。"

（39）君无故，玉不去身。（《礼记·曲礼下》）

——孔颖达疏："玉，谓佩也。"

4. 丝，本为"细丝"，后引申为"丝织品"。如：

（40）爰有大物，非丝非帛，文理成章。（《荀子·赋》）

（41）祢布与丝，不知异兮。（《战国策·楚策四》）

5. 革，本为去毛并经过加工的兽皮，后引申指由革制成的甲胄。如：

（42）故坚革利兵不足以为胜，高城深池不足以为固，严令繁刑不足以为威。（《史记·礼书》）

（43）掉弃兵革，私习篷篱。（唐 韩愈《元和圣德诗》）

6. 麻，本专指大麻，后来成为麻类植物之总名，又由于麻的茎皮纤维可以制衣，故引申指麻布丧服。如：

（44）麻者不绅，执玉不麻，麻不加于采。（《礼记·杂记下》）

—— 郑玄注："麻，谓绖也。"

（45）免麻于序东。（《礼记·奔丧》）

—— 郑玄注："麻，亦绖带也。"

7. 苇，本为芦苇，后引申为"小舟"。如：

（46）纵一苇之所如，凌万顷之茫然。（宋 苏轼《前赤壁赋》）

8. 狐白，本为狐狸腋下的白毛皮，转喻引申指"狐白裘"。如：

（47）士不衣狐白。（《礼记·玉藻》）

9. 絺绤，本为葛布之统称，后引申为葛服。如：

（48）当暑，袗絺绤，必表而出之。（《论语·乡党》）

（49）故圣人之举事也，进退不失时，若夏就絺绤，上车授绥之谓也。（《淮南子·缪称训》）

10. 皮毛，本义是禽兽的皮和毛的总称，后引申指皮裘。如：

（50）冬日衣皮毛。（《庄子·让王》）

（二）由个别代替一般

1. 泉，本意是泉水，后泛指江河湖海之水。如：

（51）鱼鳖归其泉，鸟归其林。（《逸周书·文传》）

（52）分千树一叶之影，即是浓阴；减四海数滴之泉，便为膏泽。（唐 范摅《云溪友议》卷一）

2. 渎，本义沟渠，后泛指江河大川。如：

（53）中古之世，天下大水，而鲧禹决渎。（《韩非子·五蠹》）

（54）天下大水四，谓之四渎，江、河、淮、济是也。（《释名·释水》）

3. 江，上古时期是专指"长江"，后来泛指江河。如：

（55）九江孔殷。（《尚书·禹贡》）

—— 孔颖达疏："江以南，水无大小，俗人皆呼为江。"

4. 河，专指黄河，后成为河流的通称。如：

(56) 君子偕老，副笄六珈。委委佗佗，如山如河。（《诗经·墉风·君子偕老》）

(57) 罢池陂陁，下属江河。（《汉书·司马相如传上》）

—— 颜师古注引文颖曰："冀州凡水大小皆谓之河。"

5. 棘，本义是带刺的酸枣树，泛指有芒刺的草木。如：

(58) 沓至乎商王纣，天不序其德，祀用失时……天雨肉，棘生乎国道。（《墨子·非攻下》）

(59) 斩丛棘，夷野草。（汉 扬雄《羽猎赋》）

6. 野，本是指"郊外"，后引申泛指村野。如：

(60) 土地博大，野不可以无吏。（《管子·权修》）

7. 郊，本义为郊外，后泛指城外，野外，所指范围更大。如：

(61) 伍举奔郑，将遂奔晋。声子将如晋，遇之于郑郊。（《左传·襄公二十六年》）

8. 鼓，本义是打击乐器，后泛指器乐。古代鼓用以节制其他乐器，古人以为群音之长。如：

(62) 奏鼓简简，衎我烈祖。（《诗经·商颂·那》）

—— 郑玄笺："奏鼓，奏堂下之乐也。"

(63) 有娀氏有二佚女，为之九成之台，饮食必以鼓。（《吕氏春秋·音初》）

—— 高诱注："鼓，乐。"

9. 环，本指圆圈形的玉器。后泛指圆形之物品。如：

(64) 游环胁驱，阴靷鋈续。（《诗经·秦风·小戎》）

—— 郑玄笺："游环，靷环也。"

10. 师，甲骨文 像古代兵符，本义已经消失。《说文·帀部》："师二千五百人为师。从帀从 。"后引申泛指军旅、军队。如：

(65) 王于兴师，修我戈矛，与子同仇。（《诗经·秦风·无衣》）

(66) 公子友帅师败莒师于犁。（《春秋·僖公元年》）

(67) 十一年正月甲子，誓于牧野，伐商纣。纣师败绩。（《史记·齐太公世家》）

11. 道，本义是道路，泛指各种通路。如：

(68) 四肢六道，身之体也。（《管子·君臣下》）

—— 尹知章注："六道谓上有四窍，下有二窍也。"

12. 旅，本义是一种军队编制，引申后泛指军队。如：

(69) 王赫斯怒，爰整其旅。《诗经·大雅·皇矣》

—— 毛传："旅，师。"

(70) 进而击赵不能取，退而攻韩弗能拔，则陷锐之卒勤于野战，负任之旅罢于内攻。（《韩非子·存韩》）

13. 币，本义是"缯帛"，古代常作祭祀或馈赠之礼品。后泛指车马皮帛玉器等聘享之物。如：

(71) 凡执币者，不趋，容弥蹙以为仪。（《仪礼·士相见礼》）

—— 胡培翚正义："散文则玉亦称币，《小行人》'合六币'是也；对文则币为束帛、束锦、皮马及禽挚之属是也。"

(72) 哀姜至，公使大夫、宗妇觌用币。（《国语·鲁语上》）

14. 杖，本为手杖，后泛指棍棒或棒状物。如：

(73) 衣铁甲操铁杖以战。（《吕氏春秋·贵卒》）

15. 房，正室两旁之房间，后泛指各类房屋。如：

(74) 姱容修态，絚洞房些。（《楚辞·招魂》）

—— 王逸注："房，室也。"

16. 屋，本义"帷幄"，泛指房舍，房屋。如：

(75) 象曰："丰其屋，天际翔也。"（《周易·丰》）

(76) 在其板屋，乱我心曲。（《诗经·秦风·小戎》）

(77) 广厦阔屋，连闼通房，人之所安也。（《淮南子·齐俗训》）

17. 弁，由专指古代男子穿礼服时所戴之冠，后泛指帽子。如：

(78) 野弁欹还整，家书拆又封。（唐 陆龟蒙《江墅言怀》）

18. 屦，本指草鞋，后泛指各种鞋。如：

(79) 屦人掌王及后之服屦。（《周礼·天官·屦人》）

19. 丘山，本义为山丘；山岳，后泛指山林。如：

(80) 时年七十，遂隐丘山，悬车告老。（汉 蔡邕《陈太丘碑文》）

(81) 少无适俗韵，性本爱丘山。（晋 陶潜《归田园居》）

20. 耒耜，本指耕地翻土之农具，后总称农具。如：

(82) 陈良之徒陈相，与其弟辛，负耒耜而自宋之滕。（《孟子·滕文公上》）

21. 师旅，本为军队编制，后引申指军队。如：

(83) 左右陈行，戒我师旅。（《诗经·大雅·常武》）

(84) 然迫近北夷，师旅亟往，中国委输，时有奇羡。（《史记·货殖列传》）

22. 吉服，本为古祭祀时所着之服为吉服。后泛指各种礼服。如：

(85) 皇太后御崇德殿，百官皆吉服。（《后汉书·安帝纪》）

(86) 我归自西，君反吉服。（唐 韩愈《祭穆员外文》）

23. 缁衣，本为黑帛做之朝服。后泛指黑色衣服。如：

(87) 天雨，解素衣，衣缁衣而反。（《列子·说符》）

24. 麻衣，本为上古时丧服，后泛指麻布衣，平民所穿。如：

(88) 楚人四时皆麻衣，楚天万里无晶辉。（唐 杜甫《前苦寒行》）

(89) 归路逢樵子，麻衣草结裳。（宋 谢翱《青箬亭》诗）

亦可指旧时举子所穿的麻织物衣服。如：

(90) 麻衣黑肥冲北风，带酒日晚歌田中。（唐 李贺《野歌》）

—— 王琦汇解："唐时举子皆着麻衣，盖苎葛之类。"

(91) 麻衣如再着，墨水真可饮。（宋 苏轼《监试呈诸试官》诗）

（三）由部分代替整体或整体代替部分

1. 陵，本义是大土山，后引申指坟墓、墓地。如：

(92) 昔者，圣王之治天下也，参其国而伍其鄙，定民之居，成民之事，陵为之终。（《国语·齐语》）

—— 韦昭注："以为葬地。"

2. 眉，本义是眉毛，引申后借指美女。如：

(93) 五纪归来鬓未霜，十眉环列坐生光。（宋 苏轼《苏州闾丘江

君二家雨中饮酒》）

3. 衣，本为"上衣"，后泛指衣服。如：

（94）岂曰无衣？与子同袍。（《诗经·秦风·无衣》）

（95）平子每岁贾马，具从者之衣履，而归之于乾侯。（《左传·昭公二十九年》）

4. 裳，本指"下身穿的衣裙"，引申泛指衣服。如：

（96）美人戒裳服，端饰相招携。（《文选》南朝 宋 谢惠连《捣衣》）

—— 吕向注："谓美人之徒象备整衣裳服饰，饰以相招携也。"

（97）于时戎车外动，王命相属，裳冕委蛇，韬轩继路。（《宋书·索虏传》）

5. 桑，本为桑树，后指蚕桑之事。如：

（98）是则一夫耕，百人食之；一妇桑，百人衣之。以一奉百，孰能供之？（汉 王符《潜夫论·浮侈》）

6. 足，本指脚、腿，后代指整个身体。如：

（99）何亲揆发足，周之命以咨嗟？（《楚辞·天问》）

—— 朱季海解故："谓指武王弗豫时事，'发足'自谓武王之躬，亲揆之者，或缘省疾，或缘将自以为质，俾上告三王，以代王发之身，且先有事乎受代者之躯体云尔。"

7. 发肤，本为头发和皮肤，后借指身体。如：

（100）沾体涂足，暴其发肤，尽其四支之敏，以从事于田野。（《国语·齐语》）

8. 瞳子，本为瞳孔，后泛指眼睛。如：

（101）舜二瞳子，是谓重明。（《淮南子·修务训》）

（102）嵇中散语赵景真："卿瞳子白黑分明，有白起之风。"（南朝 宋 刘义庆《世说新语·言语》）

（四）由具体代替抽象

1. 柳，本义是柳树，后代指春天。经常组合成柳风、柳信，表示春天。如：

（103）兰露重，柳风斜，满庭堆落花。（唐 温庭筠《更漏子》之二）

2. 火，引申指古代服饰之火焰图案。如：

（104）予欲观古人之象……宗彝、藻、火、粉、米、黼、黻、絺、绣，以五采彰施于五色作服。（《尚书·益稷》）

——孔传："火为火字也。"

（105）火、龙、黼、黻，昭其文也。（《左传·桓公二年》）

——杜预注："火，画火也。"

3. 金，原来是指"铜"，引申转指"金黄色"。如：

（106）赤芾金舄，会同有绎。（《诗经·小雅·车攻》）

——郑玄笺："金舄，黄朱色也。"

4. 路，本为道路，引申比喻仕途，权位。如：

（107）夫子当路于齐，管仲、晏子之功，可复许乎？（《孟子·公孙丑上》）

——赵岐注："路，仕路。"

5. 律吕1，原来是指古代校正乐律的器具。后亦用以指乐律或音律。如：

（108）律吕不易，无奸物也。（《国语·周语下》）

（109）律吕既和，哀声五降。（汉 马融《长笛赋》）

（五）由具体事物转指与之有关的人

1. 马，本义是"马匹"，后引申指"骑兵"。如：

（110）时（神武军）马不满二千，步兵不至三万，众寡不敌。（《北齐书·神武帝纪上》）

2. 绅，绅带，引申为"用绅带的人士"，词义为绅士。如：

（111）邑有公事，当集诸绅会议。（清 无名氏《王氏复仇记》）

3. 布衣，布制的衣服。因古代平民不能衣锦绣，故用布衣借指平民。如：

（112）古之贤人，贱为布衣，贫为匹夫，食则饘粥不足，衣则竖褐不完。（《荀子·大略》）

（113）布衣之怒，亦免冠徒跣，以头抢地尔。（《战国策·魏策四》）

4. 章甫，本为商代的一种黑色礼冠，后借指仕宦。如：

（114）辄以山水为富，不以章甫为贵，任性浮沉，若淡兮无味。（北魏 杨衒之《洛阳伽蓝记·正始寺》）

5. 白裘，用狐腋的白毛皮做成的衣服，借指富贵者。如：

（115）狐白登廊庙，牛衣出草莱。(唐 袁朗《和洗掾登城南坂望京邑》)

6. 兵，兵器，后转指用兵器的人，词义为兵卒、军队。如：

（116）败其徒兵于洧上。（《左传·襄公元年》）

—— 杜预注："徒步，步兵。"

（119）必以长安君为质，兵乃出。（《战国策·赵策四》）

四、隐喻认知

心理语言学对于隐喻研究主要从两个方面，其中重要的一方面就是隐喻研究中的视觉性问题。因此我们重在探索词义引申中感官特点的描写，找出前后义位之间的相似性。

1. 斗，本指古代挹酒器名称，引申指"北斗"。亦是斗形的量器名称。语义领域由器物到星象，引申前后两个义位"形状相似"。如：

（120）丰其蔀，日中见斗。（《周易·丰》）

—— 李鼎祚集解引虞翻曰："斗，七星也。"

2. 牛，牛性倔强，因以喻人性拗。语义领域由动物到人，引申前后的两个义位"性格相似"。如：

（121）昕好忤物，人谓之牛。（《北史·邢昕传》）

3. 鸾，本为"鸾鸟"之义，后引申借指"姬妾"。语义领域由禽类到人，引申前后两个义位"性别相同""特征相似"。如：

（122）今日东方至，鸾销珠镜前。（唐 杨炯《和崔司空伤姬人》）

4. 芝，本为灵芝一类的菌类。引申指形如菌盖的东西，多指车盖。语义领域由植物到器物，引申前后两个义位"形状相似"。如：

（123）于是乘舆乃登夫凤皇兮而翳华芝。（《文选》扬雄《甘泉赋》）

—— 李善注引服虔曰："华芝，华盖也。"

5. 玉，本为玉石，后引申比喻美德、贤才。引申前后两个义位"特征相似"。如：

（124）君子比德于玉。（《礼记·聘义》）

（125）知我者希，则我者贵，是以圣人被褐怀玉。（《老子》）

6. 首，本义是头，后引申为"君长；首领"。语义领域由身体器官转移到人，引申前后两个义位"特征相似"。如：

(126) 股肱喜哉，元首起哉，百工熙哉。（《尚书·益稷》）

—— 孔传："元首，君也。"

(127) 成者为首，不成者为尾。（《庄子·盗跖》）

7. 柳，本为柳树，后引申比喻美女。多用以指歌姬、娼妓。语义领域由植物到人，前后义位之间为"形态相似"。如：

(128) 见了千花万柳，比并不如伊。（宋 柳永《玉蝴蝶》）

8. 虎，本义为"老虎"，后引申比喻威武勇猛。语义领域从动物到人，引申前后两个义位"特征相似"。如：

(129) 矫矫虎臣，在泮献馘。（《诗经·鲁颂·泮水》）

9. 鹿，本为动物名，后引申比喻政权或爵位。语义领域从动物到爵位，引申前后两个义位"特征相似"。如：

(130) 秦失其鹿，天下共逐之。（《史记·淮阴侯列传》）

—— 裴骃集解引张晏曰："以鹿喻帝位也。"

10. 足，本为脚或腿。后引申指器物下部形状像腿之支撑物。语义领域从身体到器物，引申前后两个义位"形状、功能相似"。如：

(131) 九四，鼎折足，覆公𫗧，其形渥，凶。（《周易·鼎》）

11. 金，本为"铜"，后引申泛指坚固的城。语义领域由金属到建筑，引申前后两个义位"特征相似"。如：

(32) 城外为之郭，郭外为之阆。地高则沟之，下则堤之，命之曰金城，树以荆棘，上相穉著者，所以为固也。（《管子·度地》）

进一步引申比喻贵重。引申前后两个义位"性质相似"如：

(133) 懿律嘉量，金科玉条。（《文选》扬雄《剧秦美新》）

—— 李善注："金科玉条，谓法令也。言金玉，贵之也。"

12. 渊泉，深泉，后引申比喻思虑深远。语义领域由具体山川到抽象意识，引申前后两个义位"程度相似"。如：

(134) 溥博渊泉，而时出之。（《礼记·中庸》）

13. 泰山，本为山名，后因经常作为帝王封禅之所，引申比喻重大或有价值的事物。语义领域由山岳转移到事物，引申前后两个义位"功能相似"。如：

(135) 夫萧规曹随，留侯画策，陈平出奇，功若泰山，响若坻隤。(汉 扬雄《解嘲》)

14. 丘山，本为山丘，后引申比喻重、大或多。语义领域由山川转移到事物，引申前后两个义位"体量相似"。如：

(136) 及至青戎摽末之功，一言之劳，然犹皆蒙丘山之赏。(《汉书·王莽传上》)

(137) 故乃建丘山之功，享不訾之誉。(汉 陈琳《檄吴将校部曲文》)

15. 枝叶，引申比喻同宗的旁支，语义领域从植物到人，引申前后两个义位"性质相似"。如：

(138) 公族，公室之枝叶也；若去之，则本根无所庇荫矣。(《左传·文公七年》)

16. 附庸，本为附属于诸侯大国的小国。后引申喻指处于次要地位、从属地位。语义领域由具体到抽象，引申前后两个义位"性质相似"。如：

(139) 文坛耻说为偏将，酒国甘居是附庸。(清 钱泳《履园丛话·谈诗·以诗存人》)

17. 律吕 2，指古代校正乐律的器具，后比喻准则、标准。语义领域由器物扩展到人的行为，引申前后两个义位"功能相似"。如：

(140) 至于臣者，自知最为浅陋，顾贪恩待，趋以就事，丛杂乖戾，律吕失次。(唐 韩愈《进撰平淮西碑文表》)

18. 皮毛，本为禽兽的皮和毛的总称，后引申比喻表面的、肤浅的东西，多指学识。语义领域由动物转移到事物，引申前后两个义位"位置相似"。如：

(141) 勉哉造其微，勿逐皮毛粗。(宋 叶适《王氏读书堂》)

小 结

认知方式是词义引申的动因，我们通过对《白虎通》名物词引申义整理，发现如下几个特点：

1. 人类认知方式有一定的倾向性。联想思维最为常用，在人类的思维中以"就近原则"为优，故相关联想使用率更高。因此在词义引申中转喻比隐喻的情况更为普遍。在转喻引申中"个别代替一般"的情况要多于其他几种，这就充分体现转喻认知中的"邻近性"特点。

2. 在隐喻认知的作用下，词义在变化过程中，人们首先注意到事物的视觉特征，在视觉范畴中又习惯性地首选外在形状、特征作为引申源点。如"足"，引申指器物下部形状像腿的支撑部分，前后义位之间"形体相似"。又如"柳"，本为柳树，后引申比喻美女，前后义位之间"形态相似"。

3. 在隐喻认知的作用下，词义引申更多的情况是从物转到人。如"鸾"，本为鸾鸟，后引申借指"姬妾"。虎，本义为"老虎"，后引申比喻人之威武勇猛。从人转指到物的较少。这说明人类思维的以"自我为中心"特点。其实，隐喻认知的出现就已经昭示着人类在以"我"之感受"度量"世界。

4. 隐喻和转喻作为两种认知方式，是推动词义变化的动因，但是隐喻和转喻也会受到其他社会文化的影响和制约。如中国玉文化源远流长，经常以玉比德、以玉喻贤才。所以在古代词汇中玉有美好、珍贵、美德、洁白之义。如玉食、玉女、玉锦、玉体。可见，礼俗文化、宗法社会、审美观念等对隐喻和转喻认知方式有一定的影响。

总之，隐喻和转喻是推动词义演变之动因，但是汉民族的文化传统、社会制度和审美心理等会影响词义发展方向。故名物词的词义研究不仅是语言学研究范畴，也是研究我们民族文化的物质载体。

结　语

本文重点研究《白虎通》之名物词。在对每一类词语进行使用义确定基础上，我们对名物词词义演变情况进行较全面地描写与分析，初步探究了《白虎通》中名物词词义引申方向、引申结果与词义引申动因等相关问题。

一、确立名物词判断标准

通过对传统训诂学名物资料的研究和梳理，结合现代语义学的相关理论，我们首先对名物词进行考证和界定。名物词是人们能从颜色、形状、功能、质料等角度对特定具体之物加以辨别认识的结果，是关于具体特定之物的名称。

名物词确立的标准：

1. 该词为名词。

2. 该词能与物质世界某一事物相对应，所指明确。

3. 能揭示种属、性质、功能、色泽、质地、形制等方面的差异性特征。

二、名物词分类描写

参考《释名》《尔雅》等传统训诂学著作分类标准，根据《白虎通》11 卷内容及其所涉及名物的类聚关系，将《白虎通》654 个名物词分为11 大类，分别为：星象、山川、品物、封国、宗教、军旅和刑罚、器具、饮食、服饰、居室、身体。其中器物类名物词 122 个、宗教类名物词 90个、服饰类名物词 85 个、居室类名物词 77 个。根据文献测查和数据统计，654 个名物词中，单音词 330 个，占名物词的总数的 50.5%，双音词 314 个，占名物词总数的 48.0%。名物词双音化程度较高。东汉是汉语词汇合成造词之初始阶段，《白虎通》正处于这个时期，故首例词条出自《白虎通》的 32 个名物词均为复音词，可以看出其所处的时代创造新词时更多采用合成造词法。

三、双音节名物词成词与构成机制

1.《白虎通》中双音词为 314 个，其中修饰补充结构双音词 222 个，占总数的 71%，并列式双音词 62 个，占总数的 19.4%，动宾式，主谓式合成词数量较少，没有附加式。

2. 在 11 类名物词中双音化程度不均。其中有 7 类双音节名物词超过单音节名物词，星象类超出 2%，山川类超出 12%，品物类超出 2%，封国类超出 16%，宗教类超出 4%，服饰类超出 22%，居室类超出 12%。双音化最高的是服饰类、封国类、居室类。

3. 通过对双音词构词语素进行义素分析，我们看到是构词语素的某一个义位参与成词，而在此义位中特征义素对于合成词词义影响巨大，产生"图形 - 背景"认知。这一认知活动帮助人们快速理解合成词词义。

4. 双音词成词机制多元。语言内部的自我调节是双音词出现的内因，韵律要求是双音词产生的外因，而社会物质生活的发展与进步、人们审美思想的改变以及人类求新求异的心理等客观因素一起推动双音词出现并逐渐发展壮大。

四、《白虎通》词义变化分析

（一）引申类型

通过引申路径梳理，名物词引申方向以及引申能力一目了然。

1. 引申类型的特点。单纯使用连锁式引申方式较少，辐射式次之，复合式引申最多。

2. 引申能力的特点。专有名词引申能力较弱，单音词引申能力好于双音词，常用词引申能力较强，功能单一的名物词引申能力较弱。

3. 义素对引申的影响。特征义素决定词义引申的方向，遗传义素是引申的脉络。遗传义素与特征义素重合，往往成为词义引申的聚焦点。

（二）引申结果

1. 从引申结果来看，词义转移更为普遍，词义扩大不多，词义缩小少见，在词义转移中还有少数属于复合转移。

2. 词义范围扩大，主要是以事物的局部代替整体。词义范围扩大主要是区别性义素变宽造成的。

3. 词义范围缩小，主要是源于古今词义演变时词义专指或者特指，在义素分析上看，就是增加了某些表示领属、性质的区别性义素。

4. 复合式转移是既有转移又包含缩小、扩大的情形。

（三）名物词词源义梳理

在一组同源词中源词多是常用词，且具有一定形象性的独体字。如此才能够不断增加形符孳乳分化。另外，同源词产生与人类的认知方式有关，相关联想介入造词之后，造词时就会下意识地使用类比思维，一系列的同源分化词便大量产生。词源义是探索词与词之间联系的媒介，是解析名物命名之理据。

（四）认知与词义变化

1. 人类的认知方式有一定的倾向性。联想思维最为常用，在人类思维中以"就近原则"为优，所以转喻认知的使用率较高。

2. 在隐喻认知影响下，词义在变化过程中，人们首先注意到事物的整体视觉特征，在视觉范畴里习惯性地首选外在形状、特征作为引申的源点。

3. 在隐喻认知方式下，更多的词义引申是从物转指人。它揭示人类思维中以"自我为中心"的特点。隐喻认知昭示着人类在以"我"之感受度量世界。

总之，隐喻和转喻是词义变化的内在动因，引申类型是词义变化的过程，义位的扩大、缩小和转移是词义变化的结果，系联同源词、探索词源义是寻找名物词命名之理据。名物词词义的演变与社会物质生活密切相关。

参考文献

字书、词典类

[1] （汉）许慎．说文解字 [Z]．上海：上海古籍出版社，2007.

[2] （清）段玉裁．说文解字注 [Z]．上海：上海古籍出版社，1981.

[3] （清）郝懿行．尔雅义疏 [Z]．上海：上海古籍出版社，1983.

[4] （清）王先谦．释名疏证补 [Z]．上海：上海古籍出版社，1984.

[5] （清）张玉书．康熙字典 [Z]．北京：北京师范大学出版社，1997.

[6] （清）朱骏声．说文通训定声 [Z]．北京：中华书局，1984.

[7] 迟文浚．诗经百科辞典（上）[Z]．沈阳：辽宁人民出版社，1998.

[8] 刘钧杰．同源字典补 [Z]．北京：商务印书馆，1999.

[9] 罗竹风．汉语大词典 [Z]．上海：汉语大辞典出版社，1994.

[10] 王力．王力古汉语字典 [Z]．北京：中华书局，2000.

[11] 王力．同源字典 [Z]．北京：商务印书馆，1999.

[12] 向熹．诗经词典 [Z]．成都：四川人民出版社，1986.

[13] 徐中舒．汉语大字典 [Z]．成都、武汉：四川辞书出版社、湖北辞书出版社，1986.

[14] 杨伯峻，徐提．春秋左传词典 [Z]．北京：中华书局，1985.

[15] 张双棣．吕氏春秋词典 [Z]．济南：山东教育出版社，1993.

著作类

[1] (汉) 司马迁. 史记 (全三册) [M]. 北京: 中华书局, 2005.

[2] (汉) 郑玄注, (唐) 贾公彦疏. 仪礼注疏 [M]. 上海: 上海古籍出版社, 2008.

[3] (汉) 班固. 汉书 (全十二册) [M]. 北京: 中华书局, 1964.

[4] (汉) 班固. 白虎通德论 (影印本). [M]. 上海: 上海古籍出版社, 1990.

[5] (南朝宋) 范晔. 后汉书 (全二册) [M]. 长沙: 岳麓书社, 1994.

[6] (南朝梁) 顾野王. 原本玉篇残卷 (影印本) [M]. 北京: 中华书局, 1985.

[7] (唐) 释慧琳, (辽) 释希麟. 正续一切经音义 [M]. 上海: 上海古籍出版社, 1986.

[8] (清) 陈奂. 诗毛氏传疏 (影印本) [M]. 北京: 北京市中国书店, 1984.

[9] (清) 陈立. 白虎通疏证 [M]. 北京: 中华书局, 1994.

[10] (清) 方玉润. 诗经原始 [M]. 北京: 中华书局, 1986.

[11] (清) 胡承珙. 小尔雅义证 [M]. 合肥: 黄山书社, 2011.

[12] (清) 林昌彝. 三礼通释 (影印本) [M]. 北京: 北京图书馆出版社, 2006.

[13] (清) 刘宝楠. 论语正义 (全二册) [M]. 北京: 中华书局, 1990.

[14] (清) 阮元. 十三经注疏 [M]. 北京: 中华书局, 1980.

[15] (清) 孙希旦. 礼记集解 (全三册) [M]. 北京: 商务印书馆, 1935.

[16] (清) 孙星衍. 尚书今古文注疏 [M]. 北京: 中华书局, 1986.

[17] (清) 孙诒让. 周礼正义 (全七册) [M]. 北京: 中华书局, 2013.

[18] (清) 王先谦. 诗三家义集疏 [M]. 北京: 中华书局, 1987.

[19] 白云. 汉语常用动词历时与共时研究 [M]. 北京: 中国社会科学出版社, 2012.

[20] 董秀芳. 汉语的词库与词法 [M]. 北京: 北京大学出版社, 2004.

[21] 曹炜. 现代汉语词汇研究 [M]. 北京: 北京大学出版社, 2004.

[22] 曹炜. 现代汉语词义学 [M]. 上海: 学林出版社, 2001.

[23] 陈建生, 夏晓燕, 姚尧. 认知词汇学 [M]. 北京: 光明日报出版社, 2011.

[24] 陈鼓应. 老子注译及评介（修订增补本）[M]. 北京: 中华书局, 1984.

[25] 陈望道. 修辞学发凡 [M]. 上海: 复旦大学出版社, 2008.

[26] 程俊英, 梁永昌. 应用训诂学 [M]. 上海: 华东师范大学出版社, 2008.

[27] 丁凌华. 五服制度与传统法律 [M]. 北京: 商务印书馆, 2013.

[28] 符淮青. 现代汉语词汇（增订本）[M]. 北京: 北京大学出版社, 2004.

[29] 符淮青. 汉语词汇学史 [M]. 北京: 外语教学与研究出版社, 2012.

[30] 高春明. 中国服饰名物考 [M]. 上海: 上海文化出版社, 2001.

[31] 高守纲. 古汉语词义通论 [M]. 北京: 语文出版社, 1994.

[32] 葛本仪. 汉语词汇研究（重印本）[M]. 北京: 外语教学与研究出版社, 2009.

[33] 何九盈, 蒋绍愚. 古汉语词汇讲话 [M]. 北京: 北京出版社, 1980.

[34] 侯外庐. 中国思想通史 [M]. 北京: 人民出版社, 1957.

[35] 华梅. 服饰文化全览 [M]. 天津: 天津古籍出版社, 2007.

[36] 黄淬伯. 诗经考古 [M]. 北京: 中华书局, 2012.

[37] 黄能馥, 陈娟娟. 中国服饰史（重印本）[M]. 上海: 上海人民出版社, 2007.

[38] 黄金贵. 古代文化词义集释辨考 [M]. 上海: 上海教育出版社, 1995.

[39] 黄焯. 诗疏平议 [M]. 上海: 上海古籍出版社, 1985.

[40] 何自然, 冉永平. 语用与认知——关联理论研究 [M]. 北京: 外语教学与研究出版社, 2001.

[41] 贾彦德. 语义学导论 [M]. 北京: 北京大学出版社, 1986.

[42] 贾彦德. 汉语语义学 [M]. 北京: 北京大学出版社, 1999.

[43] 蒋绍愚. 古汉语词汇纲要 [M]. 北京: 北京大学出版社, 1989.

[44] 黎翔凤. 管子校注（全三册）[M]. 北京: 中华书局, 2004.

[45] 李葆嘉. 现代汉语析义元语言研究 [M]. 北京: 世界图书出版公司北京公司, 2013.

[46] 李圃. 古文字诂林（第一卷）[M]. 上海: 上海教育出版社, 1999.

[47] 刘叔新. 汉语描写词汇学 [M]. 北京: 商务印书馆, 2005.

[48] 刘兴均. 《周礼》名物词研究 [M]. 成都: 巴蜀书社, 2001.

[49] 刘兴均，黄晓冬．"三礼"名物词研究 [M]．北京：商务印书馆，2016.

[50] 刘泽华．中国政治思想史（秦汉魏晋南北朝卷）[M]．天津：南开大学出版社，1992.

[51] 陆宗达，王宁．训诂与训诂学 [M]．太原：山西教育出版社，1994.

[52] 裴瑞玲，王跟国．汉语语义问题研究 [M]．北京：光明日报出版社，2013.

[53] 钱玄．三礼名物通释 [M]．南京：江苏古籍出版社，1987.

[54] 钱宗武．今文《尚书》词汇研究 [M]．郑州：河南大学出版社，2012.

[55] 任学良．汉语造词法 [M]．北京：中国社会科学出版社，1981.

[56]（日）青木正儿著，范建明译．中华名物考（外一种）[M]．北京：中华书局，2005.

[57] 任继愈．中国哲学史（全四册）．[M].北京：人民出版社，1996.

[58] 金春峰．汉代思想史 [M]．北京：中国社会科学出版社，1987.

[59] 尚秉和．历代社会风俗事物考 [M]．南京：江苏古籍出版社，2002.

[60] 沈从文．中国古代服饰研究 [M]．北京：世纪出版集团，2005.

[61] 束定芳．隐喻学研究 [M]．上海：上海外语教育出版社，2000.

[62] 束定芳．现代语义学 [M]．上海：上海外语教育出版社，2000.

[63] 束定芳．认知语义学(重印本) [M]．上海：上海外语教育出版社，2009.

[64] 苏新春．汉语词义学 [M]．广州：广东教育出版社，1997.

[65] 孙亚．语用和认知概论 [M]．北京：北京大学出版社，2008.

[66] 孙银新．现代汉语词素系统研究 [M]．北京：中国社会科学出版社，2013.

[67] 孙雍长．训诂原理 [M]．北京：语文出版社，1997.

[68] 王凤阳．古辞辨 [M]．长春：吉林文史出版社，1993.

[69] 王力．汉语词汇史 [M]．北京：中华书局，2013.

[70] 王力．汉语史稿（重排本）[M]．北京：中华书局，2012.

[71] 王庆．词汇学论纲 [M]．北京：中国经济出版社，2013.

[72] 王希杰．显性语言与潜性语言 [M]．北京：商务印书馆，2013.

[73] 王寅．认知语言学 [M]．上海：上海外语教育出版社，2007.

[74] 王子今．秦汉名物丛考 [M]．北京：东方出版社，2016.

[75] 王作新．汉字结构系统与传统思维方式 [M]．武汉：武汉出版社，1999.

[76] 王作新. 中国古代文化语词类谭 [M]. 武汉: 华中师范大学出版社, 2007.

[77] 吴为善. 认知语言学与汉语研究 [M]. 上海: 复旦大学出版社, 2011.

[78] 吴锡有. 常用汉字字理 [M]. 长春: 长春出版社, 2012.

[79] 萧国政. 现代语言学名著导读 [M]. 北京: 北京大学出版社, 2009.

[80] 许葵花. 认知语境语义阐释功能的实证研究 [M]. 北京: 中国人民大学出版社, 2007.

[81] 许威汉. 汉语词汇学导论 (修订版) [M]. 北京: 北京大学出版社, 2008.

[82] 徐朝华. 上古汉语词汇史 [M]. 北京: 商务印书馆, 2003.

[83] 阎步克. 服周之冕——《周礼》六冕礼制的兴衰变异 [M]. 北京: 中华书局, 2009.

[84] 杨伯峻. 春秋左传注 [M]. 北京: 中华书局, 1981.

[85] 杨伯峻. 论语译注 [M]. 北京: 中华书局, 2009.

[86] 杨琳. 训诂方法新探 [M]. 北京: 商务印书馆, 2011.

[87] 扬之水. 诗经名物新证 (修订版) [M]. 天津: 天津教育出版社, 2012.

[88] 叶昌元. 字理——汉字部件通解 [M]. 北京: 东方出版社, 2008.

[89] 于首奎. 两汉哲学新探 [M]. 成都: 四川人民出版社, 1988.

[90] 曾昭聪. 汉语词汇训诂专题研究导论 [M]. 广州: 暨南大学出版社, 2010.

[91] 詹人凤. 现代汉语语义学 [M]. 北京: 商务印书馆, 1997.

[92] 战学成. 五礼制度与《诗经》时代社会生活 [M]. 北京: 中国社会科学出版社, 2014.

[93] 张国华. 中国秦汉思想史 [M]. 北京: 人民出版社, 1994.

[94] 张辉, 卢卫中. 认知转喻 [M]. 上海: 上海外语教育出版社, 2010.

[95] 张竞琼, 曹喆. 看得见的中国服装史 [M]. 北京: 中华书局, 2012.

[96] 张联荣. 古汉语词义论 [M]. 北京: 北京大学出版社, 2000.

[97] 张联荣. 汉语词汇的流变 (重印本) [M]. 郑州: 大象出版社, 2009.

[98] 张素凤. 汉字结构演变史 [M]. 上海: 上海古籍出版社, 2012.

[99] 章权才. 两汉经学史 [M]. 广州: 广东人民出版社, 1990.

[100] 周俊勋. 中古汉语词汇研究纲要 [M]. 成都: 巴蜀书社, 2009.

[101] 祝瑞开. 两汉思想史 [M]. 上海: 上海古籍出版社, 1989.

[102] 张志毅, 张庆云. 词汇语义学 (第三版) [M]. 北京: 商务印书馆, 2012.

[103] 赵克勤. 古代汉语词汇学 (重印本) [M]. 北京: 商务印书馆, 2010.

[104] 赵连赏. 服饰史话 [M]. 北京: 社会科学文献出版社, 2011.

[105] 周国光. 现代汉语词汇学导论 [M]. 广州: 广东高等教育出版社, 2004.

[106] 周光庆. 从认知到哲学: 汉语词汇研究新思考 [M]. 北京: 外语教学与研究出版社, 2009.

[107] 周荐. 汉语词汇结构论 (重印本) [M]. 上海: 上海辞书出版社, 2005.

[108] 周俊勋. 中古汉语词汇研究纲要 [M]. 成都: 巴蜀书社, 2009.

[109] 周振甫. 诗经译注 (修订本) [M]. 北京: 中华书局, 2010.

[110] 周祖谟. 汉语词汇讲话 (重印本) [M]. 北京: 外语教学与研究出版社, 2007.

[111] 张双棣. 吕氏春秋词汇研究 [M]. 北京: 商务印书馆, 2008.

学位论文类

[1] 车淑娅. 《韩非子》词汇研究 [D]. 杭州：浙江大学，2004.

[2] 陈长书. 《国语》词汇研究 [D]. 济南：山东大学，2005.

[3] 陈练文. 甲骨文心理动词研究 [D]. 武汉：武汉大学，2005.

[4] 丁喜霞. 中古常用并列双音词成词和演变研究 [D]. 杭州：浙江大学，2004.

[5] 高佳. 汉语服装量词的形成及演变研究 [D]. 成都：四川大学，2007.

[6] 关秀娇. 上古服饰词汇研究 [D]. 长春：东北师范大学，2016.

[7] 郭凤花. 甲骨文谓宾动词研究 [D]. 重庆：西南师范大学，2003.

[8] 郭玲玲. 《汉书》核心词研究 [D]. 武汉：华中科技大学，2013.

[9] 郭晓妮. 古汉语物体位移概念场词汇系统及其发展演变研究 [D]. 杭州：浙江大学，2010.

[10] 果娜. 中国古代婚嫁称谓词研究 [D]. 济南：山东大学，2012.

[11] 侯月明. 基于《汉语大词典》语料库的西周词汇研究 [D]. 济南：山东大学，2012.

[12] 胡波. 先秦两汉常用词演变研究与语料考论 [D]. 杭州：浙江大学，2014.

[13] 金河钟. 殷商金文词汇研究 [D]. 济南：山东大学，2008.

[14] 林琳. 中国上古涉酒词语研究 [D]. 长春：东北师范大学，2012.

[15] 刘青松. 《白虎通》义理声训研究 [D]. 北京：北京师范大学，2011.

[16] 刘晓静. 东汉核心词研究 [D]. 武汉：华中科技大学，2011.

[17] 刘正中. 甲骨文非祭祀动词配价初步研究 [D]. 广州：广州大学，2011.

[18] 鲁六. 《荀子》词汇研究 [D]. 济南：山东大学，2005.

[19] 马莲. 《扬雄集》词汇研究 [D]. 上海：华东师范大学，2006.

[20] 孟晓妍. 若干组先秦同义词的研究 [D]. 苏州：苏州大学，2008.

[21] 曲春雪. 武丁时期甲骨文双音词研究 [D]. 保定：河北大学，2011.

[22] 孙淑娟. 古汉语三个心理动词概念场词汇系统及其历史演变研究 [D]. 杭州：浙江大学，2012.

[23] 唐德正. 《晏子春秋》词汇研究 [D]. 济南：山东大学，2006.

[24] 王洪涌. 先秦两汉商业词汇—语义系统研究 [D]. 武汉: 华中师范大学, 2006.

[25] 王琪. 上古汉语称谓研究 [D]. 杭州: 浙江大学, 2005.

[26] 吴宝安. 西汉核心词研究 [D]. 武汉: 华中科技大学, 2006.

[27] 徐磊. 汉语"跌倒"类常用词历史演变的描写与解释 [D]. 武汉: 华中师范大学, 2010.

[28] 杨怀源. 西周金文词汇研究 [D]. 成都: 四川大学, 2006.

[29] 杨世铁. 先秦汉语常用词研究 [D]. 合肥: 安徽大学, 2007.

[30] 叶娇. 敦煌文献服饰词研究 [D]. 杭州: 浙江大学, 2009.

[31] 于飞. 两汉常用词研究 [D]. 长春: 吉林大学, 2008.

[32] 张艳. 帛书《老子》词汇研究 [D]. 上海: 复旦大学, 2008.

[33] 赵倩. 汉语人体名词词义演变规律及认知动因 [D]. 北京: 北京语言大学, 2007.

[34] 赵晓驰. 隋前汉语颜色词研究 [D]. 苏州: 苏州大学, 2010.

[35] 赵岩. 几组上古汉语军事同义词研究 [D]. 长春: 东北师范大学, 2006.

[36] 郑春兰. 甲骨文核心词研究 [D]. 武汉: 华中科技大学, 2007.

[37] 朱刚焄. 西周青铜器铭文复音词研究 [D]. 济南: 山东大学, 2006.

[38] 郭向敏. 《白虎通》声训词研究 [D]. 南宁: 广西师范大学, 2006.

[39] 刘冬红. 明代服饰演变与训诂 [D]. 南昌: 南昌大学, 2013.

[40] 刘洋. 《说文解字》与上古服饰 [D]. 郑州: 郑州大学, 2005.

[41] 吕伟. 战国至秦代词汇研究 [D]. 济南: 山东大学, 2011.

[42] 孙丽丽. 春秋时期词汇研究 [D]. 济南: 山东大学, 2012.

[43] 孙素娟. 明代服饰词语研究 [D]. 苏州: 苏州大学, 2010.

[44] 滕华英. 先秦汉语服饰词汇系统研究 [D]. 武汉: 华中师范大学, 2005.

[45] 王丽俊. 《白虎通》声训研究 [D]. 武汉: 华中师范大学, 2004.

[46] 王薇. 《仪礼》名物词研究 [D]]. 长春: 东北师范大学, 2005.

[47] 张雪玲. 《礼记》服饰名物词研究 [D]. 重庆: 重庆师范大学, 2013.

论文集类

[1] 程湘清. 先秦汉语研究 [C]. 济南: 山东教育出版社, 1982.

[2] 冯奇. 认知语言学与修辞学研究——2008 年国际研讨会论文集 [C]. 上海: 上海大学出版社, 2008.

[3] 符淮青. 词典学词汇学语义学文集 (重印本) [C]. 北京: 商务印书馆, 2004.

[4] 史存直著, 潘文国, 汪寿明, 李露蕾编. 史存直学术文集 [C]. 上海: 上海人民出版社, 2013.

[5] 王国维. 观堂集林 (外二种) [C]. 石家庄: 河北教育出版社, 2003.

[6] 张博. 张博词汇学论文集 [C]. 北京: 北京语言大学出版社, 2012.

[7] 张普. 张普应用语言学论文集 [C]. 北京: 北京语言大学出版社, 2012.

[8] 张世禄. 语言学论文集 [C]. 上海: 学林出版社, 1984.

[9] 《词汇学理论与应用》编委会. 词汇学理论与应用 (三) [C]. 北京: 商务印书馆, 2006.

[10] 语言文字应用研究所社会语言学研究室. 语言·社会·文化 [C]. 北京: 语文出版社, 1991.

期刊论文类

[1] 白瑞芬．从《白虎通》的声训条例看其语音特点 [J]．湖北社会科学，2011（10）．

[2] 曹景园．从语义角度看《说文解字》中的上古汉语服饰词汇 [J]．现代语文，2013（2）．

[3] 柴红梅．汉语词义演变机制例探 [J]．浙江社会科学，2014（6）．

[4] 邓明．古汉语词义感染例析 [J]．语文研究，1997（1）．

[5] 董为光．词义引申组系的"横向联系" [J]．语言研究，1991（2）．

[6] 董志翘．《中国古代服饰研究》在名物训诂方面的价值——纪念沈从文先生百年诞辰 [J]．淮阴师范学院学报（哲学社会科学版），2002（5）．

[7] 冯胜利．论汉语的韵律词 [J]．中国社会科学，1996（1）．

[8] 黄金贵．初谈名物训诂 [J]．语言研究，2011（4）．

[9] 黄金贵．论古代文化词语的训释 [J]．天津师范大学学报，1993（3）．

[10] 汲传波，刘芳芳．词义引申方式新探——从隐喻看引申 [J]．喀什师范学院学报，2001（4）．

[11] 季乃礼．论《白虎通》中"天"的混沌性与三纲六纪 [J]．齐鲁学刊，2000（3）．

[12] 江蓝生．说"麼"与"们"同源 [J]．中国语文，1995（3）．

[13] 蒋绍愚．词义的发展和变化 [J]．语文研究，1985（2）．

[14] 匡钊．《白虎通》与中国哲学传统 [J]．兰州大学学报（社会科学版），2000（1）．

[15] 雷戈．白虎观会议和《白虎议奏》、《白虎通》之关系考 [J]．首都师范大学学报（社会科学版），1997（6）．

[16] 雷戈．班固与《白虎通德论》之关系考 [J]．古籍整理学刊，1996（5）．

[17] 雷戈．今本《白虎通》真伪考 [J]．古籍整理学刊，1996（2）．

[18] 李敏．隐喻在汉语词义发展中的体现 [J]．华北电力大学学报，2003（2）．

[19] 李勇忠．语言结构的转喻认知理据 [J]．外国语（上海外国语大学学报），2005（6）．

[20] 李占平. 当代汉语词义演变理论述评 [J]. 社会科学评论，2009（4）.

[21] 李宗江. 形式的空缺和羡余与语言的自组织性 [J]. 外语学刊（黑龙江大学学报），1991（6）.

[22] 黎锦熙. 国语中复合词的歧义和偏义 [J]. 女师大学术季刊，1930（1）.

[23] 林丽雪. 白虎通三纲说与儒法之辨 [J]. 中国哲学史研究，1984（4）.

[24] 刘桂芳. 义素分析之我见 [J]. 语文教学与研究，1996（1）.

[25] 刘兴均. "名物"的定义与名物词的确定 [J]. 西南师范大学学报（哲学社会科学版），1998（5）.

[26] 卢烈红. 《白虎通》对训诂学的贡献 [J]. 武汉大学学报（社会科学版），1992（5）.

[27] 罗积勇. 论汉语词义演变中的"相因生义"[J]. 武汉大学学报（社会科学版），1989（5）.

[28] 罗正坚. 词义引申和修辞借代 [J]. 南京大学学报（哲学·人文·社会科学），1994（4）.

[29] 吕红梅. 服饰词汇中的隐喻研究 [J]. 问题研究，2013（5）.

[30] 麦宇红. 思维与词义引申 [J]. 语文学刊，2002（5）.

[31] 毛帅梅. 论转喻的分类 [J]. 外语学刊，2009（4）.

[32] 钱慧真. 试论中国古代名物研究的分野 [J]. 宁夏大学学报（人文社会科学版），2008（6）.

[33] 沈家煊. 转指和转喻 [J]. 当代语言学，1999（1）.

[34] 宋永培. 《说文段注》总结了汉语词义引申的系统性和规律 [J]. 四川师范学院学报，1984（2）.

[35] 孙雍长. 论词义变化的语言因素 [J]. 湖南师范大学社会科学学报，1989（5）.

[36] 谭宏姣. 词义引申的研究视角初探 [J]. 松辽学刊（哲学社会科学版），2000（1）.

[37] 汤其领. 白虎观会议与东汉政权的苟延 [J]. 徐州师范学院学报，1996（2）.

[38] 伍铁平. 词义的感染 [J]. 语文研究，1984（3）.

[39] 谢美英. 《尔雅·释器》名物性初探 [J]. 学术交流，2012（4）.

[40] 王卯根. 偏义复词的包容关系类型 [J]. 语文研究，2007（2）.

[41] 王强.中国古代名物学初论 [J].扬州大学学报(人文社会科学版),2004(6).

[42] 王四达.试论《白虎通》的总体特征 [J].中山大学学报(社科版),2001(4).

[43] 王四达.论《白虎通》的天道观及其内在矛盾 [J].燕山大学学报(哲学社会科学版),2001(3).

[44] 王四达.从《白虎通》看汉代儒学及其历史命运 [J].华侨大学学报(哲学社会科学版),2003(1).

[45] 王四达.是"经学"、"法典"还是"礼典"[J].孔子研究,2001(6).

[46] 王四达."深察名号"与汉儒对礼制秩序的价值探索——以《春秋繁露》和《白虎通》为中心的考察 [J].学术研究,2011(3).

[47] 王勤树.从白虎观会议和白虎通看儒学的反动本质 [J].天津师院学报,1974(2).

[48] 吴泽顺.《白虎通》声训疏证 [J].现代语文(语言研究版),2006(4).

[49] 徐文新.《白虎通疏证》点校指瑕 [J].贵州文史丛刊,2003(3).

[50] 杨权.《白虎通义》是不是章句 [J].学术研究,2002(9).

[51] 杨运庚,郭芹纳.古汉语词义引申的心理认知、思维模式底蕴——以《段注》词义引申规律为例 [J].社会科学论坛,2003(9).

[52] 尹喜艳.词义引申的修辞引申 [J].张家口职业技术学院学报,2006(1).

[53] 于首奎.《白虎通》神学宇宙观批判 [J].江汉论坛,1981(2).

[54] 俞允海.词义引申中的三种修辞方式 [J].修辞学习,2002(4).

[55] 俞允海.古汉语中的服饰词 [J].湖州师专学报,1991(2).

[56] 张博.词的相应分化与义分同族词系列 [J].古汉语研究,1995(4).

[57] 张辉,孙明智.概念转喻的本质、分类和认知运作机制 [J].外语与外语教学,2005(3).

[58] 张荆萍.隐喻在汉语新词义产生中的生成机制 [J].宁波广播电视大学学报,2004(4).

[59] 张荣明.汉代章句与《白虎通义》[J].学术研究,2004(2).

[60] 钟肇鹏.《白虎通义》的哲学和神学思想 [J].中国史研究,1990(4).

[61] 周福娟.认知视域中的指称转喻 [J].扬州大学学报(人文社会科学版),2012(5).

电子文献类

[1] 汉籍全文检索系统（二）[DB]．西安：陕西师范大学历史文化学院，
2002.

后 记

2006 年夏我因为没穿硕士服照相而遗憾，当时我就在想那就等博士毕业一起照，其实当时读博的想法只是一闪而过。没想到 7 年后，我真的实现了硕士毕业时的愿望。我清晰地记得 2012 年冬天，放寒假时我每天去图书馆看书、背英语单词，虽然又冷又苦，但是内心坚定而执着。

读博的兴奋与幸福仅仅持续数月，当开始上课、看书，压力就不断攀升。2014 年 9 月准备选题、撰写开题报告，一个多月里我看了大量论文，反复跟老师请教、商讨，最后在老师的指导下确定选题。之后查阅文献，阅读专业书籍，下载相关论文，撰写资格论文。这里面的辛酸、坎坷、挣扎、煎熬都只是序幕。动笔撰写博士论文到论文完稿持续一年多，每天一杯咖啡，从早坐到晚，定量 1000 字，可是计划总是拖延，让我在纠结、迷惘、困惑、疲累中切换。在整个撰写论文的过程中，老师给予我极大的帮助和指导。当我意志消沉时，老师总是安慰我，他总是说："坚持住蹚出路就好了。"当我困惑迷茫时，老师总能给我指引航向。当我面临抉择时，老师总能拨云见日，让我看到希望。论文写作过程中，老师层层把关，从论文框架结构，到引用文献顺序，甚至是标点符号的使用，都提出了许多修改意见。记得老师给我反馈第一章时批注有上百处之多，看到红红的一片，我既震惊于老师的细心，又惭愧自己的疏漏。老师的一丝不苟，不仅给了我撰写论文的动力，亦成为我今后治学的原则。感谢恩师在 6 年里对我的帮助、鼓励、安慰和指导，您帮我越过一个又一个山涧，您带领我登上一座又一座的山巅，是您携我遨游书海，是您使我醉心于学术。

在论文撰写过程中，吕明臣教授、武振玉教授、俞咏梅教授、胡晓研教授、彭爽教授、金晓艳教授、李青苗教授，都曾给予我许多宝贵意见，在此对各位老师表示深深的感谢。在整个求学与论文写作过程中，我的师姐关秀娇、于为、陈羿竹，好友刘霞、柳旭、孟昕颖，给我生活上的帮助，精神上的鼓励，学术上的支持，谢谢他们滋润了我杂乱的内心。为了让我能够顺利毕业，单位同事赫灵华、周海燕、孙丹丹、李婷婷给予我不少关照，在此也要对他们说一声感谢。读博6年，我经历了许多，感谢父母的养育之恩，感谢我先生对我的爱护、包容和支持，感谢公婆做我坚强后盾，感谢姐妹们对我的厚爱，感谢儿子、女儿理解妈妈的焦虑和疏离。谢谢所有帮助过我的亲友们，是他们让我坚强地走下去，是他们让我感受生活的温暖。我会继续阳光快乐地体会生命的伟大，我会继续幸福美满地享受生活的甘甜，我会继续毫不吝惜地付出我的善意与关怀。

读博6年，我有许多遗憾。作为女儿，父亲生病离世我没能床前尽孝；作为妈妈，女儿被"放逐"海南2个冬天，儿子还要忍受我的间歇性烦躁；作为妻子，对丈夫关心、照顾太少；作为学生，学业不够精进……总之，这6年对我自己和我的家庭，都是最重要的6年。它是充实的6年，它是繁忙的6年，它是感念的6年，它是拔节的6年。有了这6年的扎根，希望未来的我不忘初心，努力向上，争取收获傲人的成就。

岁月如流沙，似于指间不经意地流掉。博士毕业已经5年了，总想对博士论文进行加工后出版，做一个正式的告别，但是在反复修改和校对过程中，完成时间一延再延。究其原因有庶务劳身，亦有琐事劳神，更有精神倦怠。在各方好友的帮助下，书稿才能在2024年底付梓。我个人的又一个五年计划进入倒计时，中间有欢喜，有烦恼，不过整体还算顺利，完成了奋斗目标。下一个五年计划即将提上日程，希望计划能够如期完成！下一个五年再会！

李 元

2024 年 11 月